ARTIFICIAL
INTELLIGEN

U0791509

高中版

人工智能

姚期智　主编

清华大学出版社
北京

内容简介

本书选取人工智能的8个核心方向，第1章介绍搜索，第2章介绍机器学习，第3章介绍线性回归，第4章介绍决策树、梯度提升和随机森林，第5章介绍神经网络，第6章介绍计算机视觉，第7章介绍自然语言处理，第8章介绍马尔可夫决策过程与强化学习。书中的每一章均配备作业题与编程练习，让同学们在练习中加深对原理与算法的理解。

本书为高中教材，也可以作为人工智能的入门参考书籍。

图书在版编目(CIP)数据

人工智能：高中版/姚期智主编. —北京：清华大学出版社，2021.5(2025.3 重印)
ISBN 978-7-302-56375-4

Ⅰ. ①人… Ⅱ. ①姚… Ⅲ. ①人工智能—高中—教材 Ⅳ. ①G634.671

中国版本图书馆 CIP 数据核字(2020)第 166838 号

责任编辑：王　倩
封面设计：何凤霞
责任校对：王淑云
责任印制：沈　露

出版发行：清华大学出版社
网　　址：https://www.tup.com.cn，https://www.wqxuetang.com
地　　址：北京清华大学学研大厦 A 座　**邮　　编**：100084
社 总 机：010-83470000　**邮　　购**：010-62786544
投稿与读者服务：010-62776969，c-service@tup.tsinghua.edu.cn
质量反馈：010-62772015，zhiliang@tup.tsinghua.edu.cn
印 装 者：三河市龙大印装有限公司
经　　销：全国新华书店
开　　本：185mm×260mm　**印　　张**：12.75　**字　　数**：308 千字
版　　次：2021 年 5 月第 1 版　**印　　次**：2025 年 3 月第6 次印刷
定　　价：69.00 元

产品编号：088137-01

《人工智能（高中版）》

编委会

主　编　姚期智

副主编　黄隆波

编　委　高　阳　李　建　马雄峰　吴　翼　吴文斐

袁　洋　张崇洁

前　言

纵观科学的发展史,人工智能可以说是人类长期以来一直不停追求,力求理解与掌握的一个领域。从两千多年前的亚里士多德(Aristotle,古希腊哲学家)开始,到后来的科学巨擘图灵(Alan Turing,计算机科学之父)与香农(Claude Shannon,信息论的创始人),他们无一不为人类的智慧及后来的人工智能着迷并不倦地探索。科学家们希望能以科学的手段理解智能的本质,并制造出智能的机器,实现像人脑一样的学习、理解与决策。

在人工智能的发展史上,有两个里程碑式的事件最为人们所称道。一是图灵在1950年的划时代的论文《计算机器与智能》(*Computing Machinery and Intelligence*)中提出著名的“图灵测试”:如果一台机器能与人类通过通信设备对话并不被辨别出其机器身份,则称这台机器具有智能。可以说,图灵测试从计算科学的角度提供了一个智能的定义。二是1955年,麦卡锡(John McCarthy)、闵斯基(Marvin Minsky)、香农与罗切斯特(Nathaniel Rochester)共同提交了一份申请书,提出于1956年暑假在美国汉诺瓦小镇的达特茅斯学院举行一场研讨会,讨论通过机器实现智能所需的科学基础。正是在这次会议上,人工智能的概念正式被提出。

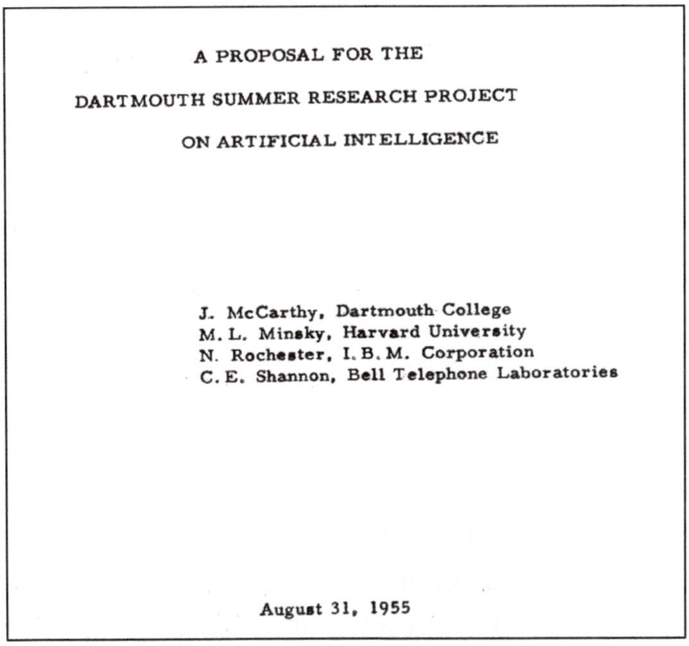

A PROPOSAL FOR THE

DARTMOUTH SUMMER RESEARCH PROJECT

ON ARTIFICIAL INTELLIGENCE

J. McCarthy, Dartmouth College
M. L. Minsky, Harvard University
N. Rochester, I.B.M. Corporation
C. E. Shannon, Bell Telephone Laboratories

August 31, 1955

达特茅斯研讨会的申请书

在科学家们前赴后继的努力下,自1956年的达特茅斯会议至今,人工智能得到了巨大的发展,并在许多领域取得了惊人的成就。比如1997年机器人“深蓝”击败国际象棋世界冠军卡斯帕罗夫；2012 年卷积神经网络在 ImageNet 图像识别比赛中一举夺魁；2016 年机器人 AlphaGo 系统击败世界围棋冠军李世石。除了技术上的突破，人工智能技术也不断在实际中得到广泛的应用，包括人脸识别，智能音响，智能手机，医疗影像的自动诊断，语音识别，金融科技，机器人，无人驾驶汽车，等等。这些日新月异的新技术，无不彰显了人工智能技术给人们生活带来的巨大影响。

那么，所有这些激动人心的突破究竟是如何实现的？它们背后的核心技术与原理又是什么？我们现在距离真正的人工智能还有多远？如何才能持续推进人工智能的发展？想要回答这些问题，我们必须系统深入地了解人工智能不同方向的核心原理与前沿发展。而中学的人工智能教育，是人才培养的核心环节。正因为如此，本书希望在中学阶段为同学们打下一个坚实的人工智能知识基础，助力同学们在人工智能领域的学习。有别于大部分市面上的教材，本书希望为同学们系统地介绍人工智能的核心方向，并学习具体原理。对具体原理的了解与把握，能帮助同学们建立起对人工智能发展的科学理解，更有利于同学们在学习探索中把握正确的思考方向。

为达成这一目标，清华大学交叉信息研究院特别组织了师资团队来撰写一本人工智能的高中教材。这些编写者均为人工智能各前沿科研方向的专家，且有多年"姚班"与"智班"的课堂教学经验。编写者对"姚班"与"智班"人工智能课程设置、办学经验以及对人工智能前沿研究方向的知识体系进行了系统的梳理。在此基础上，本书精选并介绍了八个人工智能的核心方向(即搜索、机器学习、线性回归、决策树、神经网络、计算机视觉、自然语言处理、强化学习)及其中适合中学阶段学习的关键知识点，确保在使教学内容易于接受的同时，书中覆盖的知识点与高等教育中的人工智能教育一脉相承。

本书由姚期智院士主编，黄隆波副主编。全书共分为 9 章，第 0 章介绍数学与编程基础，第 1 章介绍搜索，第 2 章介绍机器学习，第 3 章讨论线性回归，第 4 章阐述决策树、梯度提升和随机森林，第 5 章介绍神经网络，第 6 章分析计算机视觉，第 7 章介绍自然语言处理，第 8 章介绍马尔可夫决策过程与强化学习。第 0 章和附录由马雄峰、吴文斐编写，第 1 章由张崇洁编写，第 2 章、第 3 章和第 5 章由袁洋编写，第 4 章由李建编写，第 6 章由高阳编写，第 7 章由吴翼编写，第 8 章由黄隆波编写。

本书每一章均通过大家熟知的场景为背景介绍知识点的实际应用，以简单的例子详细介绍核心的原理，并以简洁的文字与数学语言具体描述原理及扩展。同时，本书的每一章均提供了精心设计的练习题。我们希望通过教学与训练的方式，使同学们获得对算法的具体经验，并在练习中加深对基础理论的理解，做到举一反三。本书的推荐使用方式如下：①第 0 章为数学与编程基础，对此部分比较熟悉的同学可以选择跳过，直接进入后面章节的学习。②第 1 章至第 4 章为人工智能入门的基础章节，这 4 章之间的联系紧密。因此，建议同时进行学习，学习时间为一个学期。在章节的学习中，建议结合习题与网络资源进行实验加深理解与巩固。③第 5 章至第 8 章为细分章节，分别介绍了人工智能四个不同方向的基础知识与原理。在介绍时可以根据学生兴趣与课程时间进行安排。其中较难的部分在授课时可作为选讲章节。

编写者对于编写这本教材非常兴奋。我们希望通过本书，让更多的学生了解人工智能前沿方向的核心原理，并从科学的视角观察与理解前沿科研成果。人工智能是一个基础非常宽广的领域，涉及计算机、数学、心理学、神经科学在内的多个学科。因此，本书也仅仅是覆盖了人工智能的冰山一角。编写者希望通过本书，让同学们对人工智能的神奇与巨大作用有一个初步了解，进而不断学习相关学科的知识，为今后从事人工智能的研究工作打下良好的基础。

目 录

第 0 章

数学与编程基础

引言

数学与编程知识是学习人工智能的必要基础。在本章中，将介绍本书涉及的数学知识与编程的基本概念，使同学们无需进行额外阅读与学习便可直接进入后面章节的学习。为便于理解，本章主要介绍必要的定义与基础，对知识点的扩展与解释将放在附录中。编程基础部分将主要基于广泛使用的 Python 语言进行介绍。因此，本章内容也可用作 Python 语言学习的入门材料。

0.1 数学基础

0.1.1 导数

导数，也称微商，在自然科学、计算机科学、工程学科等领域均有着重要的应用。导数研究的是函数在某一点附近的局部性质，用以刻画曲线或曲面的弯曲程度。下面，将简单介绍导数的基本概念、计算方法及一些简单应用，以便后续章节使用。大学的微积分课程中将对导数进行详细阐述。

0.1.1.1 导数的定义

在日常生活及科学研究中，我们经常会遇到需要表示某种量变化快慢的问题。例如，汽车行进过程中位置变化的快慢；吹气球时，气球的半径随吹入气体的量变化的快慢；登山过程中，山的高度随位置变化的快慢(即陡峭程度)，等等。那么，我们如何来描述这些变化的快慢呢？

可以看到，上述问题中均涉及两个量：一个是我们关心的正在变化的量(汽车的位置、气球的半径、山的高度等)，称作因变量，通常记为 y；另一个是引起这个变化的原因(汽车行驶的时间、吹入气体的量、相对于山的位置等)，称为自变量，记为 x。这两个量之间存在函数关系，不妨写成 $y=f(x)$。

如图 0.1 所示，两个不同的自变量 x_1 和 x_2，分别对应不同的因变量 y_1 和 y_2。不难想到，要表示 $y=f(x)$ 在 x_1 和 x_2 之间变化的快慢，只需将因变量的变化($\Delta y=y_2-y_1=f(x_2)-f(x_1)$)除以自变量的变化($\Delta x=x_2-x_1$)，即

$$\frac{\Delta y}{\Delta x}=\frac{y_2-y_1}{x_2-x_1}=\frac{f(x_2)-f(x_1)}{x_2-x_1}$$

上式称为函数 $y=f(x)$ 从 x_1 到 x_2 的平均变化率，也可写成如下形式：

$$\frac{f(x_1+\Delta x)-f(x_1)}{\Delta x}$$

容易看出，平均变化率在函数图像中的意义为 x_1 和 x_2 对应的点 P_1 和 P_2 之间连线(函数的割线)的斜率。

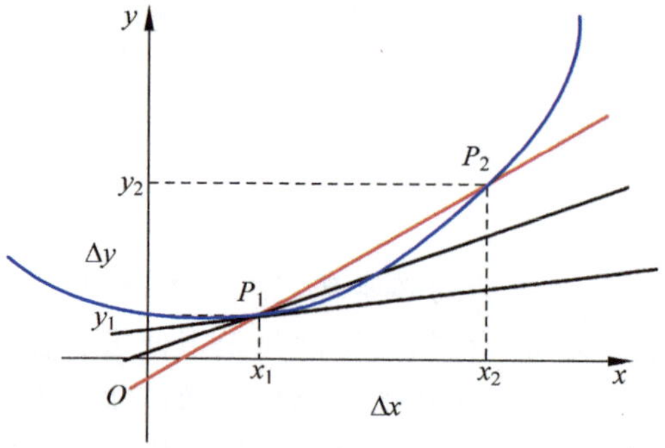

图 0.1　函数斜率的逼近

> 例 0.1：平均变化率计算
>
> 对于一个一次线性函数 $y=f(x)=ax+b$，我们计算它在 $x=x_0$ 的平均变化率为
>
> $$\frac{\Delta y}{\Delta x}=\frac{f(x_0+\Delta x)-f(x_0)}{\Delta x}=a$$

在这个例子中，线性函数的平均变化率即是它的斜率。

上面所定义的平均变化率是在 Δx 内对应函数 $y=f(x)$ 的变化速率。当 Δx 越取越小，不断逼近 0，x_1 和 x_2 也会越来越近，直至几乎变为同一点。在这种情况下，原先定义的平均变化率也渐渐变为了 $y=f(x)$ 在 (x_1,y_1) 这一点处瞬间所具有的变化速度，称为瞬间变化率，记做

$$\lim_{\Delta x\to 0}\frac{f(x_1+\Delta x)-f(x_1)}{\Delta x}$$

极限符号 $\lim\limits_{x\to c}f(x)$ 表示 x 趋于 c 时函数 $f(x)$ 的值。计算表明，在 Δx 趋于 0 时，上式的值趋于一个定值，即为函数在这一点处的导数。

例如，在车辆行驶过程中，速度仪表盘上的读数代表了行驶距离关于时间的函数 $s(t)$ 在这一时刻的导数，即我们常说的(瞬时)速率。

例 0.2：瞬时变化率计算

考虑一个二次函数 $y=f(x)=x^2$ 在 $x=1$ 附近的变化率，有

$$\frac{f(1+\Delta x)-f(1)}{\Delta x}=\frac{(1+\Delta x)^2-1^2}{\Delta x}=2+\Delta x$$

而当 Δx 趋于 0 时，不难看出，这个式子的值趋于一个定值 2，即

$$\lim_{\Delta x\to 0}\frac{f(1+\Delta x)-f(1)}{\Delta x}=2$$

基于上述介绍，可将导数按如下方式定义：

定义［导数］：假设函数 $y=f(x)$ 在某区间上的导数存在，则在此区间上某点 $(x_1, f(x_1))$ 处的导数定义为

$$f'(x_1)=\lim_{\Delta x\to 0}\frac{f(x_1+\Delta x)-f(x_1)}{\Delta x}$$

此区间上所有点的导数构成以 x 为自变量的函数，称为导函数（有时也简称为导数），记为 $f'(x)\left(或\ y', \frac{\mathrm{d}y}{\mathrm{d}x}, \frac{\mathrm{d}f}{\mathrm{d}x}\right)$。寻找已知的函数在某点的导数或其导函数的过程称为求导。

不难看出，当 Δx 趋于 0 时，点 $x_1+\Delta x$ 与 x_1 无限接近，原本的割线变为了函数图像的切线。因此导数的几何意义为函数 $y=f(x)$ 的图像在点 $(x_1, f(x_1))$ 处切线的斜率。

下面是一些常见的导数公式（读者可以尝试证明其正确性）：

$C'=0$（C 为常数）；

$(x^\mu)'=\mu x^{\mu-1}$；

$(a^x)'=a^x\ln a$；

$(\mathrm{e}^x)'=\mathrm{e}^x$；

$(\log_a x)'=\dfrac{1}{x\ln a}$；

$(\ln x)'=\dfrac{1}{x}$；

$(\sin x)'=\cos x$；

$(\cos x)'=-\sin x$。

导数计算的一些主要性质如下（读者可以尝试证明其正确性）：

两函数和差：$(u\pm v)'=u'\pm v'$，

两函数积：$(uv)'=u'v+uv'$，

两函数商：$\left(\dfrac{u}{v}\right)'=\dfrac{u'v-uv'}{v^2}$，

复合函数：$\{f[\varphi(x)]\}'=f'[\varphi(x)]\varphi'(x)$ 或 $\dfrac{\mathrm{d}y}{\mathrm{d}x}=\dfrac{\mathrm{d}y}{\mathrm{d}u}\cdot\dfrac{\mathrm{d}u}{\mathrm{d}x}$（链式法则）。

0.1.1.2 高阶导数与偏导数

导数 $f'(x)$ 本身也可以视作是自变量 x 的函数，因此可以在导数的基础上再次求导，

得到高阶导数。例如二阶导数：$y'=f'(x)$的导数为$y=f(x)$的二阶导数，记作y''，或$f''(x)$，$\frac{\mathrm{d}^2y}{\mathrm{d}x^2}$。

举个例子，用物体的位移对时间进行求导可以得到速度，速度是位移的一阶导数；而速度可以对时间再求一次导数，得到加速度，这是一个用来衡量物体运动速度变化的物理量，因此加速度就是速度的一阶导数。同时，加速度也可以看做是对位移求导之后再进行求导得到，所以加速度也是位移的二阶导数。同理，可以再对加速度进行求导，得到所谓的加加速度。以此类推，可以通过不断地求导得到函数的高阶导数，$y=f(x)$的n阶导数记为$y^{(n)}$，或者$f^{(n)}(x)$，$\frac{\mathrm{d}^ny}{\mathrm{d}x^n}$。

设函数$y=f(x)$在x_0处的值为$f(x_0)$。当x_0增加一个小量Δx时(即$\Delta x\ll 1$，这里符号“$\ll$”的意思是远小于)，$f(x_0+\Delta x)$与$f(x_0)$的关系可近似表达为

$$f(x_0+\Delta x)\approx f(x_0)+f'(x_0)\Delta x+\frac{f''(x_0)}{2}\Delta x^2$$

特别地，当$x_0=0$时，有

$$f(\Delta x)\approx f(0)+f'(0)\Delta x+\frac{f''(0)}{2}\Delta x^2$$

更一般地，有

$$f(x_0+\Delta x)=f(x_0)+f'(x_0)\Delta x+\frac{f''(x_0)}{2!}\Delta x^2+\frac{f'''(x_0)}{3!}\Delta x^3+\cdots$$

这个展开式叫做泰勒展开，! 是阶乘符号，一个整数的阶乘代表所有小于及等于该数的正整数的积，即$n!=n(n-1)(n-2)\cdots 2\times 1$。这里可以尝试给等式右边对$\Delta x$求一次或两次导数，然后令$\Delta x=0$，看看是什么结果？下面是一些常用的展开公式($x\ll 1$)，大多数情况下仅需一阶展开。

(1) $(1+x)^n\approx 1+nx+\frac{n(n-1)}{2}x^2$

(2) $\mathrm{e}^x\approx 1+x+\frac{x^2}{2}$

(3) $\sin x\approx x-\frac{x^3}{6}$，$\cos x\approx 1-\frac{x^2}{2}$

(4) $\ln(1+x)\approx x-\frac{x^2}{2}$，$\ln(1-x)\approx -x-\frac{x^2}{2}$

上述讨论的函数$y=f(x)$均默认为只有一个变量x的一元函数。此时该函数的变化率即为它的导数。而对于变量大于1个的多元函数$y=f(x_1,x_2,\cdots)$，研究它的变化率同样是一个有意义的问题，例如植物的生长与所处环境的温度、湿度、光照强度均有关系。该如何刻画生长速度与不同因素的关系呢？下面我们将引入偏导数。

在数学中，一个多变量函数的偏导数，是它关于其中一个变量的导数，而保持其他变量不变。偏导数的作用与价值在向量分析和微分几何以及机器学习领域中受到广泛认可。具体来说，函数$z(x,y)$关于变量x的偏导数写作z'_x或$\partial z/\partial x$。此时将变量y视为常数，而只对变量x进行求导，函数$z(x,y)$对x作偏微分可以在几何上理解：$z(x,y)$可以视为三维空间的曲面，给定y值，作一个垂直于y轴的平面，此平面与$z(x,y)$的曲面相交得到的曲线的斜率就是该偏微分值。如函数$z=x^2+3xy+2y^2$关于变量x和y的偏导数分别为

$$\frac{\partial z}{\partial x}=2x+3y$$

$$\frac{\partial z}{\partial y}=3x+4y$$

0.1.1.3 导数与函数极值

若一个函数 $y=f(x)$ 在 x_0 处的导数 $f'(x_0)=0$，则函数图像在该处的切线平行于 x 轴。不难看出，很多时候该点处的函数值是附近区间中最大或最小的函数值（存在例外情况，见图 0.2(c)），此时我们称 $y=f(x)$ 在 x_0 处有极大值或者极小值。

可通过二阶导数的正负判断极大值或极小值（如图 0.2 所示）：若 $f''(x_0)>0$，则为极小值；若 $f''(x_0)<0$，则为极大值；若 $f''(x_0)=0$，则二者皆可能，也可能二者皆非，需分析更高阶的导数。

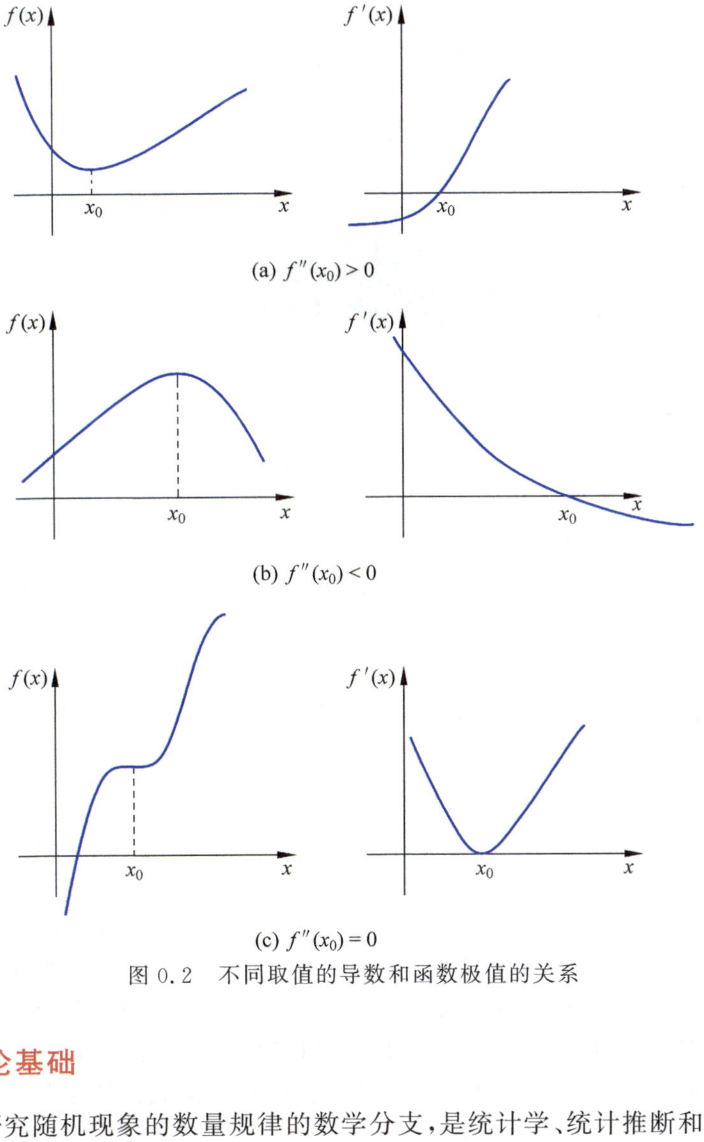

图 0.2　不同取值的导数和函数极值的关系

0.1.2 概率论基础

概率论是研究随机现象的数量规律的数学分支，是统计学、统计推断和统计机器学习的基础。在本节中,将简单地介绍概率论的一些基本概念,并提及一些数学分析中的基本知识。

0.1.2.1 事件与概率

概率论研究的基本对象是随机的、偶然的自然现象或社会现象,它与必然现象是相对的。然而,随机现象本身的数量也有规律可循。其中一个著名的实验为 Galton 钉板实验,如图 0.3 所示。这个实验中假设小球质量均匀,钉子光滑,因此小球从上端落下后碰到哪一个钉子具有很强的随机性。如果进行一次实验后,小球会落到下方某一个球槽中,那么进行 n 次实验后,不同球槽中出现的小球数量就会形成一个分布,我们将这个分布称为频率。当实验的次数 n 趋于无穷大时,频率的值便会趋于稳定。我们称该极限为频率的稳定值。

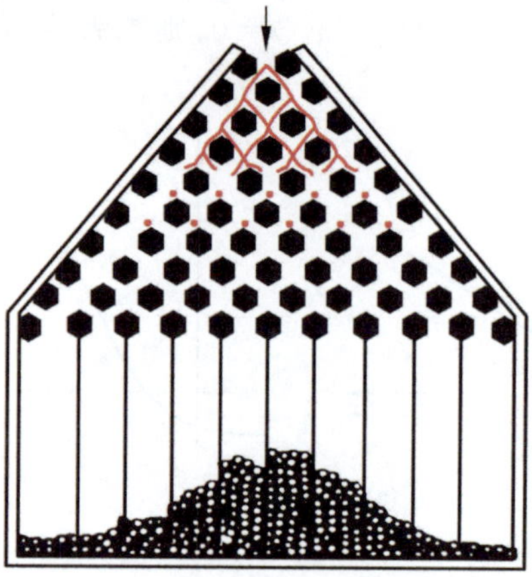

图 0.3　Galton 钉板实验

我们相信,每次实验中小球落在每一个球槽中的可能性大小是客观存在的,因此可以对其进行度量。我们将存在客观可能性的实验过程叫做随机实验(stochastic experiment),并将前述频率的稳定值作为可能性的度量指标,称为**概率**。

为了更准确地对随机实验和概率进行描述,我们引入(随机)事件的概念。所谓事件,可以粗略理解为随机实验的结果。在 Galton 钉板实验中,小球落在第 i 个球槽中就是一个事件,抛一枚硬币结果朝上也是一个事件。随机实验里最基本的不能再分解的结果叫做基本事件。所有基本事件构成的合集记为 Ω。一个事件就是一些基本事件的合集,即 Ω 的一个子集。我们可以定义出所有可能事件构成的事件体$\mathcal{F}$和事件的运算(并、交、逆)。严格的事件定义需要依赖集合论(σ-代数)中的概念,但在日常生活中,我们定义的事件集合基本满足其要求,因此不对其进行详细介绍。对于同一事件体中的事件 A 与 B,定义 $A\cup B$ 或者 $A+B$ 为 A 与 B 的和事件,而 $A\cap B$ 或者 AB 为积事件,并定义$\varnothing$为不可能事件,Ω 为必然事件。如果 $AB=\varnothing$,则称 A 事件与 B 事件互斥,或不相容。

概率的严格定义是事件体$\mathcal{F}$上定义的一个非负的、和为 1 的(规范的)、可列可加的实值(测度)函数；而模糊定义可以参见高中教科书。记 $P(A)$为事件 A 的概率。可列可加性是测度的基本要求。我们将观测的对象 Ω、事件体$\mathcal{F}$和概率 P 构成的三元体$(\Omega,\mathcal{F},P)$称为概率空间。对于一般事件的概率计算,可以直接利用集合论的结论进行。

在日常生活中,以下两种基本事件等可能的概型最为常见：古典概型和几何概型。在古典概型中，基本事件是个数有限且等可能的概率模型，也是后面讨论的重点。我们还能碰到一些情况，这时候基本事件是连续分布的，事件空间 Ω 是一个连续空间。此时可以将 Ω 与一个几何区域的面积联系起来，这样的概型称为几何概型。例如，在 Galton 钉板实验中，每一次小球碰钉子后都有向左和向右落下两种可能的结果，概率各为 1/2，因而是古典概型。而如果钉板有 n 层，那么总的 Galton 钉板实验不是古典概型（由于其不是等概率），但是其为 n 次连续古典概型实验的结果。

在古典概型中，记空间为 $\Omega=\{\omega_1,\omega_2,\cdots,\omega_N\}$，其中每个 ω_i 为一个基本事件，其概率为 $P(\omega_i)=1/N$。而 $\mathcal{F}$ 由 Ω 的所有子集构成。如果 A 事件中包含 n_A 个基本事件，那么 $P(A)=n_A/N$。下面以摸红色和绿色小球为例，说明古典概型的作用。

考虑一个箱子里有 a 个红球，b 个绿球。那么对于摸到每个球概率构成一个古典概型。具体来说，假设进行 n 次古典概型实验，可以引出以下两种常见的概型。

（1）二项式概型（独立重复古典概型实验）

如果每次进行实验之后放回摸出的小球，那么两轮之间的结果相互独立。摸出 k 次红球的概率可以通过简单的排列组合方法得出：

$$p_k=C_n^k\left(\frac{a}{a+b}\right)^k\left(\frac{b}{a+b}\right)^{n-k}$$

称 k 满足的分布为**二项分布 $\boldsymbol{B\left(k;n,\frac{a}{a+b}\right)}$**。这种放回式摸小球的概型为二项概型。这里 C_n^k 是组合数，定义为从 n 个元素中取出 k 个元素，k 个元素的组合数量，即 $C_n^k=n!/[k!(n-k)!]$。

（2）超几何概型

如果每次进行实验之后，不放回摸出的小球，那么后一轮摸小球的结果会有所变化。此时，摸出 k 次红球的概率可以通过古典概型计算得出：

$$p_k=\frac{C_a^kC_b^{n-k}}{C_{a+b}^n}$$

称 k 满足的分布为**超几何分布 $\boldsymbol{H(k;n,a,a+b)}$**。这种不放回式摸小球的概型为超几何概型。

0.1.2.2 随机变量与概率分布

随机变量是可以随机取不同值的变量，可以是离散或连续的。此处为了简化讨论，仅考虑离散型变量（连续型变量的讨论将在附录中给出，感兴趣的同学可自行查阅）。概率分布描述随机变量取每个可能值的可能性大小，离散型变量的概率分布可用概率质量函数来描述。概率质量函数可以同时描述多个随机变量，这种多变量的概率分布称为联合概率分布。例如 $P(X=x,Y=y)$ 表示 $X=x,Y=y$ 同时发生的概率，可简写为 $P(x,y)$。

为了丰富对样本空间 Ω 的描述方法，可以引入实值函数对概率分布进行描述。设 $(\Omega,\mathcal{F},P)$ 为概率空间，X 为 Ω 上的实值函数，满足对任意的 $x\in R$，

$$P(X\leqslant x):=P(\{\omega:X(\omega)\leqslant x\})$$

其中，$\{\omega:X(\omega)\leqslant x\}\in\mathcal{F}$，那么可以说 X 为空间 $(\Omega,\mathcal{F})$ 上的随机变量，并且称

$$F_X(x):=P(X\leqslant x),\quad x\in R$$

为 X 的分布函数。由以上定义可见，如果随机变量给定，那么分布函数是存在并且唯一的。

概率和分布函数具有以下关系：

$$P(a<X\leqslant b)=F_X(b)-F_X(a),\quad P(X>x)=1-F_X(x),$$
$$P(X<x)=F_X(x-0),\quad P(X=x)=F_X(x)-F_X(x-0)$$

其中，$P(x-0):=\lim\limits_{n\to\infty}\left(x-\frac{1}{n}\right)$为 x 的左极限。

接下来，介绍条件概率与条件分布的概念。设 $A,B\in\mathcal{F}$，且 $P(A)>0$，记

$$P(B\mid A)=\frac{P(AB)}{P(A)}$$

为已知 A 事件发生的条件下，B 事件发生的条件概率。而 $P(AB)=P(A)P(B|A)$称为条件概率的乘法公式，其可以拓展为以下的一般形式

$$P(A_1A_2\cdots A_n)=P(A_1)P(A_2\mid A_1)\cdots P(A_n\mid A_1A_2\cdots A_{n-1})$$

如果有一组有限多个或者可列无穷个事件$\{A_i,i=1,2,\cdots\}$，满足 $A_i\in\mathcal{F}$，$P(A_i)\geqslant 0$，$i=1,2,\cdots$，且$\bigcup_i A_i=\Omega$，并有$\{A_i\}$两两相斥，称其为 Ω 的完备事件群。由概率的可加性和条件概率的乘法公式，可以得到以下的全概率公式

$$P(B)=\sum_i P(A_i)P(B\mid A_i)$$

该公式提供了在已知 A 事件情况下 B 事件发生概率的计算方法。

由条件概率定义、乘法公式和全概率公式，可以得到

$$P(A_i\mid B)=\frac{P(A_iB)}{P(B)}=\frac{P(A_i)P(B\mid A_i)}{\sum\limits_k P(A_k)P(B\mid A_k)}$$

这个公式叫做逆概率公式或者**贝叶斯公式**，它是统计学习和统计推断的基础。下面我们看一个例子。

例 0.3：已知在所有男子与女子中分别有 5%与 0.25%的人患有色盲症。假设男女比例为 1∶1。现在随机抽查一人，发现其患有色盲症，计算其为男子的概率。

设变量 A 表示性别(0/1 分别对应男/女)，B 表示是否色盲(0/1 为否/是色盲)。由条件有

$$P(B=1\mid A=0)=0.05,\quad P(B=1\mid A=1)=0.0025$$

因为男女比例为 1∶1，在随机抽查的条件下，有 $P(A=0)=P(A=1)=1/2$。这时，由贝叶斯公式得到

$$\begin{aligned}P(A=0\mid B=1)&=P(B=1\mid A=0)\frac{P(A=0)}{P(B=1)}\\&=\frac{P(B=1\mid A=0)P(A=0)}{\sum\limits_i P(B=1\mid A=i)P(A=i)}\approx 95\%\end{aligned}$$

例 0.4(三门问题)：有三扇关闭了的门，其中一扇的后面有辆跑车，而另外两扇门后面则各藏有一只山羊。参赛者需要从中选择一扇门，如果参赛者选中后面有车的那扇门就可以赢得这辆跑车。参赛者随机选定了一扇门，但未去开启它的时候，节目主持人会开启剩下两扇门的一扇，这扇门后是一只山羊。这时候参赛者是否应该保持他原来的选择，还是转而选择剩下的那一道门？

这个问题乍一看似乎没有换门的必要。现在用贝叶斯公式来看看结论是否如此。不妨假设参赛者选1号门，而主持人打开了2号门。记随机变量 $A=i$ 为第 i 扇门后面有汽车，由于随机性，有 $P(A=i)=1/3, i=1,2,3$。

现在再定义随机变量 B 为主持人是否打开2号门：如果主持人打开2号门，则 $B=1$；否则 $B=0$。这里注意到如果2号门的背后有跑车，主持人是不能打开该门的。根据 A 和 B 的定义得到

$$P(B=1 \mid A=1)=0.5$$
$$P(B=1 \mid A=2)=0$$
$$P(B=1 \mid A=3)=1$$

这里第一个式子是因为 $A=1$(参赛者已经选对了)，因此主持人可能选2号门或者3号门，且选2号门的可能性是1/2；第二种情况不可能发生，因为主持人不能打开正确的门；而在第三种情况下，主持人只能打开2号门，所以 $B=1$ 一定成立。于是有全概率公式

$$P(B=1)=\sum_i P(B=1 \mid A=i)P(A=i)=0.5$$

那么

$$P(A=1 \mid B=1)=P(B=1 \mid A=1)\frac{P(A=1)}{P(B=1)}=\frac{1}{3}$$

$$P(A=2 \mid B=1)=P(B=1 \mid A=2)\frac{P(A=2)}{P(B=1)}=0$$

$$P(A=3 \mid B=1)=P(B=1 \mid A=3)\frac{P(A=3)}{P(B=1)}=\frac{2}{3}$$

所以参赛者应该改变想法选3号门。

接下来，介绍事件的独立性与条件变量的独立性。对于事件 A 与事件 B，若 $P(AB)=P(A)P(B)$，则称它们相互独立。拓展到多个事件的情况，称事件 $A_i, i=1,2,\cdots,n$ 相互独立，如果对其中任意 k 个事件均满足

$$Pr(A_{i_1}A_{i_2}\cdots A_{i_k})=Pr(A_{i_1})Pr(A_{i_2})\cdots Pr(A_{i_k})$$

对于随机向量 $(X_1, X_2, \cdots, X_n)$，其不同变量分量相互独立，当且仅当其联合分布函数 $F_X(x_1, x_2, \cdots, x_n)$ 满足

$$F_X(x_1, x_2, \cdots, x_n)=\prod_{j=1}^{n} F_{X_j}(x_j)$$

0.1.2.3 期望、方差与协方差

我们希望通过一些简单的方法来刻画随机变量的特点。常见的随机变量的数字特征包括：数学期望、方差和协方差。

数学期望反映随机变量的平均取值。离散随机变量 X 的数学期望定义为

$$E(X)=\sum_k p_k x_k$$

这里 p_k 是变量 $X=x_k$ 的概率。

方差反映随机变量的涨落大小，其定义为

$$D(X)=\mathrm{Var}(X)=E(X-E(X))^2$$

协方差反映随机变量之间的关联强度,其定义为

$$\mathrm{Cov}(X,Y)=E[(X-E(X))(Y-E(Y))]$$

0.1.3 矩阵

矩阵理论是一门研究矩阵在数学上的应用的科目。矩阵理论原本是线性代数的一个分支,但由于其陆续在图论、代数、组合数学和统计上得到应用,渐渐发展成为一门独立的学科。本章将主要介绍矩阵的一些简单运算和分析手段。

具体来说,矩阵 (matrix) 是指将数字或其他定义了某些数学运算的数学算式(代数符号、表达式等)按行 (row) 和列 (column) 排布的数组。其中,构成矩阵的数字(或数学符号、表达式等)被称为矩阵的元素 (entry),横向的元素构成行,纵向的元素构成列①。矩阵的大小由行、列的数量决定,例如下面的矩阵为一个 2×3 的矩阵:

$$\begin{pmatrix} 2 & -1 & 5.3 \\ -0.9 & 4 & 10 \end{pmatrix}$$

特别的,如果一个矩阵只有一行,则称之为行向量 (row vector);只有一列元素的矩阵则称为列向量 (column vector)。上面的矩阵既可以看作是由三个 2×1 的列向量构成,也可以看作是由两个 1×3 的行向量构成。当矩阵行列数相同时,又称该矩阵为方阵 (square matrix)。一个 $n\times n$ 的矩阵又被称为 n 维方阵。

在表示上,通常用大写字母表示矩阵,小写字母表示矩阵元素。对矩阵元素可以用下角标区分它们的位置。例如一个 $m\times n$ 的矩阵可以表示为

$$\boldsymbol{A}=\begin{bmatrix} a_{11} & a_{12} & \cdots & a_{1n} \\ a_{21} & a_{22} & \cdots & a_{2n} \\ \vdots & \vdots & \ddots & \vdots \\ a_{m1} & a_{m2} & \cdots & a_{mn} \end{bmatrix}$$

对于两个同样大小的矩阵,可以定义矩阵的加法 (addition)。两个矩阵的加法定义为相同位置的元素相加。下面给出一个矩阵相加的例子:

$$\begin{pmatrix} 1 & 2 & 5 \\ 0 & -4 & 0 \end{pmatrix}+\begin{pmatrix} 3 & -1 & 4 \\ 8 & 2 & 1 \end{pmatrix}=\begin{pmatrix} 4 & 1 & 9 \\ 8 & -2 & 1 \end{pmatrix}$$

矩阵与一个数域中的数字还可以定义数乘 (scalar multiplication)。矩阵与一个数字的数乘定义为矩阵中的每一个元素乘以该数字。下面给出一个矩阵数乘的例子:

$$3\cdot\begin{pmatrix} 1 & 2 & 5 \\ 0 & -4 & 0 \end{pmatrix}=\begin{pmatrix} 3 & 6 & 15 \\ 0 & -12 & 0 \end{pmatrix}$$

矩阵的另一基本运算是转置 (transpose)。一个 $m\times n$ 的矩阵转置后变为 $n\times m$ 的矩阵,其中,原本处于第 i 行第 j 列的元素,在转置操作后,变成新矩阵的第 j 行第 i 列的元素。对一个矩阵 $\boldsymbol{A}$,转置操作通常记为 $\boldsymbol{A}^{\mathrm{T}}$。下面给出一个矩阵转置的例子:

① 在中国香港、台湾等地区,行、列的翻译与大陆通用译法相反。

$$\begin{pmatrix}2 & 3 & 5\\ -6 & 10 & 0\end{pmatrix}^{\mathrm{T}}=\begin{pmatrix}2 & -6\\ 3 & 10\\ 5 & 0\end{pmatrix}$$

容易看出，矩阵进行两次转置操作后，仍然为原矩阵，即$(\boldsymbol{A}^{\mathrm{T}})^{\mathrm{T}}=\boldsymbol{A}$。

矩阵之间也可以定义矩阵乘法（matrix multiplication）运算。如果矩阵 $\boldsymbol{A}$ 为 $m\times n$ 大小矩阵，矩阵 $\boldsymbol{B}$ 为 $n\times p$ 大小矩阵，那么矩阵 $\boldsymbol{AB}$ 为 $m\times p$ 大小矩阵，其中元素为

$$(\boldsymbol{AB})_{ij}=\sum_{k=1}^{n}a_{ik}b_{kj}=a_{i1}b_{1j}+a_{i2}b_{2j}+\cdots+a_{in}b_{nj}$$

矩阵乘法满足结合律

$$(\boldsymbol{AB})\boldsymbol{C}=\boldsymbol{A}(\boldsymbol{BC})=\boldsymbol{ABC}$$

和左右分配律

$$(\boldsymbol{A}+\boldsymbol{B})\boldsymbol{C}=\boldsymbol{AC}+\boldsymbol{BC}$$
$$\boldsymbol{C}(\boldsymbol{A}+\boldsymbol{B})=\boldsymbol{CA}+\boldsymbol{CB}$$

这里注意，矩阵的乘法一般没有交换律，即使乘法对 $\boldsymbol{AB}$ 和 $\boldsymbol{BA}$ 都有定义，通常

$$\boldsymbol{AB}\neq\boldsymbol{BA}$$

这一点可以从下面的简单例子看出来：

$$\begin{pmatrix}1 & 3\\ 0 & 2\end{pmatrix}\begin{pmatrix}0 & 0\\ 1 & 0\end{pmatrix}=\begin{pmatrix}3 & 0\\ 2 & 0\end{pmatrix}$$
$$\begin{pmatrix}0 & 0\\ 1 & 0\end{pmatrix}\begin{pmatrix}1 & 3\\ 0 & 2\end{pmatrix}=\begin{pmatrix}0 & 0\\ 1 & 3\end{pmatrix}$$

因此，矩阵乘法中需要明确相乘的顺序。我们称 $\boldsymbol{AB}$ 为 $\boldsymbol{B}$ 右乘 $\boldsymbol{A}$，或 $\boldsymbol{A}$ 左乘 $\boldsymbol{B}$。

向量的内积也可以用矩阵乘法表示。例如，两个 n 维实向量 $\boldsymbol{r},\boldsymbol{v}$ 的内积，可以看作是行向量$\boldsymbol{r}^{\mathrm{T}}$ 与列向量$\boldsymbol{v}$ 的矩阵乘法，即

$$(\boldsymbol{r},\boldsymbol{v})=\boldsymbol{r}^{\mathrm{T}}\cdot\boldsymbol{v}=(r_1\quad r_2\quad\cdots\quad r_n)\begin{pmatrix}v_1\\ v_2\\ \vdots\\ v_n\end{pmatrix}=\sum_{i=1}^{n}r_i\boldsymbol{v}_i$$

例 0.5：矩阵乘法的一个实际应用

假设有一个施工项目，第一个月需要采购 a_1 吨水泥，b_1 吨木材；第二个月需要采购 a_2 吨水泥，b_2 吨木材。现在有两个进货渠道，第一家的水泥单价为 m_1 元/吨，木材单价为 n_1 元/吨；第二家的水泥单价为 m_2 元/吨，木材单价为 n_2 元/吨。如果同一个月的建筑材料都从同一家采购，那么在两个月内的所有消费可能性可以用下面的矩阵表示：

$$\begin{pmatrix}m_1 & n_1\\ m_2 & n_2\end{pmatrix}\begin{pmatrix}a_1 & a_2\\ b_1 & b_2\end{pmatrix}=\begin{pmatrix}m_1a_1+n_1b_1 & m_1a_2+n_1b_2\\ m_2a_1+n_2b_1 & m_2a_2+n_2b_2\end{pmatrix}$$

等式左侧第一个矩阵的每一行列出了一家供应商两种建材的单价，第二个矩阵的每一列列出了一个月内对两种建材的需求量，而两个矩阵乘法运算的结果则列出了所有的消费可能性，即，第 i 行第 j 列元素表示了在第 j 个月从第 i 家供应商进货的成本。

对于任一 $m \times n$ 矩阵 $\boldsymbol{A}$,当其右乘一个 $n \times p$ 大小的所有元素均为 0 的矩阵 $\boldsymbol{0}$,结果总为一个 $m \times p$ 大小的所有元素均为 0 的矩阵。我们称元素均为 0 的矩阵为零矩阵（zero matrix）。类似的,当一矩阵左乘零矩阵时,结果为零矩阵。

对于任一 $m \times n$ 矩阵 $\boldsymbol{A}$,当其右乘一个 $n \times n$ 大小的,形如下面的矩阵 $\boldsymbol{I}$

$$\boldsymbol{I} = \begin{pmatrix} 1 & 0 & \cdots & 0 \\ 0 & 1 & \cdots & 0 \\ \vdots & \vdots & \ddots & \vdots \\ 0 & 0 & \cdots & 1 \end{pmatrix}$$

结果仍为 $\boldsymbol{A}$。我们称 $\boldsymbol{I}$ 为 n 阶单位矩阵（identity matrix）。类似的,当 $\boldsymbol{A}$ 左乘一个 $m \times m$ 大小的单位矩阵时,结果同样为 $\boldsymbol{A}$。

对于 n 维方阵 $\boldsymbol{A}$,定义其逆矩阵（inverse matrix）$\boldsymbol{B}$,$\boldsymbol{B}$ 为另一个 n 维方阵,满足

$$\boldsymbol{AB} = \boldsymbol{BA} = \boldsymbol{I}$$

值得注意的是,逆矩阵不一定总存在(附录中给出了方阵存在逆矩阵的一个充要条件)。但如果存在,则称 $\boldsymbol{B}$ 为方阵 $\boldsymbol{A}$ 的逆矩阵,记为 $\boldsymbol{A}^{-1}$。

0.2 编程基础

0.2.1 起步

一般来说,在计算机上的任务都是通过执行一系列预设的计算步骤来实现。其中,编程人员通过编程语言描述计算步骤①,而计算机机械地执行计算步骤,从而得到计算结果。用编程语言描述的计算步骤称为程序,程序中的每个计算步骤被称为指令。

Python 是目前比较流行的一门编程语言,其有语法语义直观、支持交互式运行和脚本运行、支持的库类型丰富等特性。Python 近年来被广泛地应用于包括生产和科研在内的各种场景中。本书的课程网站提供了相关的电子资料,请读者到课程网站下载相应软件,搭建练习环境。作为起步,我们先打开 Python 的交互式运行界面,尝试执行一些 Python 程序。

例 0.6：在屏幕输出"hello, world!"

```
C:\Users\username\Desktop > python
>>> print("hello, world!")
hello, world!
```

在此例子中,python 表示进入 Python 的交互式运行界面；>>>表示命令行可以接受指令；print()是一条指令,指挥计算机在屏幕输出其括号里的内容；而在"hello, world!"中,

① 解决某一问题的计算步骤也被称为算法。一个算法可以用不同的语言实现。

双引号表示这个整体是一个字符串(而不是程序),引号内是这个字符串的内容。程序运行结果在下一行,我们看到屏幕上输出了"hello, world!"①。

例 0.7:1 至 5 求和

```
>>> 1 + 2 + 3 + 4 + 5
15
```

这里将 Python 当作计算器使用,先采用和式 1+2+3+4+5 来求和,可见 Python 能够计算该表达式的值,并输出结果。

下面,看一个辗转相除的例子。辗转相除的算法描述如下:用两个数中较大的数除以较小的数得到余数,如果余数为 0,那么除数为最大公约数,如果余数不为 0,那么取除数和余数,重复上述过程。

例 0.8:辗转相除法求 91 和 105 最大公约数

```
>>> 105 % 91
14
>>> 91 % 14
7
>>> 14 % 7
0
```

在本例中,程序运行如下 105%91 得到 14,其中,%表示整数相除并取余数为结果,105 除以 91 余数为 14(商为 1)。余数不为 0,所以,重复上面步骤 91%14 得到 7;余数 7 仍然不为 0,重复计算步骤 14%7 得到 0,此时余数为 0,那么最大公约数为此时的除数 7。

0.2.2 值的类型和算术运算

Python 每个计算步骤中的值是有类型的。在此前的例子中,"hello, world!"的类型是字符串;而"1+2"中 1 和 2 的类型是整数。在算术运算中,Python 中的数值类型有整数和浮点数。浮点数包括整数和一定精度内的有限小数。常用的算术运算包括加、减、乘、除、乘方、开方、取模等,它们的符号叫做算术运算符(例如+,-,*,/,等)。

例 0.9:浮点数加减乘除

```
>>> 1.5 + 2.1
3.6
>>> 1.5 - 2.1
-0.6000000000000001
>>> 1.5 * 2.1
3.1500000000000004
>>> 1.5/2.1
```

① 在程序语言中,每一门语言的入门都是从屏幕输出"hello, world!"开始的。这表示,我们要用这门语言向世界问好。

```
0.7142857142857143
>>> 1.5//2.1
0.0
```

这里计算了 1.5 与 2.1 的加、减、乘、除。在乘法中，由于计算机内部二进制表示的问题，无法精准地得到 3.15，而是有一定误差，但是这种误差通常比较小(本例子中为 10^{-15})，不影响使用。另外，“//”的结果是保留商的整数部分。

不同类型的值之间可以通过 Python 内置的类型转化函数实现相互转化。从低精度的类型转化为高精度的类型，数值不会损失精度；但一个值从高精度类型转化为低精度类型，则可能需要截取低精度部分并舍弃高精度部分。例如，int()会将浮点数的整数部分返回并舍弃小数部分。

例 0.10：类型转换

```
>>> int(1.5)
1
>>> int(-1.5)
-1
>>> float('1.6')
1.6
>>> float(-2)
-2.0
>>> str(123)
'123'
>>> str(1.23)
'1.23'
```

0.2.3 变量、表达式、赋值

在编程语言中，我们用一个标签指代一个值，并将标签称为变量。变量可以理解为一个名字，该名字代表一个值。变量有命名规则，请参考附录。单独的变量、单独的值或者用运算符连接的变量和值称为表达式。表达式有算术表达式、关系表达式、布尔表达式等，请参考附录。计算表达式的值时，Python 用变量的值替换它的出现，进行计算。一个表达式中可能由多个运算符连接多个值或者变量，此时，计算表达式的值时，需要按照运算符之间的优先级顺序来进行。在常见的算术表达式中，小括号优先级最高，然后依次是乘方和开方、乘除和取模、加减法。

变量的更新是通过赋值语句完成的。赋值语句由左值、赋值运算符和右值组成：左值必须是一个变量，赋值运算符是“=”，右值是一个表达式。Python 运行中遇到赋值语句，会先计算右值表达式的值，再将左值变量的值更新为表达式的值①。

① 下文中，有时也将变量赋值表达为用变量存储一个值，这种说法源自程序在计算机硬件上的运行方式。例如，$a=1$ 表示将值 1 赋值给变量 a，也称用变量 a 存储值 1。

例 0.11：变量赋值与计算

```
>>> a = 1
>>> b = a + 2
>>> print(a)
1
>>> print(b)
3
>>> c
Traceback (most recent call last):
  File "<stdin>", line 1, in <module>
NameError: name 'c' is not defined
>>> print(d)
Traceback (most recent call last):
  File "<stdin>", line 1, in <module>
NameError: name 'd' is not defined
```

在例 0.11 中，$a=1$ 为赋值语句，其作用是将 1 赋值给 a；赋值表达式 $b=a+2$ 中，a 的值为 1，$a+2$ 的计算结果被赋值给变量 b；最后打印 a，b 的结果输出其值。一个变量在 Python 程序中第一次出现时必须赋值，也叫做变量的声明(反例见第 7 行，程序报错，无法执行)。表达式中不允许使用未加声明的变量(反例见第 11 行，程序报错，无法执行)。

例 0.12：用变量 1～5 求和

```
>>> a = 1 + 2
>>> a = a + 3
>>> a = a + 4
>>> a = a + 5
>>> print(a)
15
```

用变量 a 代表“中间结果”。先用 a 来存储 1+2 的中间结果($a=1+2$)，然后在变量 a 上逐个叠加每个加数。$a=a+3$ 中，右值表达式 $a+3$ 中 a 的值(3)被用于计算，计算结果 6 被赋值给左值变量 a。以此类推，Python 计算 $a=a+4$，$a=a+5$。最后通过 print()来输出最终 a 存储的值，输出结果为 15。

对比例 0.7 和例 0.12，在交互式计算中，我们输入表达式后得到结果，并用于下一步计算，这种计算方式叫做交互式计算；使用变量后，无需等待计算结果，而是可以用含有变量的指令描述每一个计算步骤，然后交给 Python 一次执行。减少编程人员的互动参与可以大大提高编程与计算的效率。因此，在本节之后，将引入 Python 的脚本执行：即先将整个计算流程描述为程序，再执行整个程序得到结果。

例 0.13：1～5 求和的脚本执行

```
a = 1 + 2
a = a + 3
a = a + 4
```

```
a = a + 5
print(a)
C:\Users\username\Desktop > python sum.py
15
```

在本例中，sum.py 包含了前 5 行的代码。首先用 cat 命令展示了脚本内容，然后通过 python sum.py 来执行脚本，最后程序结果输出到屏幕上。

在下面的介绍中，默认用 example.py 表示编写好的脚本代码。

0.2.4　控制流

在例 0.12 中，所有赋值语句按照行号从小到大依次排列，Python 在执行过程中，也按照相同的顺序来执行，称作顺序执行。但是，在一些场景和程序中，我们希望表达非顺序执行的语义。例如，在例 0.8 的辗转相除中，我们想表达"如果余数为 0，则除数为最大公约数；否则，取除数和余数继续相除"。Python 提供了分支和循环两种语句来表达非顺序执行的语义。

在这两种结构中，需要表达"某条件为真/假"。这种有真假值的条件是通过布尔表达式来完成的。布尔表达式可以是简单的关系表达式，例如大于(>)、小于(<)、隶属于(in)等，也可以是关系表达式的逻辑组合，例如与(and)、或(or)、非(not)等；每一个布尔表达式的值必定是真(True)或者假(False)。其定义见附录。

分支语句允许程序非顺序执行，其代码结构如图 0.4 所示。程序中的关键词为 if、else 和:(英文冒号)。第一行"if 布尔表达式:"为 if 头部。其语义是如果布尔表达式为真(条件成立)，则执行代码块 A；否则，执行代码块 B。其中代码块 A 和代码块 B 均为子程序，其结构与一段程序相同。

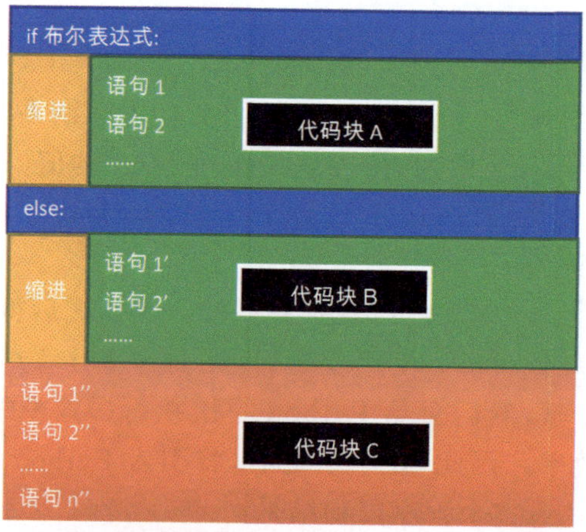

图 0.4　条件分支程序结构

注意，图 0.4 中还有一段代码块 C，C 不同于代码块 A 和 B。两者形式上的不同在于，代码块 A 和 B 以空白符(空格或者制表符)开头，起始位置较 if、else 和代码块 C 要靠后，这种格式称为缩进；而代码块 C 与 if 和 else 起始位置相同。缩进的意义在于描述程序的逻辑结构，图中程序表示“如果条件成立执行 A，条件不成立执行 B；然后执行 C”。如果 C 部分的缩进与 B 相同（或者假设 Python 没有缩进），那么运行时，计算机无法将上述逻辑与“条件成立时执行 A，条件不成立时执行 B 和 C”区分开来。

例 0.14：分支语句（判断整除、赋值、缩进）

```
divisor = 91
dividend = 105
remainder = dividend % divisor
if remainder == 0:
    print(dividend)
else:
    divisor = dividend
    dividend = remainder
    print(divisor, dividend)
C:\Users\username\Desktop>python example.py
105 14
```

第 9 行 print()内有两个变量，print 允许输入多个表达式，并用逗号隔开，运行时它们会被逐个打印到屏幕上，相邻结果之间用一个空格隔离。

如果需要表达“当判断条件不成立时无需执行任何动作”，那么 else 及其 else 分支可以省略。如果需要连续进行判断，则可以通过使用 elif 来简化程序结构的写法。例如，“如果条件 1 成立，执行 A；否则，如果条件 2 成立，执行 B；否则，如果条件 3 成立，执行 C；否则，执行 D”可被表达为图 0.5 中的结构。

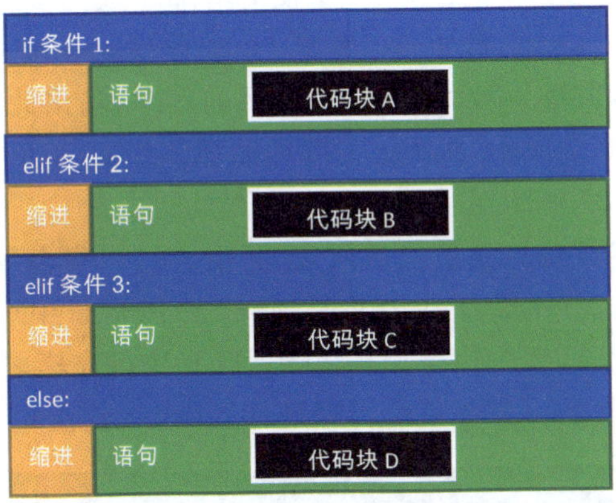

图 0.5　多层条件分支程序结构

循环语句有两种表达方法：while 循环和 for 循环，它们均由循环头部和循环体组成。在循环体执行结束后，程序会跳转到循环头部再次执行。图 0.6 展示了 while 循环，当代码执行到循环头部时，先判断条件语句 A 是否成立：如果成立，则执行循环体代码 B；否则，将跳过循环体执行之后的代码 C。如果代码块 B 得到执行，那么执行结束后，程序会再次跳转到 while 头部，判断条件 A 是否成立，并依此决定执行 B 或者跳过 B 执行 C。

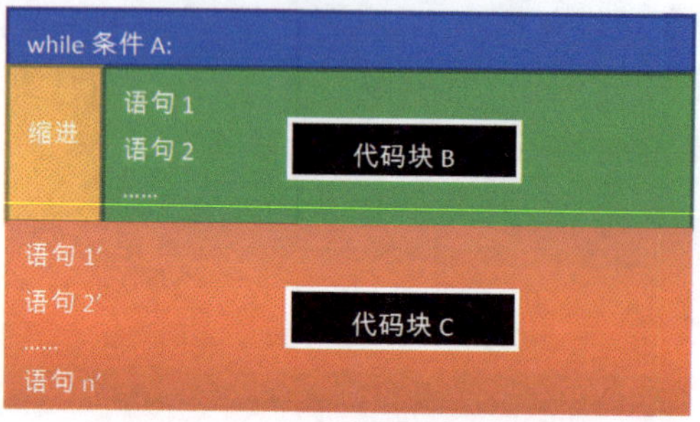

图 0.6　while 循环程序结构

例 0.15：while 循环，1～5 求和

```
sum = 0
i = 1
while i <= 5:
        sum += i
        i += 1
print(sum)
C:\Users\username\Desktop > python example.py
15
```

在此段程序中，用变量 sum 存储中间结果，并在累加结束后作为最终结果输出；用 i 代表每一个加数。进入循环之前，将 sum 初始化为 0，i 初始为 1。循环的执行条件是 $i<6$(或者等价的 $i<=5$)。程序第一次执行到 while 头部时，$i<6$ 条件成立，循环体被执行，sum+=i(即 sum=sum+i)将 1 累加到 sum 上，i+=1 使 i 增加 1 成为 2。然后，程序跳回到循环头部再次执行，如果条件成立，sum 累加 i，i 递增 1。如此反复 5 次之后，i 的值成为 6，跳回到循环头部，条件不再成立，循环体被跳过，执行之后的程序，输出此时的 sum 值为 15。

for 循环的结构如图 0.7 所示，由 for 头部和循环体组成。for 头部的关键词是 for 和 in 并跟随:(英文冒号)，有一个单体变量 i 和一个容器类的变量 C。一个容器类的变量内部可以含有多个单体变量。容器类的变量包括列表、元组、词典、集合等，将在附录中介绍。本节的介绍中仅考虑使用列表。for 循环的语义是，每轮从容器 C 中取一个变量，赋值给变量 i(各轮次之间选不同的变量)，然后执行循环体 B；当 B 执行完毕之后，返回到 for 头部，进入下一轮次(即从容器中选取下一个变量执行循环体)。每一轮次中 i 可以在循环体中使用。

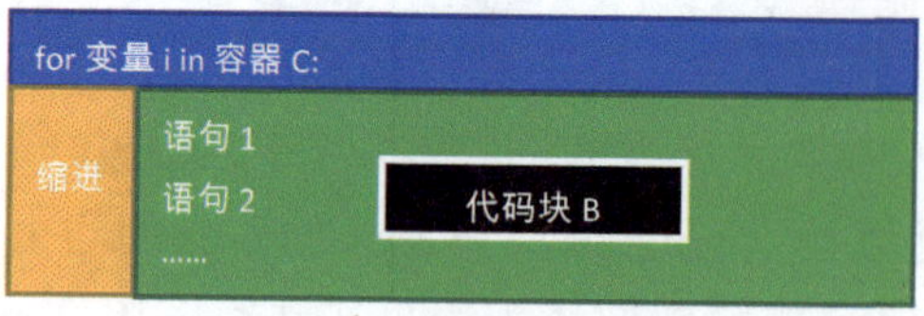

图 0.7　for 循环程序结构

例 0.16：for 循环求 1～5 的和

```
sum = 0
for i in [1, 2, 3, 4, 5]:
```

```
    sum += i
print(sum)
C:\Users\username\Desktop > python example.py
15
```

在此例中，用变量 i[①] 来遍历容器[1, 2, 3, 4, 5]。这里的容器是一个列表(list，用中括号封装若干个单体的元素，在附录中有详细介绍)。每一轮次中，i 分别取值 1,2,3,4,5，并被累加到 sum 上。容器遍历结束后，程序打印输出结果 sum。

我们引入 range()函数[②]来简化生成列表容器的过程。具体来说，可以用 range(start, end, step)生成一个列表[③]，当 start 小于 end 时，生成规则如下：从 start 开始，列表添加 start，添加 start+step，添加 start+2×step，如此重复至添加最后一个值为 start+n×step 且小于 end 的值。

例 0.17：1～100 求和(for 循环、range()函数)

```
sum = 0
for i in range(1, 101):
    sum += i
print(sum)
C:\Users\username\Desktop > python example.py
5050
```

在此例中，用 range()直接生成了 1～100 的列表，再用 for 循环求和。用 range()生成列表与编程人员手写 1～100 的列表相比，大大提高编程效率。这里补充几点 range()函数的使用技巧：step 如果不填写，那么默认为 1；如果 step 大于 end，且 step 为负数，那么将按照递减的顺序生成列表；其他情况，都会生成空列表[]。

在一个循环结构中，可在循环体中使用 break 指令提前终止循环。在循环体执行过程中遇到 break 时，会直接忽略循环体中 break 之后的代码，跳转到循环结构之后的代码继续执行。

例 0.18：辗转相除

```
d1 = 105
d2 = 91
while True:
    r = d1 % d2
    if r == 0:
        print(d2)
        break
```

---

① 大部分程序均用 i 遍历容器。i 是英文 index(索引)的首字母，也常用于代数中表示脚标。另外，j 和 k 也是常用的遍历变量。

② 函数的概念将在 0.2.5 节中介绍。

③ 实际是生成一个列表的“迭代器”，它可以像列表一样被操作，本书不详细描述。

```
    else:
        d1 = d2
        d2 = r

C:\Users\username\Desktop > python example.py
7
```

这是一个完整的辗转相除的程序。注意,while 循环的条件是 True,意味着程序执行到这里一定会执行循环体,只能靠循环体内部的 break 来跳出循环体。此例中,可以看到分支、循环这种程序结构可以相互嵌套,表达更丰富的语义。在这种嵌套中,也需保持同一层次的子结构缩进长度相同(即内部 if 头部和 while 循环体缩进相同),子结构内部保持自己的缩进规则(即 if 结构中的 break 比 if 头部要缩进一段长度)。如果某些循环逻辑不正确,无法跳出循环体(循环头部条件永远为真且循环体内无法执行 break),那么就构成一个死循环,导致程序无穷尽的运行下去,不能停机。

在一个循环结构中,可以在循环体中使用 continue 结束该次循环并进入下一次循环。在循环体执行遇到 continue 时,循环体内 continue 之后的代码不会被运行,但是程序会跳转到循环头部继续执行:while 循环会再次判断条件是否成立并决定执行或者跳过循环体,for 循环会继续去容器内下一个元素执行循环体。

例 0.19:求 1~100 中,所有奇数的和

```
sum = 0
for i in range(1, 101):
    if i % 2 == 0:
        continue
    sum += i
print(sum)
C:\Users\username\Desktop > python example.py
2500
```

0.2.5 函数

与大部分高级编程语言相同,Python 允许编程者定义函数。函数的作用是封装一部分重复逻辑,在程序中通过调用函数名来重复使用该逻辑。这样做既可以避免重复编写该逻辑,也能让程序结构更加清晰。

函数的结构如图 0.8 所示,其中,函数头用关键词 def 定义函数的名称和输入(函数可以没有输入);函数体封装一部分代码,称为函数体,函数体比函数头要缩进一个单位。函数的输入称作形式参数(简称形参),函数体描述处理形式参数的逻辑;函数可以设置输出(也可以没有输出),称作返回值,用关键词 return 来描述。

函数定义之后并不被执行,而是通过在程序中调用来执行。调用者调用一个函数(也称被调用者)需要描述函数名,并用表达式(包括值、变量和它们的组合)替换函数定义中的形式参数。在这个过程中,输入函数的表达式被称作实际参数(简称实参)。在执行过程中,

图 0.8　函数结构

Python 会用实际参数替换形式参数，并执行函数体内部的逻辑。函数体是一段程序，其执行逻辑与此前所述的顺序执行、分支循环无异。当被调用者函数体执行完毕后，会跳转到调用者函数调用指令之后的相邻指令，继续执行。实参的传递方式有两种，请参考附录。

函数体的执行过程中可能会遇到 return 关键词。如果 return 之后没有表达式，那么计算机会立即终止函数执行，跳出函数，回到函数调用指令之后的相邻指令继续执行。如果 return 之后有表达式，那么计算机会先计算表达式的值作为返回值，然后终止函数执行，跳出函数。此时，调用者可以继续执行下一条单独的指令，也可以把函数调用整体作为表达式去组合更复杂的表达式或者指令(例如，赋值、关系表达式、算术表达式等)。在后者中，函数的返回值将用于替换函数调用位置并参与复杂表达式或者指令的运算。

函数调用并不罕见。例如在例 0.6 中，使用 print()向屏幕打印字符串。这是一个已经 Python 内置的函数，其函数体逻辑是接收括号内的字符串，并向显示器设备发送消息，使显示器在相应位置排布像素点组成字符串的视觉展示。常见的运算符也可以理解为一个函数，例如，加法就是一个接收两个参数并输出它们和的函数。下面是一个定义和调用函数的例子。

例 0.20：一些函数定义和调用 Add，IsOdd 函数

```
def Add(a, b):
    return a + b
def IsOdd(n):
    return n % 2 == 1
s = Add(100, 222)
print(s)
print(IsOdd(32))
print(IsOdd(13))
C:\Users\username\Desktop > python example.py
322
False
True
```

在下例中，不需要写三遍辗转相除的代码，而是写一遍，封装为函数后，调用三次，实现三次计算。

例 0.21：求三对数的最大公约数(91，105)，(118，13)，(36，192)

```
def gcd(d1, d2):
    while True:
```

```
        r = d1 % d2
        if r == 0:
            return d2
        else:
            d1 = d2
            d2 = r
print(gcd(91, 105))
print(gcd(118, 13))
print(gcd(36, 192))
C:\Users\username\Desktop> python example.py
7
1
12
```

前文提到，在函数调用中会用实参替代函数定义中的形参，并在执行过程中用实参进行计算。这里存在一个问题：如果函数体内有指令对形参进行修改(赋值等)，那么函数调用过程中，实参对应的变量是否也会被修改呢？答案是要根据实参变量的类型分情况讨论。在本章中，整数和浮点数做实参时均不会被修改。附录中的复杂类型允许被一个函数修改，但是不会被赋值。

在一段程序中，一个变量并不是在任何地方都可以被使用，它可以被使用的范围称作该变量的命名空间。基本原则如下：一个函数内声明的变量仅可以在函数之内使用，称为局部变量；函数外声明的变量既可以在函数内使用，也可以在函数外使用，称为全局变量。当函数内需要使用全局变量时，需要在使用前用“global 变量名”来声明该变量。

全局变量可以在程序中的任何位置使用(如果此前没有过声明，则会创建新的全局变量)；如果此前在别处已有声明，则两处声明指代同一个变量(各处的修改和读取相互影响)。如果函数内的局部变量与一个全局变量重名(未用“global”声明)，函数内的变量是不同于全局变量的另外一个变量。实际上，Python 允许函数定义内嵌套另外的函数定义，此时变量命名空间的原则是内层函数可以使用外层函数中声明的变量，本书中不加以详细阐述。

例 0.22：变量命名空间示例

```
var1 = 0

def foo1():
    global var1
    var1 += 100
def foo2():
    global var1
    var1 = 500
def foo3():
    var1 = 100
def foo4():
    var1 += 200
```

```
foo1()
print(var1)
foo2()
print(var1)
foo3()
print(var1)
foo4()
print(var1)

C:\Users\username\Desktop> python example.py
100
500
500
Traceback (most recent call last):
  File "example.py", line 20, in <module>
    foo4()
  File "example.py", line 12, in foo4
    var1 += 200
UnboundLocalError: local variable 'var1' referenced before assignment
```

一个函数的函数体内可以调用自己本身,这称作递归调用。递归函数可以用于表达"先进行某项操作,再对结果重复相同的操作"这样的语义。例如,例 0.23 中,在某次计算结束获得商和余数后,"对除数和商重复进行除法计算,并判断余数是否为零"这一语义就可以通过递归调用函数本身来实现。递归调用也是函数的一种,函数实际参数的修改原则与上文所述的针对函数的修改规则相同。

例 0.23:求用递归函数求最大公约数

```
def gcd(d1, d2):
    r = d1 % d2
    if r == 0:
        return d2
    return gcd(d1, r)
print(gcd(91, 105))
print(gcd(118, 13))
print(gcd(36, 192))

C:\Users\username\Desktop> python example.py
91
1
36
```

为了结构清晰,实际程序往往由多个文件构成,文件之间的程序的相互引用和调用通过关键词 import 实现。被引用的程序也称作模块。如下例中,"import module1"表示引入 module1 中的所有变量和函数。调用者通过 module1.foo1()和 module1.var1 来使用模块中的函数和变量。另外,"from module2 import foo2"表示从模块 module1 中引入函数 foo2

(变量也用相同的方式引用[①])。调用者可以更简化地通过 foo2()来使用该函数;而"from module3 import *"则将 module3 中的所有变量和函数引入到被调用者,并可通过简化方式 foo3()来使用[②]。

```
例 0.24:模块的定义和调用

文件 1 为 module1.py
def foo1():
    print("This is foo1 in module1")
var1 = 100
文件 2 为 module2.py
def foo2():
    print("This is foo2 in module2")
var2 = 200
文件 3 为 module3.py
def foo3():
    print("This is foo3 in module3")
var3 = 300
主文件为 example.py
import module1
from module2 import foo2
from module3 import *

module1.foo1()
print(module1.var1)
foo2()
foo3()
print(var3)
```

除了允许使用者自己编写模块之外,Python 内置了若干模块,使用者可以直接调用来辅助计算[③],例如第 0.2.2 节中的类型转换函数就是 Python 内置函数。同时,整个 Python 社区也贡献了种类丰富的第三方模块,安装后便可调用。这些封装好供编程人员直接使用的模块也叫做库。本节中将展示部分 math 库函数[④]。

```
例 0.25:内置标准库:求绝对值、最大值、最小值、和

print("abs(-2)", abs(-2))
print("max(1,2,3)", max(1,2,3))
print("min(5,6,7)", min(5,6,7))
print("sum([1,2,3,4,5])", sum([1,2,3,4,5]))


C:\Users\username\Desktop>python example.py
abs(-2) 2
```

---

① 换言之,一个模块内的全局变量的命名空间仅限于该模块内部。

② 这种方式并不被推荐,因为它会导致引用者能够访问更多的模块内结构。如果访问并非必要,则可能引起程序安全或者语义混淆问题。

③ 详细列表见 Python 官方文档,https://docs.python.org/3/library/functions.html。

④ 官方文档,https://docs.python.org/3.7/library/math.html。

```
max(1,2,3) 3
min(5,6,7) 5
sum([1,2,3,4,5]) 15
```

例 0.26：math 库举例：求最大公约数、平方根、指数、对数、正弦值

```
import math
print("math.gcd(91, 105)", math.gcd(91, 105))
print("math.sqrt(2)", math.sqrt(2))
print("math.e", math.e)
print("math.exp(2)", math.exp(2))
print("math.log(25, 5)", math.log(25, 5))
print("math.log10(100)", math.log10(100))
print("math.pi", math.pi)
print("math.sin(0.5 * math.pi)", math.sin(0.5 * math.pi))
C:\Users\username\Desktop > python example.py
math.gcd(91, 105) 7
math.sqrt(2) 1.4142135623730951
math.e 2.718281828459045
math.exp(2) 7.38905609893065
math.log(25, 5) 2.0
math.log10(100) 2.0
math.pi 3.141592653589793
math.sin(0.5 * math.pi) 1.0
```

0.2.6 输入输出

在编程中，将数据和程序分开是一个好习惯（也称解耦合），有助于改善程序结构和可读性，且有助于运行时调试。程序与数据解耦合则要求在程序运行过程中动态地加载数据，加载数据的接口被称为输入输出函数。下面将介绍两种输入输出方式——控制台输入输出与文件输入输出。

控制台输入指通过键盘输入，控制台输出指通过显示器输出。前文中介绍的 print()函数即是通过屏幕输出。print()函数输出一个字符串。如果类型不是字符串，Python 内部会调用 str()函数进行格式转换，如果 str()不支持该类型转换，程序会报错。

通过键盘输入使用 input()函数，函数参数中可以有一个字符串来提示输入内容（也可以没有），函数返回值是一个字符串。运行时，参数的字符串打印到屏幕上，用户输入内容；当用户输入回车符号时，input()函数返回用户输入内容（不包括回车符号），程序继续执行。因此，input()通常被赋值给一个变量来接受返回值。

例 0.27：辗转相除（控制台输入）

```
from math import gcd
s1 = input("Input 1st number: ")
s2 = input("Input 2nd number: ")
```

```
n1 = int(s1)
n2 = int(s2)
print("GCD is ", gcd(n1, n2))
s1 = input("Input 1st number: ")
s2 = input("Input 2nd number: ")
n1 = int(s1)
n2 = int(s2)
print("GCD is ", gcd(n1, n2))
s1 = input("Input 1st number: ")
s2 = input("Input 2nd number: ")
n1 = int(s1)
n2 = int(s2)
print("GCD is ", gcd(n1, n2))

C:\Users\username\Desktop > python example.py
Input 1st number: 91
Input 2nd number: 105
GCDis  7
Input 1st number: 118
Input 2nd number: 13
GCDis  1
Input 1st number: 36
Input 2nd number: 192
GCDis  12
```

计算机中的文件分为文本文件和二进制文件。文本文件使用人可读的字符编码(例如ASCII码),可用编辑器打开进行编辑;二进制文件用0和1进行编码,一般用于计算机存储数据和运行程序(例如可执行文件、图片、视频等)。二进制文件由于编码方式更高效,在相同信息量的情况下,二进制文件占用的存储空间更小一些,但通常不是人可读的。在本书中,读者编写的程序是文本文件(计算机会将其转化成二进制的形式进行运行),图片数据是二进制文件,自然语言数据使用文本文件存取。

本节中,将以文本文件的读写为例,介绍文件的输入输出。文件在读写之前,需要先打开,并产生一个文件描述符。文件描述符用一个变量存储,对文件的读写操作通过文件描述符进行。打开文件并返回文件描述符的方式是调用 fd=open(文件名, 模式),其中 fd 存储了文件描述符,open 中的文件名是一个字符串,用来表示需要被打开的文件[①],模式参数也是一个字符串,用来描述文件打开后进行的操作。文本文件打开后的操作分读取、写入和追加,对应的参数是"r""w"和"a"[②]。文件打开并进行操作之后,需要关闭。这一步通过调用文件描述符的一个函数 close()完成。

例 0.28 是一个文件写入的例子。该程序先打开一个名为 hello. txt 的文件;再调用 fd. write 函数写入一个字符串"hello, world!";最后调用 fd. close()关闭文件描述符[③]。

---

① 可包含路径信息,路径信息的描述方式与操作系统中路径描述方式相同:可以是相对路径,"."表示当前目录,".."表示上一级目录,用"\"或者"/"分割开各级目录;也可以是绝对路径,从根目录开始,逐级描述到最终的文件。

② 对二进制文件,相应的参数为"rb""wb""ab"。

③ 正确的编程习惯是不管对文件进行读还是写操作,最后都要调用 close()来关闭文件。这样能确保操作系统对文件的任何动作不会出错:读文件之后不会破坏原文本内容,修改文件之后不会丢失最新的内容。

open 中的模式 "w"表示覆盖式的写入，例 0.28 中的文件第二次被打开后再写入，则会覆盖文件原来的内容。

例 0.28：文件写入

```
fd = open("hello.txt", "w")
fd.write("hello, world!")
fd.close()
C:\Users\username\Desktop > python example.py

C:\Users\username\Desktop > cat hello.txt
hello, world!
```

下面的例子是一个文件追加的例子，程序打开时使用"a"模式，再调用 fd.write 会在文件尾部添加新内容。

例 0.29：文件追加

```
C:\Users\username\Desktop > cat hello.txt
hello, world!

fd = open("hello.txt", "a")
fd.write("\nhello, world!")
fd.close()
C:\Users\username\Desktop > cat hello.txt
hello, world!
hello, world!
```

文本文件的读取有许多种方式。下例中，将通过"r"模式打开一个文件。此时调用 fd.read()会将所有文件内容读出，并以一个字符串的形式返回；调用 fd.readlines()会将文件所有内容读出，以一个列表形式返回，列表中每一个元素依次为文件中每一行(以文件中的回车符号分行，且列表中的元素包含行尾的回车)；文件打开后，fd 内部隐含一个文件指针，指向一个当前位置[①]；调用 fd.readline()则会返回当前指针之后的一行(以回车结尾，返回值中包含回车)，同时，指针向后移至下一行起始位置；再次调用 fd.readline()则会返回下一行内容，readline 常和循环语句一起使用，用于逐行处理文件。

例 0.30：文件读取

```
C:\Users\username\Desktop > cat hello.txt
hello, world!
hello, world!
fd = open("hello.txt", "r")
lines = fd.readlines()
fd.close()
print(lines)
```

① 这类似用编辑器打开一个文件时，会有一个闪动的光标来描述当前位置，用户对文件的添加、修改、删除和选取都从光标处开始。

```
print("==================")

fd = open("hello.txt", "r")
content = fd.read()
print(content)
fd.close()
print("==================")

fd = open("hello.txt", "r")
while True:
    line = fd.readline()
    if line == None or line == "":
        break
    print("one line:", line)
fd.close()

C:\Users\username\Desktop > python example.py
['hello, world!\n', 'hello, world!']
==================
hello, world!
hello, world!
==================
one line: hello, world!

one line: hello, world!
```

用“w”“a”和“r”模式打开文件时,如果文件不存在,那么程序会报错。此时,对于“w”和“a”模式,有一个补救方法:采用“w+”和“a+”。这样在打开文件时,如果文件不存在,程序会创建一个以 open 中文件名命名的新文件,并进行后续操作,而不会报错①。

我们引入两个简化编程的技巧——with 开关文件和 for 循环文件。在例 0.31 中,用关键词 with 打开文件,并进行操作,with 后续的子结构需要比 with 缩进一级。使用 with 打开文件时,如果打开方式有错误(例如,用“w”模式打开不存在的文件),则会整体跳过 with 结构;在 with 结构运行完毕后,Python 会自动调用 close()函数关闭文件描述符。在下例中,使用 for 循环读取 fd 内部的每一行,这相当于“for line in fd.readlines():”。

例 0.31:使用 with 简化文件读写

```
with open("hello.txt", 'r') as fd:
    for line in fd:
        print("one line:", line)
C:\Users\username\Desktop > python example.py
one line: hello, world!

one line: hello, world!
```

① “r+”模式在文件不存在时仍会报错。二进制文件的“wb+”“ab+”“rb+”的含义与文本文件的模式相同。

练习题

1. 求下列函数的导数

(1) $y=\sin^2 x$;

(2) $y=\arcsin(\sin x)$;

(3) $y=\ln\tan\frac{x}{2}-\cos x\cdot\ln(\tan x)$;

(4) $y=x^{1/x}$;

(5) $y=\ln(e^x+\sqrt{1+e^{2x}})$。

2. 计算下列三角函数的近似值

(1) $\cos 29°$;

(2) $\tan 136°$。

3. 如图所示的电缆 AOB 的长度为 s,跨度为 $2l$,电缆的最低点 O 与杆顶连线 AB 的距离为 f,则电缆的长度可按下列公式计算

$$s=2l\left(1+\frac{5f^2}{6l^2}\right)$$

当 f 变化了 Δf 时,电缆长度的变化约为多少?

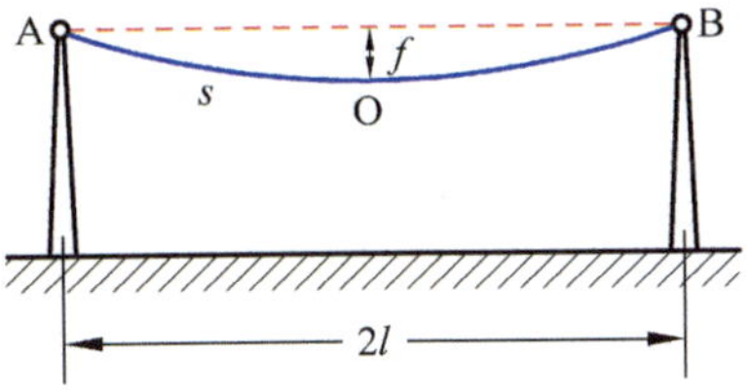

4. 设函数 $f(x)$在(a,b)内二阶可导,且 $f''(x)\geqslant 0$。试证明对于(a,b)内任意两点 x_1,x_2 及 $0\leqslant t\leqslant 1$ 有

$$f[(1-t)x_1+tx_2]\leqslant(1-t)f(x_1)+tf(x_2)$$

求 $z=x^2\sin(2y)$关于 x 和 y 的偏导数。

5. 设 A,B,C 是三个事件,且 $P(A)=P(B)=P(C)=1/4$,$P(AB)=P(BC)=0$,$P(AC)=1/8$,求 A,B,C 至少发生一个事件的概率。

6. 已知 $P(\bar{A})=0.3$,$P(B)=0.4$,$P(A\bar{B})=0.5$,求条件概率 $P(B|A\cup\bar{B})$。

7. 一个袋中装有 5 只球,编号为 1,2,3,4,5。在袋中同时取 3 只,以 X 表示取出的 3 只球中的最大号码,写出随机变量 X 的分布律。

8. 进行重复独立实验,设每次实验的成功概率为 p,失败概率为 $q=1-p(0<p<1)$。

(1) 将实验进行到出现一次成功为止,以 X 表示所需的实验次数,求 X 的分布律(此时称 X 服从以 p 为参数的几何分布)。

(2) 将实验进行到出现 r 次成功为止,以 Y 表示所需的实验次数,求 Y 的分布律(此时称 Y 服从以 r,p 为参数的巴斯卡分布或负二项分布)。

9. 设 $\boldsymbol{A}=\begin{pmatrix}0&3&3\\1&1&0\\-1&2&3\end{pmatrix}$,$\boldsymbol{AB}=\boldsymbol{A}+2\boldsymbol{B}$,求 $\boldsymbol{B}$。

10. 设 n 阶矩阵 $\boldsymbol{A}$ 及 s 阶矩阵 $\boldsymbol{B}$ 都可逆，求

(1) $\begin{pmatrix} O & \boldsymbol{A} \\ \boldsymbol{B} & 0 \end{pmatrix}^{-1}$；

(2) $\begin{pmatrix} \boldsymbol{A} & O \\ C & \boldsymbol{B} \end{pmatrix}^{-1}$。

11. 设 $\boldsymbol{x}$ 为 n 维列向量，$\boldsymbol{x}^{\mathrm{T}}\boldsymbol{x}=1$，令 $\boldsymbol{H}=\boldsymbol{E}-2\boldsymbol{x}\boldsymbol{x}^{\mathrm{T}}$，证明 $\boldsymbol{H}$ 是对称的正交阵。

编　　程

1. 计算并返回一个非负整数在 10 进制下的位数。

```
def DigitsOfNumber(num):
    # your code here
```

2. 对一个数组(list)中的元素从小到大排序。

```
def Sort(numbers):
    # your code here
```

3. 统计一个列表中每个元素的个数，输入为一个列表，输出为一个字典，key 是元素值，value 是元素的个数。

```
def Statistics(numbers):
    # your code here, return a dictionary
```

4. 在一个数组中查找第二大的元素。

```
def SecondLargestNumber(numbers):
    # your code here
```

5. 假设一年 365 天(不考虑闰年)，输入一个 1～365 之间的数字，输出月份和日期。例如，输入 35，输出“Feburary-4”。

```
def DateOfTheDayInAYear(day): # assume the input is an integer between 1 and 365
    # your code here
```

6. 文件操作练习，打开一个文件，输入三行“hello, world!”，保存并关闭文件。打开同一个文件，追加一行“hello, python!”，保存并关闭文件。打开该文件，输出所有行。

7. 计算斐波那契数列的第 n 项(可以考虑递归算法)。

```
def fib(n):   # assume n >= 0
    # your code here
```

8. 定义如下的 ReLU 函数(神经网络的激活函数)。

```
def ReLU(input):
    # return your code here
```

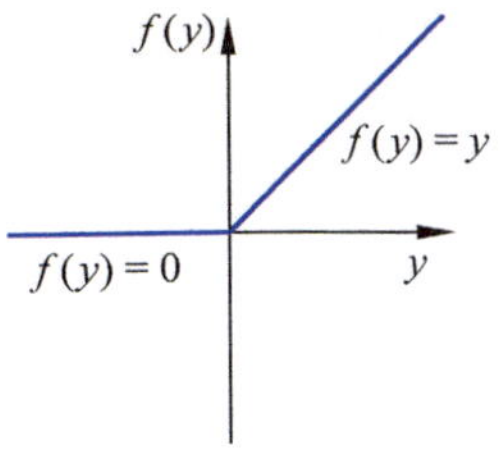

$$\text{ReLU}(x)=\begin{cases}x, & \text{如果 } x>0\\ 0, & \text{如果 } x\leqslant 0\end{cases}$$

9. 用二维的列表表示矩阵 $\boldsymbol{A}=\begin{pmatrix}0 & 3 & 3\\ 1 & 1 & 0\\ -1 & 2 & 3\end{pmatrix}$,实现矩阵乘法的算法,并计算 $\boldsymbol{A}^2$。

```
A = … # your code
def MatrixMultilication(A, B):
    # your code
Result = MatrixMutliplication(A, A)
```

10. 请前往 Python 官方网站查阅 API 文档中关于 Random 的使用方法。在二维空间中定义一个正方形区域 $-1\leqslant x\leqslant 1$,$-1\leqslant y\leqslant 1$,用 Random 产生 10 万个位于正方形区域内的点,并计算这些点落在以(0,0)为圆心、半径为 1 的圆内的比例。

第 1 章 搜索

引言

搜索是人工智能的一个关键领域。人工智能所面临的许多问题都非常复杂,往往无法一步完成,而是需要通过一组动作(action)序列来达到目标(goal)。这个寻找达到目标的动作序列的求解过程,就称为搜索。解决搜索问题的方法称为搜索策略,其主要任务是确定选取动作的方式和顺序。

现实中许多规划问题都可以描述成搜索问题,且都已得到很好的解决。如图 1.1 所示,自动驾驶或导航系统中的路径规划以及使机器人完成抓取任务的运动规划,就是典型的搜索问题。许多智力游戏的求解,比如寻找魔方的复原方法,本质也是搜索问题。还有,击败前国际象棋冠军卡斯帕罗夫的深蓝程序,以及击败世界围棋冠军李世石的谷歌 DeepMind AlphaGo,它们的核心也都是搜索算法。

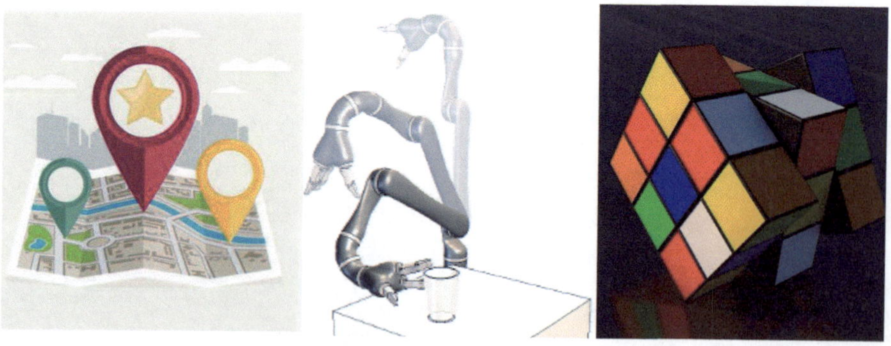

图 1.1 常见的搜索问题

在本章中将介绍两大类搜索算法:单智能体(single-agent)搜索和多智能体(multi-agent)对抗搜索(adversarial search)。

单智能体搜索针对在单个智能体环境中的决策问题。即使有其他智能体存在,这类搜索也只是简单地把它们的行为视为环境的一部分。前面例子中的自动驾驶与导航路径规划以及机器人抓取规划均为单智能体搜索。单智能体的搜索策略有两种基本方式。一种是盲目搜索,也称为无信息搜索策略,即不考虑除问题定义本身之外的知识,根据事先确定好的某种固定排序,依次调用动作,以探求最优的动作序列。另一种是启发式搜索,或称为有信息引导的搜索策略,即考虑具体问题的可用知识,有目的地动态确定排序的规则,优先搜索最可能的动作,从而加快搜索速度。

多智能体对抗搜索主要针对存在多个智能体竞争的环境。此时,每一个智能体都需要考虑其他智能体的决策带来的影响,因而导致了博弈问题和对抗搜索的产生。对抗搜索算法在每一步中寻找在对手最优选择下使己方收益最大化的步骤,并不断迭代,直到最终找到双方策略的均衡点。在均衡点,双方都无法通过改变自己的策略来提高收益。在对抗搜索中,可以通过剪枝来避免搜索必然不优的策略,从而提高效率。

在本章中,首先介绍单智能体搜索问题的定义,然后详细介绍盲目搜索和启发式搜索两种主要的方法;随后,将介绍多智能体对抗搜索。为方便读者理解,我们会穿插介绍一些必要的数据结构知识及例子。

1.1 搜索问题的定义

一个搜索问题可以由 6 个组成部分$\langle S, s_0, A, T, c, G\rangle$来形式化描述:

- S:状态空间(state space),是所有可能的状态集合,而状态(state)表示问题中考虑系统所处的状态;
- s_0:初始状态(initial state),描述系统的起始状态;
- A:动作空间(action space),对于每个状态 s,$A(s)$描述在该状态下可用的动作集合;
- $T(s, a)$:转移函数(transition function),在状态 s 下执行动作 a 后达到的状态;
- $c(s, a, s')$:损耗函数(cost function),在状态 s 下执行动作 a 后达到的状态 s' 的损耗;
- $G(s)$:目标测试函数(goal test),判断给定的状态 s 是否为目标状态。值得注意的是对于有些问题,目标状态 s 是一个集合,而不是单个状态。搜索在系统到达其中一个目标状态后结束。

将系统从初始状态带到目标状态的一系列动作称为一个解。解的好坏由路径上的总损耗来度量,其中取得最小总损耗的解称为最优解。在本章中,假定转移函数为确定性的,即在一个状态下,执行某个动作之后会确定性地到达另一个状态,不存在随机性。对于存在随机性的复杂问题,需要将问题建模成为一个马尔可夫决策过程(Markov decision process),相关内容会在第 8 章进行介绍。

接下来,我们举两个例子。

第一个例子是图 1.2 中展示的一个常见的八数字推盘游戏。在一个 3×3 的木板上,有编号为 1~8 的图块和一个空白区域,与空白区域相邻的图块可以被推入空白区域。我们的目标是从初始布局(左),通过移动图块达到指定的目标布局(右)。对于这个游戏,我们难以利用现有的信息直接计算出问题的解，而必须通过搜索，逐步找到能够达成目标的路径。在这个问题里，每个解均为一系列的数字移动动作。

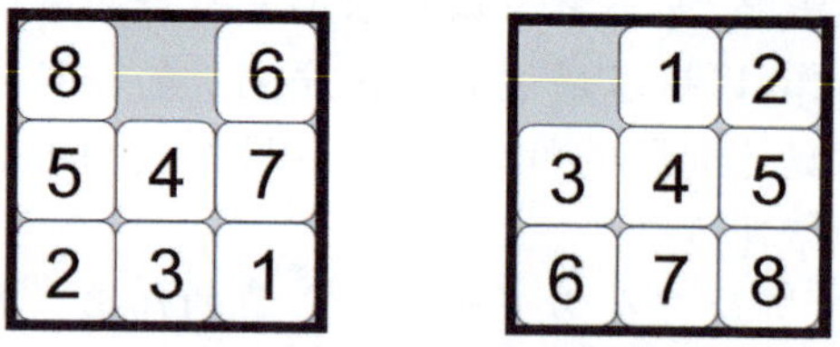

图 1.2　八数字推盘问题

对于这个八数字推盘问题，可以给出它的形式化描述：

- 状态空间：所有数字摆放的布局；
- 初始状态：左侧图的布局；
- 动作空间：将空格相邻的数字之一移动到空格处；
- 转移函数：给定上一布局和动作，转移函数返回当前数字布局；
- 损耗函数：该问题中，每移动一次数字产生一单位的损耗；
- 目标测试函数：判断当前数字布局是否与图右侧布局一致。

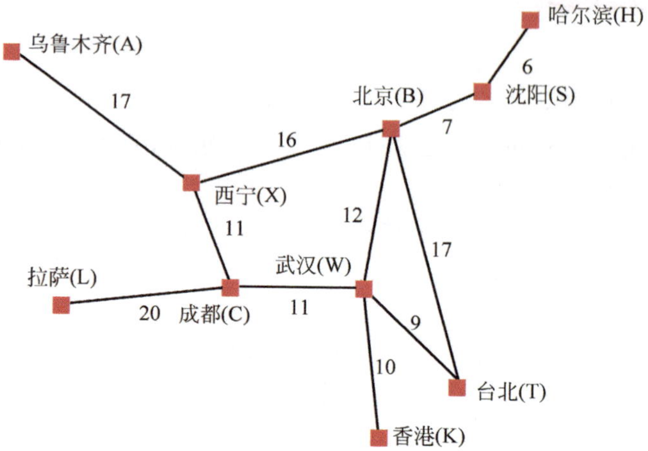

图 1.3　地图路径搜索问题

第二个例子是图 1.3 中的地图路径搜索问题。在这个问题里，可以沿着图中标出的边从一个城市移动到另一个城市，边上的数字显示了对应两座城市之间的距离。我们的目标是找到从乌鲁木齐(A)到台北(T)距离最短的一条路径。该问题的形式化描述为：

- 状态空间：地图中的城市；
- 初始状态：本问题中，我们假设智能体从乌鲁木齐出发，故初始城市为乌鲁木齐(A)；
- 动作空间：所有移动到相邻城市的动作集合，即图中的邻边；
- 转移函数：给定状态(城市)和动作(边)，转移函数返回下一个到达的状态(城市)；
- 损耗函数：该问题中，每个动作的成本可以设定为从当前城市到达另一城市的距离；
- 目标测试函数：判断当前城市是不是目标城市，在本问题中为台北(T)。

1.2 搜索算法基础

搜索算法需要通过数据结构来描述搜索过程。所以，本节将先介绍几个搜索中重要的数据结构，包括图、树以及队列。

图(graph)是一种基础的数据结构。一个图(G)由节点的集合(V)和边的集合(E)组成，记作 $G=(V,E)$。图 1.4 中展示了一个有向图和一个无向图。在无向图中，节点之间由无向边连接，即链接为双向；而在有向图中，节点之间由有向边连接，即链接为单向。对于无向图来说，一个节点的度等于与它相关联的边的数量。如图 1.4 左图中无向图的节点 E，它的度为 2。在有向图中，一个节点的度分为入度和出度，分别为到达节点的有向边数与从节点出发的有向边数。如图 1.4 右图中的有向图，节点 D 的入度为 1，出度为 2。

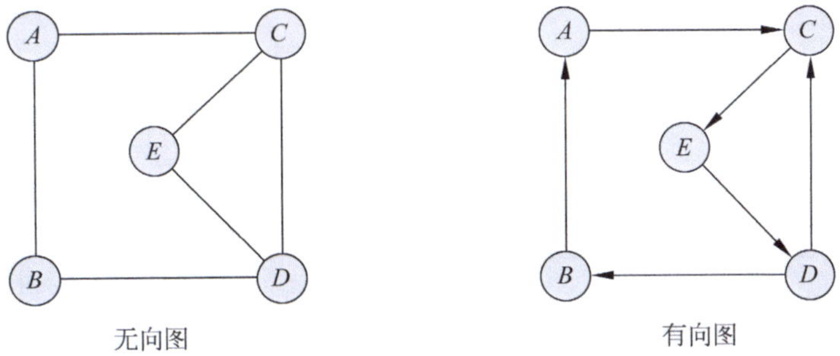

图 1.4 无向图和有向图

以下是一些图中重要的概念：

路径：一个节点通向另一节点所经过的边的序列。

路径长度：一个节点到另一节点经过的边的个数或权重之和。

连通图：如果一个无向图中任意两个节点之间都存在路径，则为连通图。

强连通图：如果一个有向图中任意两个有序节点之间都存在路径，则为强连通图。

树(tree)是一种基础的数据结构，由节点和边构成。树可视为一种特殊的无向图，它有以下一些重要的性质：①每个节点只有一个父节点；②只存在一个没有父节点的节点，称为根节点。在树结构中，根节点为第一层，根节点的子节点为第二层，依此类推，如图 1.5 所示。

树的高度或深度是由树中节点的最大层次决定的。路径表示从根节点到节点的一条由边构成的通路。路径的长度是由其经过的边的数量求和得到的，例如从根节点 A 到子节点 K 的路径长度为 4。

在搜索过程中，有时需要存储未搜索过的节点。队列是一种常用的存储数据结构。队列是一种线性数据结构，通常有三种形式：第一种是先入先出队列或 first-in-first-out 队列(FIFO queue)，即最先被放入队列的数据最优先被取出，最后被放入的数据最后被取出，如图 1.6(a)所示；第二种是优先级队列 (priority queue)，队列中的元素按照某种函数计算的优先级排列，高优先级的元素先出队；第三种是后入先出队列或 last-in-first-out 队列(LIFO queue，也称堆栈(stack))，即最后被放入队列的数据最先被取出，如图 1.6(b)所示。

在了解了必要的数据结构知识后，下面开始介绍搜索算法。

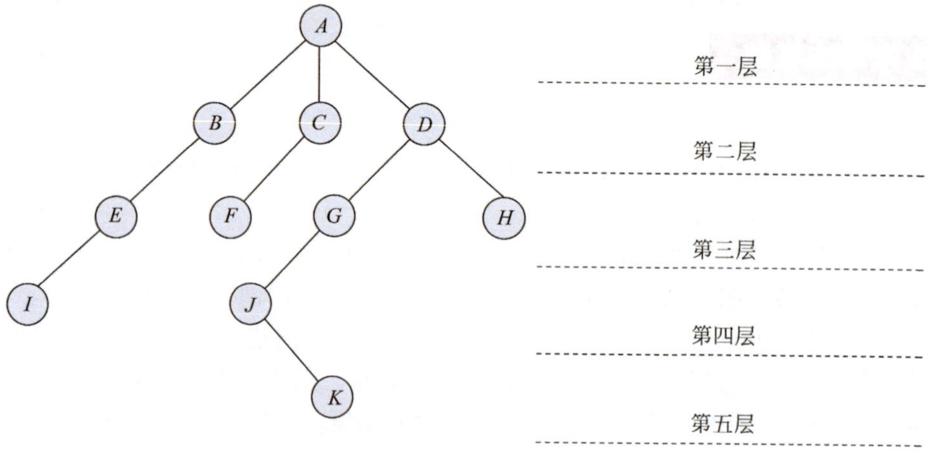

图 1.5　树结构

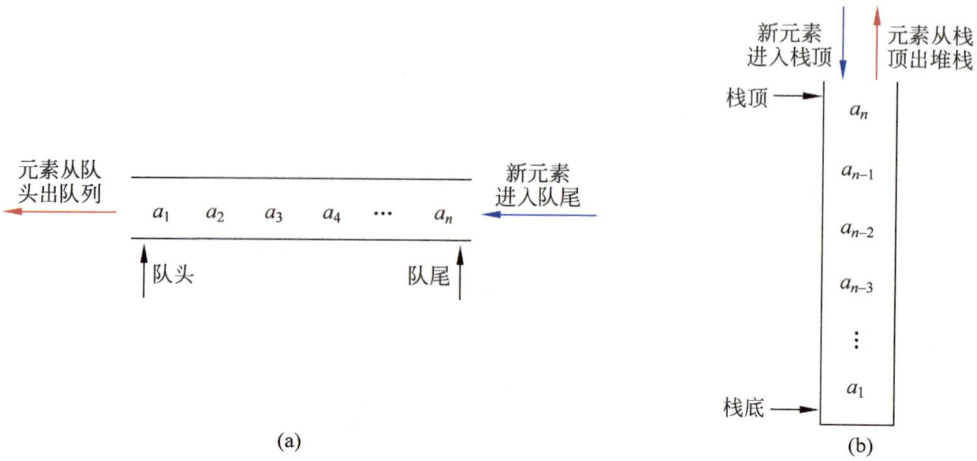

图 1.6　先入先出队列(a)和后入先出队列(b)

1.3　盲目搜索

搜索算法的基本思路是：为初始状态生成初始节点，并将该节点放到某种存储数据结构里，然后根据某种策略从存储结构中选择并移除一个节点，判断如果这个节点的状态是目标节点，返回成功，否则根据该节点的状态的动作集合，生成相应的后继节点集合并放入存储结构中。然后重复以上过程，直到成功或结束。不同的搜索算法可能使用不同的存储数据结构和节点选择策略。每个节点都包含相应的状态、父节点信息、以及从父节点状态到该节点状态的动作。注意，根据到达的路径不同，一个状态可能会生成不同的节点。本节将介绍盲目搜索策略(也称无信息搜索)。盲目搜索(blind search)是指在搜索中没有使用除了问题定义以外的额外信息。我们将以地图路径搜索问题为例，介绍两种盲目搜索的方式，深度优先搜索(depth-first search，DFS)和宽度优先搜索(breadth-first search，BFS)。

1.3.1 深度优先搜索

深度优先搜索是一种典型的盲目搜索，它每次优先对当前能够到达的最深的节点进行搜索。如果当前节点的所有边都已经被探索过，则算法不断向当前节点的父节点回溯，一直进行到发现目标节点或从源节点可达的所有节点为止；若此时还有未被搜索过的节点（意味着问题存在不连通的节点），则选择其中一个未被搜索的节点作为源节点并重复以上过程；重复整个过程直到发现目标节点或所有节点都被访问为止。

深度优先搜索算法的伪代码如下：

算法 1：深度优先搜索算法

```
初始化栈 Z，令其为空；
初始化访问表 V，令其为空；
将初始节点 s 放入栈 Z；
while(栈 Z 非空)
      弹出栈顶节点 n；
      if(n 为目标节点)
            返回成功；
      if(节点 n 不在访问表 V 中)；
            扩展节点 n，N 是当前节点 n 所有动作能够转移到的后继节点的集合；
            将节点 n 加入访问表 V 中；
            for m in N：
                  将 m 放入栈顶；
返回失败；
```

下面以图 1.3 中的地图搜索问题为例，具体说明深度优先算法的执行过程。在此问题中，假设初始节点为 A，目标节点为 T。图 1.7 给出了该算法执行过程中对应搜索的变化。

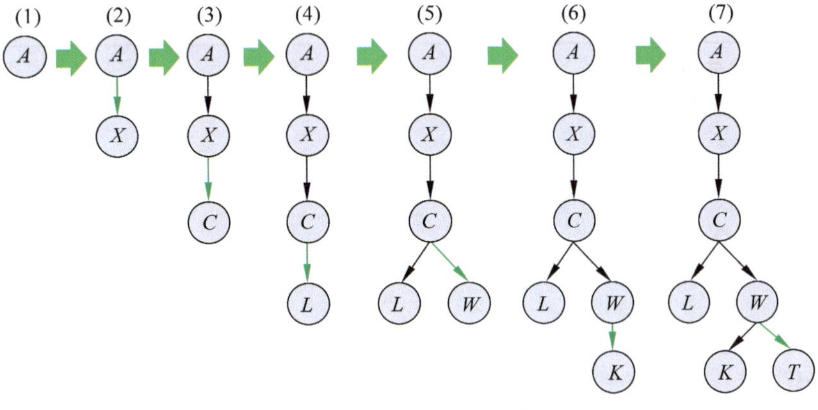

图 1.7　深度优先搜索的节点扩展顺序

初始化时，栈为空 $Z=\{\}$，访问表为空 $V=\{\}$。算法执行过程如下：

(1) 初始节点 A 放入栈 Z，$Z=\{A\}$。

(2) 栈 Z 不为空，继续执行。弹出栈顶节点 A，且 A 不是目标、不在访问表中。扩展 A，其后继集合为 $N=\{X\}$。将 A 放入访问表 $V=\{A\}$。将 N 中的节点放入栈 $Z=\{X\}$。

对应图 1.7(1)。

(3) 栈 Z 不为空,继续执行。弹出栈顶节点 X,且 X 不是目标、不在访问表中。扩展 X,其后继集合为 $N=\{C, B\}$。将 X 放入访问表 $V=\{A, X\}$。将 N 中的节点放入栈 $Z=\{B, C\}$。对应图 1.7(2)。

(4) 栈 Z 不为空,继续执行。弹出栈顶节点 C,且 C 不是目标、不在访问表中。扩展 C,其后继集合为 $N=\{L, W\}$。将 C 放入访问表 $V=\{A, X, C\}$。将 N 中的节点放入栈 $Z=\{B, W, L\}$。对应图 1.7(3)。

(5) 栈 Z 不为空,继续执行。弹出栈顶节点 L,且 L 不是目标、不在访问表中。L 无后继节点,将 L 放入访问表 $V=\{A, X, C, L\}$。栈 $Z=\{B, W\}$。对应图 1.7(4)。

(6) 栈 Z 不为空,继续执行。弹出栈顶节点 W,且 W 不是目标、不在访问表中。扩展 W,其后继集合为 $N=\{K, T, B\}$。将 W 放入访问表 $V=\{A, X, C, L, W\}$。将 N 中的节点放入栈 $Z=\{B, B, T, K\}$。对应图 1.7(5)。

(7) 栈 Z 不为空,继续执行。弹出栈顶节点 K,且 K 不是目标、不在访问表中。K 无后继节点,将 K 放入访问表 $V=\{A, X, C, L, W, K\}$。栈 $Z=\{B, B, T\}$。对应图 1.7(6)。

(8) 栈 Z 不为空,继续执行。弹出栈顶节点 T,为目标节点,结束搜索。此时访问表为 $V=\{A, X, C, L, W, K, T\}$。对应图 1.7(7)。

深度优先搜索是一种通用的且与问题无关的方法,深度优先搜索的实现可以不使用访问表。虽然这样实现可能会重复展开某些状态,但是其优点在于节省内存,只需要存储从初始节点到当前节点的路径上的节点以及它们的后继节点;缺点是对于无限状态空间,如果进入了一条无限又无法到达目标节点的路径,深度优先搜索会进入死循环而失败。

1.3.2 宽度优先搜索

宽度优先搜索从根节点开始,按照层次由浅入深的方式逐层扩展节点进行搜索,直至找到目标节点。

宽度优先搜索的伪代码如下:

算法 2: 宽度优先搜索算法

```
初始化先入先出队列 Q,令其为空;
初始化访问表 V,令其为空;
将初始节点 s 放入先入先出队列 Q;
while(队列 Q 非空)
    弹出队列 Q 的队首节点 n;
    if(n 为目标节点)
        返回成功;
    if(节点 n 不在访问表 V 中)
        扩展节点 n,N 是当前节点 n 所有动作能够转移到的不在访问表 V 中的
        后继节点的集合;
        将节点 n 加入访问表 V 中;
        for m in N;
            将 m 放入队列 Q 的队尾;
返回失败;
```

这里仍以图 1.3 中的地图搜索为例，说明深度优先搜索的执行过程。假设初始节点为 A，目标节点为 S。图 1.8 给出了算法执行过程中搜索树的变化。

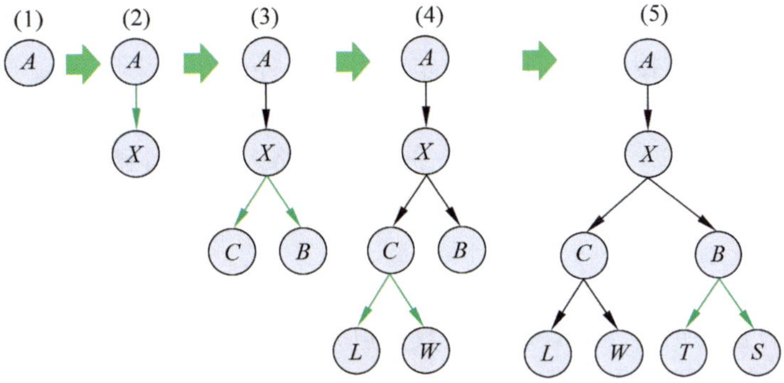

图 1.8 宽度优先搜索节点的扩展顺序

初始化时，队列为空 $Q=\{\}$，访问表为空 $V=\{\}$。算法执行过程如下：

(1) 将初始节点 A 放入队列得到 $Q=\{A\}$。

(2) 队列 Q 不为空，继续执行。弹出队首节点 A，且 A 不是目标、不在访问表中。扩展 A，其后继集合为 $N=\{X\}$。将 A 放入访问表得到 $V=\{A\}$。将 N 中的节点放入队列得到 $Q=\{C, B\}$。对应图 1.8(1)。

(3) 队列 Q 不为空，继续执行。弹出队首节点 X，且 X 不是目标、不在访问表中。扩展 X，其后继集合为 $N=\{C, B\}$。将 X 放入访问表得到 $V=\{A, X\}$。将 N 中的节点放入队列 $Q=\{C, B\}$。对应图 1.8(2)。

(4) 队列 Q 不为空，继续执行。弹出队首节点$\{C, B\}$(实际程序执行，每次只弹出一个，先弹出 C 再弹出 B，此处为了表达简洁将同一父节点的节点同时弹出)，且$\{C, B\}$不是目标、不在访问表中。依次扩展$\{C, B\}$，其后继集合为 $N=\{L, W, T, S\}$。将$\{C, B\}$放入访问表得到 $V=\{A, X, C, B\}$。将 N 中的节点放入队列得到 $Q=\{L, W, T, S\}$。对应图 1.8(3)。

(5) 队列 Q 不为空，继续执行。弹出队首节点$\{L, W\}$(L, W 来自同一父节点 C)，且$\{L, W\}$不是目标、不在访问表中。依次扩展$\{L, W\}$，L 无后继节点，W 后继节点为$\{K, T, B\}$，从而后继集合为 $N=\{K, T, B\}$。将$\{L, W\}$放入访问表得到 $V=\{A, X, C, B, L, W\}$。将 N 中的节点放入队列得到 $Q=\{T, S, K, T, B\}$。对应图 1.8(4)。

(6) 队列 Q 不为空，继续执行。弹出队首节点$\{T, S\}$(T, S 来自同一父节点 B)，S 为目标节点，结束搜索。此时访问表 $V=\{A, X, C, B, L, W, S\}$。对应图 1.8(5)。

可以看到当扩展到深度为 4 的节点时，便找到了从起点到终点的路径。与深度优先搜索类似，宽度优先搜索方法与问题无关，具有通用性。其优点是不存在死循环的问题，当问题有解的时候，一定能找到解。然而，在搜索过程中，宽度优先搜索需要将下一层的节点放到队列中待展开，而每层的节点个数随着层数成指数增长，所以它的缺点在于算法所需的存储量比较大。另外，深度优先搜索和宽度优先搜索均会构建搜索树，其不同之处在于扩展节点的顺序不同。

1.4 启发式搜索

启发式搜索算法是在搜索时利用问题定义本身之外的知识来引导搜索的算法。启发式搜索算法依赖于启发式代价函数 h,其定义为每个节点到达目标节点代价的估计值。启发式搜索算法通过代价函数 h 的估计获得一种搜索策略。当代价函数的估计值比较精准的时候,该算法往往能较快地找到目标节点。相比于盲目搜索,启发式搜索能够减少搜索范围,提高搜索效率。

启发函数需要根据具体问题设计。例如在图 1.9 的搜索例子中,一个启发函数可以是当前城市到台北的直线距离。设计启发函数是启发式搜索的核心。如果启发函数带来的信息过弱,搜索算法在找到一条路径之前将扩展过多的节点,则无法有效地降低算法的复杂度;反之,如果启发函数引入的启发信息过强,虽然能大大降低搜索工作量,但可能导致无法找到最佳路径。因此,在实际应用中,往往希望能引入适量启发信息以降低搜索工作量,同时不牺牲找到最佳路径的保证。

下面将介绍两种启发式搜索方法,贪婪搜索(Greedy Search)和 A* 图搜索算法(A* Graph-Search,简称 A* 算法)。我们沿用图 1.9 所示的例子,搜索从乌鲁木齐(A)到台北(T)的最短路径。

1.4.1 贪婪搜索

在贪婪搜索中,总是优先扩展可达节点中启发函数最小的节点,以期望能尽快到达目标。在图 1.3 的例子中,最理想的 h 函数为当前节点至目标节点的真实旅行距离。但在实践中,如此理想的启发式函数很难得到,我们往往只能通过经验估计一个启发函数。当启发函数不准确时,可能无法得到问题的最优解。例如,若取 h 为图 1.9 中给出的评估函数,则贪婪搜索扩展节点的顺序为 A→X→B→T。

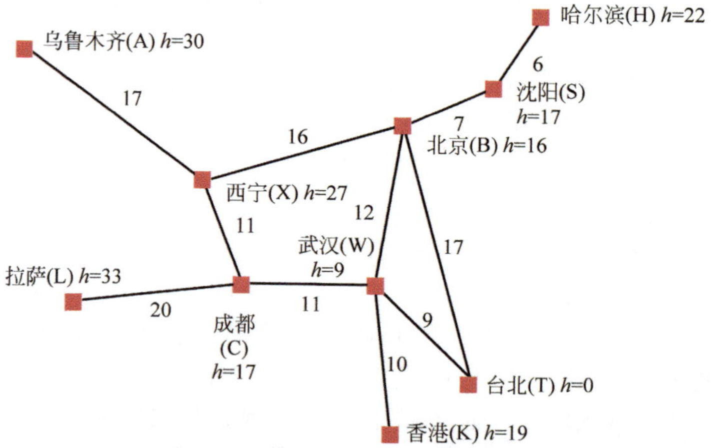

图 1.9 带有启发函数的地图路径搜索问题

在这个情况下,贪婪搜索无需任何的回溯就到达了目标节点。因此算法的时间复杂度很低。然而,算法找到的并不是最优路径,A→X→C→W→T 是一条更优的路径。这是由评估函数不精确导致的。从这个例子也可以看出算法的“贪婪”性，即算法每一步都仅考虑启发式函数估计离目标最近的节点，而没有考虑从起始节点到该节点的已知真实损耗。

贪婪搜索的伪代码如下：

算法 3：贪婪搜索

```
初始化以启发函数 h 为键值的优先队列 Q，令其为空：
初始化访问表 V，令其为空；
将初始节点 s 放入优先队列 Q；
while(优先队列 Q 非空)
    弹出优先队列 Q 中 h 值最小的节点 n；
    if(n 为目标节点)
        返回成功；//从目标节点 n 由父节点指针回溯到初始节点 s 的路径即为所得路径
    if(节点 n 不在访问表 V 中)
        扩展节点 n，并设 N＝当前节点 n 所有动作能够转移到的节点集合；
        将节点 n 加入访问表 V 中；
        for 节点 m in N：
            if(m 不在优先队列 Q 中)
                将 m 放入优先队列 Q，将后继节点 m 的父节点指针指向 n；
返回失败；
```

下面将以图 1.9 中的例子具体说明贪婪搜索算法的执行过程。为了简化说明，后继节点集合 N 只显示不在访问表 V 中的节点。假设初始节点为 A，目标节点为 T。

初始化时，优先队列为空 $Q=\{\}$，访问表为空 $V=\{\}$。然后算法执行过程如下：

(1) 初始节点 A 放入优先队列 Q，$Q=\{A\}$。

(2) 优先队列 Q 不为空，继续执行。弹出优先队列中 h 值最小的节点 A，且 A 不是目标、不在访问表中。扩展 A，其后继集合为 $N=\{X\}$。将 A 放入访问表得到 $V=\{A\}$。将 N 中的节点放入优先队列得到 $Q=\{X\}$。对应图 1.10(1)。

(3) 优先队列 Q 不为空，继续执行。弹出优先队列中 h 值最小的节点 X，且 X 不是目标、不在访问表中。扩展 X，其后继集合为 $N=\{B, C\}$。将 X 放入访问表得到 $V=\{A, X\}$。将 N 中的节点放入优先队列得到 $Q=\{B, C\}$。对应图 1.10(2)。

(4) 优先队列 Q 不为空，继续执行。弹出优先队列中 h 值最小的节点 B，且 B 不是目标、不在访问表中。扩展 B，其后继集合为 $N=\{T, W, S\}$。将 B 放入访问表得到 $V=\{A, X, B\}$。将 N 中的节点放入优先队列得到 $Q=\{T, W, S, C\}$。对应图 1.10(3)。

(5) 优先队列 Q 不为空，继续执行。弹出优先队列中 h 值最小的节点 T，且 T 是目标。结束搜索，返回成功。对应图 1.10(4)。

对应该问题的搜索过程，如图 1.10 所示。

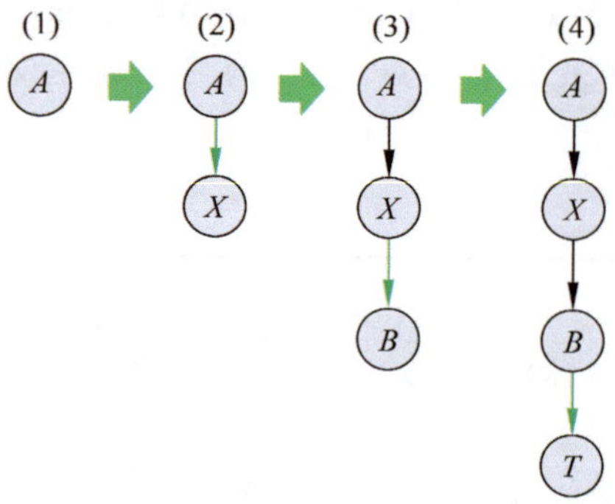

图 1.10　贪婪搜索节点的扩展顺序

1.4.2　A* 算法

A* 算法是启发式搜索算法中最广为人知的算法。其在解决路径搜索相关问题中应用十分广泛，包括网络路由算法、机器人探路、游戏设计以及地理信息系统的交通路线导航和路径分析领域。

相比贪婪搜索，A* 算法采用更为精确的评价函数对扩展节点进行评估，因为其评价函数不仅利用启发函数，而且还包含从起始节点到目前节点的已知真实损耗。令 $g(n)$表示算法所找到的从起始节点 s 到节点 n 的实际代价；令 $h(n)$表示启发函数，它定义从当前节点到目标节点最佳路径的代价估计；然后令 $f(n)=g(n)+h(n)$表示评价函数。相对的，贪婪搜索采用 $f(n)=h(n)$。实际代价 $g(n)$可以在搜索中计算得到，即 $g(n)=g(p)+c(p,a,n)$，其中 $g(p)$为起始节点到父节点 p 的实际代价，而 $c(p,a,n)$是父节点 p 通过动作 a 转移到节点 n 的代价。

A* 算法的实现需要两个列表，一个是优先队列表，一个是访问表。优先队列表是一个以节点的 f 函数为升序排列的优先列表，其目的是为每一次搜索提供经验上"最优"的节点，以帮助 A* 算法更有效率地找到从起点到终点的最短路径。访问表是一个普通的列表，用来保存已经扩展过且无需再访问的节点，以避免节点的重复访问。

A* 算法的伪代码如下：

算法 4：A* 算法

```
1：初始化以启发函数 h 为键值的优先队列 Q，令其为空；
2：初始化访问表 V，令其为空；
3：将初始节点 s 放入优先队列 Q，g(s)=0，f(s)=h(s)；
4：while(优先队列 Q 非空)
5：     弹出优先队列 Q 中 f 值最小的节点 n；
6：     if(n 为目标节点)
7：         返回成功；//从目标节点 n 由父节点指针回溯到初始节点 s 的路径即为
            所得路径
```

```
    if(n 在访问表 V 中)
        continue;
    扩展节点 n,并设 N=当前节点 n 所有动作能够转移到的节点集合;
    将节点 n 加入访问表 V 中;
    for 节点 m in N:
        new_g=g(n)+c(n,m);
        new_f=new_g+h(m);
        if(m 在优先队列 Q 中)
            if(new_f<Q 中的 f(m))
                将后继节点 m 的父节点指针指向 n;
                更新 Q 中的 f(m)=new_f,g(m)=new_g;
        else
            f(m)=new_f;
            g(m)=new_g;
            将 m 放入优先队列 Q,将后继节点 m 的父节点指针指向 n;
返回失败;
```

下面以图 1.9 中的问题为例,说明 A^* 算法的执行过程。同样取图 1.9 中的启发代价函数 h,并假设初始节点为 A,目标节点为 T。与之前介绍的算法一样,A^* 算法在搜索过程中也能产生一棵搜索树。我们在图 1.11 中展示了 A^* 算法在执行中产生的搜索过程。为了简化说明,后继节点集合 N 只显示不在访问表中的后继节点。

初始化时,优先队列为空 $Q=\{\}$,访问表 $V=\{\}$。然后算法执行过程如下:

(1) 将初始节点 A 放入优先队列得到 $Q=\{A\}$。

(2) 优先队列 Q 不为空,继续执行。弹出优先队列中 f 值最小的节点 A,且 A 不是目标、不在访问表中。扩展 A,其后继集合为 $\{X\}$。将 A 放入访问表得到 $V=\{A\}$。将后继集合中的节点放入优先队列得到 $V=\{X\}$。对应图 1.11(1)。

(3) 优先队列 Q 不为空,继续执行。弹出优先队列中 f 值最小的节点 X,且 X 不是目标、不在访问表中。扩展 X,其后继集合为 $\{B,C\}$。将 X 放入访问表得到 $V=\{A, X\}$。将后继集合中的节点放入优先队列得到 $Q=\{B, C\}$。对应图 1.11(2)。

(4) 优先队列 Q 不为空,继续执行。弹出优先队列中 h 值最小的节点 C,且 C 不是目标、不在访问表中。扩展 C,其后继集合为 $\{L, W\}$。将 C 放入访问表得到 $V=\{A, X, C\}$。将后继集合中的节点放入优先队列得到 $Q=\{W, B, L\}$。对应图 1.11(3)。

(5) 优先队列 Q 不为空,继续执行。弹出优先队列中 f 值最小的节点 W,且 W 不是目标、不在访问表中。扩展 W,其后继集合为 $\{T, K\}$。将 W 放入访问表 $V=\{A, X, C, W\}$。将后继集合中的节点放入优先队列 $Q=\{T, B, K, L\}$。对应图 1.11(4)。

(6) 优先队列 Q 不为空,继续执行。弹出优先队列中 f 值最小的节点 T,且 T 是目标。结束搜索,返回成功。对应图 1.11(5)。

A^* 算法的最优性:A^* 算法在一定的条件下能保证其返回的解是最优的。保证 A^* 算法最优性的一个条件是 $h(n)$ 是一个一致性启发函数(也称单调性启发函数)。其具体定义

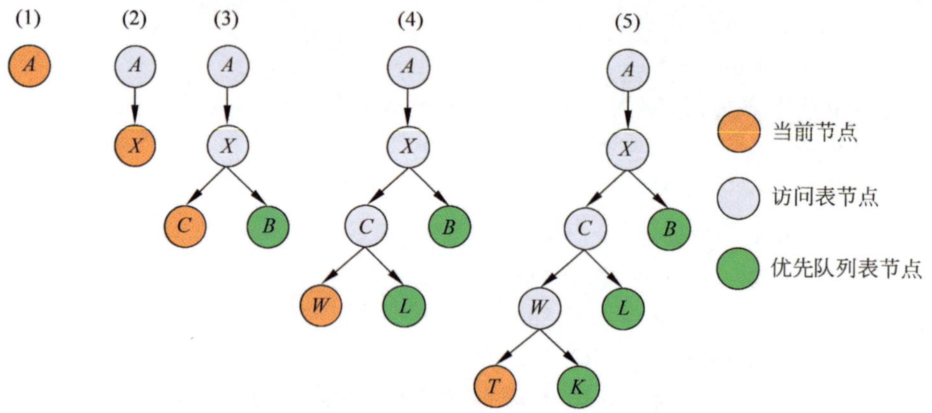

图 1.11　A* 算法在地图搜索问题上产生的搜索树

如下：如果对所有节点 n_i 和 n_j，其中 n_j 是 n_i 的后继节点，函数 $h(n)$ 均满足

$$\begin{cases} h(n_i)-h(n_j)\leqslant c(n_i,a,n_j) \\ h(G)=0 \end{cases}$$

其中，$c(n_i,a,n_j)$表示的是执行动作 a 从 n_i 到 n_j 的单步代价，G 为最近的目标节点，则称 $h(n)$为一致性启发函数。启发函数的一致性可以用图 1.12 中的三角不等式形象地表示出来。

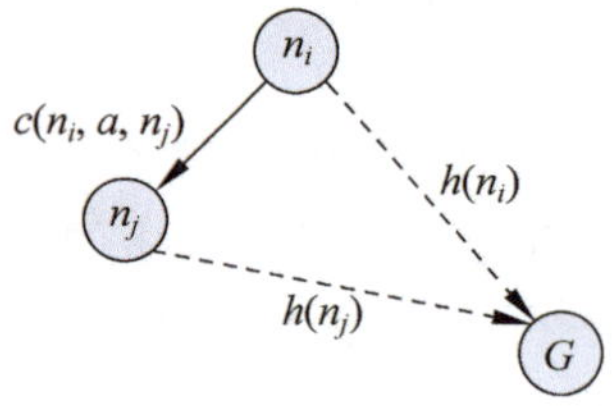

图 1.12　启发函数一致性的形象表示

如前所述，A* 算法有如下性质。

定理： 如果 $h(n)$是一致的，那么 A* 算法找到的解是最优的。

证明：

第一步，需要证明如果 $h(n)$是一致的，那么沿着任何路径上的节点 $f(n)$值是非递减的。这步证明可以用一致性的定义得到。具体来说，假设 n_j 是 n_i 的后继节点，那么 $g(n_j)=g(n_i)+c(n_i,a,n_j)$，其中 a 是 n_i 到 n_j 的动作。然后可以得到

$$f(n_j)=g(n_j)+h(n_j)=g(n_i)+c(n_i,a,n_j)+h(n_j)\geqslant g(n_i)+h(n_i)$$

第二步，需要证明当 A* 算法选择扩展节点 n_i 时，到达节点 n_i 的最优路径已经找到。这一步可以用反证法。假设到达节点 n_i 的最优路径还没有找到，那么在这个最优路径上必然有一个没有扩展开的节点 n_i'在优先队列表里。因为沿着任何路径上的节点的 $f(n)$值是非递减的，那么 $f(n_i)>f(n_i')$，n_i'必然会先于 n_i 扩展，这个与假设矛盾。

从以上两步证明可以得出，A* 算法以 $f(n)$值的非递减顺序扩展节点。因为目标节点的 $h=0$，f 在目标节点的值就是实际总损耗。因此第一个被选择扩展的目标节点的路径一定是最优解。

1.5 对抗搜索

在一些搜索问题中，有多个智能体进行博弈或竞争，即智能体的目标相互冲突，这时就需要对抗搜索。在对抗搜索中，一个智能体需要在其他智能体同样通过搜索寻找各自最优解的同时寻找自己的最优策略。击败国际象棋冠军卡斯帕罗夫的“深蓝”所使用的Alpha-Beta剪枝搜索和击败世界围棋冠军的AlphaGo所使用的蒙特卡洛树搜索都属于对抗搜索。

在本节中，主要考虑在两个智能体的零和博弈问题下的搜索。在此类博弈中，双方收益的和为零，即必有一方获胜或双方打平。围棋、国际象棋以及猜拳游戏都是典型的零和博弈问题。因为双方收益之和为零，那么我们可以只用一个收益函数，其中一个智能体最大化收益，而另一个智能体最小化收益，一个零和博弈可以通过博弈树来定义。博弈树由初始状态 s_0、动作集合 A 和收益函数 $U(p)$ 组成，其中每个节点表示博弈的一个状态，而每一条边则表示不同玩家的一次行动。树的叶节点表示博弈的结束，而收益函数 $U(p)$ 则表示在每一个叶节点 p 确定双方获胜或打平的情况。

博弈树包含两个玩家MIN和MAX，每个玩家轮流执行动作，其中玩家MAX希望最大化收益函数，而玩家MIN希望最小化收益函数。以井字棋游戏为例来展现博弈树。井字棋是一种在3×3格子上进行的连珠游戏，由分别代表○和×的两个游戏者轮流在格子里留下标记(一般来说先手者为×)，任意三个标记形成一条直线，则为获胜。其(部分)博弈树如图1.13所示。

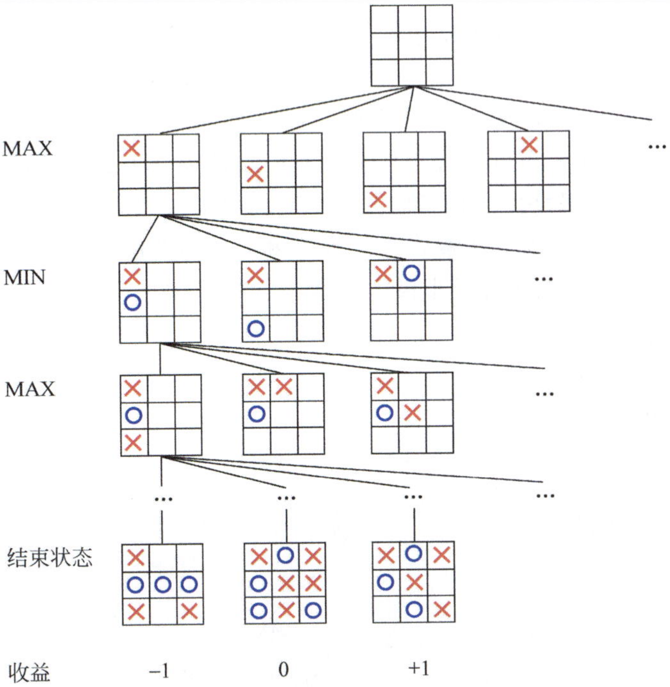

图1.13 井字游戏的(部分)博弈树

下面将简要介绍两种常见的对抗式搜索方法：极小极大搜索(MiniMax search)和Alpha-Beta剪枝搜索。

1.5.1 极小极大搜索

极小极大搜索是博弈树搜索的一种基本方法。其基本思想是使用一个收益评估函数$v(p)$对给定的中间节点p进行评估,并通过搜索找到使收益评估函数最大(或最小)的动作。

给定一棵博弈树,最优策略可以通过检查每个节点的极小值或极大值来确定。这是因为在任意状态,MAX玩家会倾向于移动到所有选择中收益极大的状态,而MIN玩家倾向于移动到所有选择中极小的状态。因此我们可以通过如下公式递归确定每个节点玩家的最优策略及收益：

$$v(p)=\begin{cases}U(p), & p \text{ 为终止节点} \\ \max\limits_{a\in \mathrm{Actions}(p)} v(p'), & p \text{ 为 MAX 玩家的节点} \\ \min\limits_{a\in \mathrm{Actions}(p)} v(p'), & p \text{ 为 MIN 玩家的节点}\end{cases}$$

其中$U(p)$是终止节点的收益函数,p'是在p节点执行动作a后到达的下一个节点。因此,我们可以使用递归的算法来计算最优的策略。

具体来说,给定当前的格局,算法首先给出MAX玩家的所有可能走法,再进一步给出MIN玩家的所有可能走法,由此进行若干步,得到一棵子博弈树,并在叶节点计算收益评估函数的值；最后由底返回至上计算,在MIN玩家处取下一步收益估值的最小值,在MAX玩家处取下一步收益估值的最大值,最终计算出使得MAX玩家在最坏情况下能最大化收益的动作。

下面考虑两步棋的情况来说明,此时博弈树如图1.14所示。图中叶子节点的数字或由收益评估函数$v(p)$计算得到,或由结束状态的收益函数给出,其他节点则使用倒推的方法估值。例如,Y是MAX玩家决策的节点,其估值应取A,B,C中最大者。A,B,C是MIN玩家决策的节点,其估值应分别取其子节点收益评估函数值最小者。由此,可以计算出MIN玩家在A,B,C三个节点的最优动作分别对应收益为5,1,2的动作；而MAX玩家在Y节点最优的动作是A；最终的平衡策略是MAX玩家采取A动作,而MIN玩家采取对应收益为5的动作。使用极小极大搜索算法在博弈树中递归求解时,两位玩家分别交替使用使收益极小和极大的动作,故称为极小极大搜索。

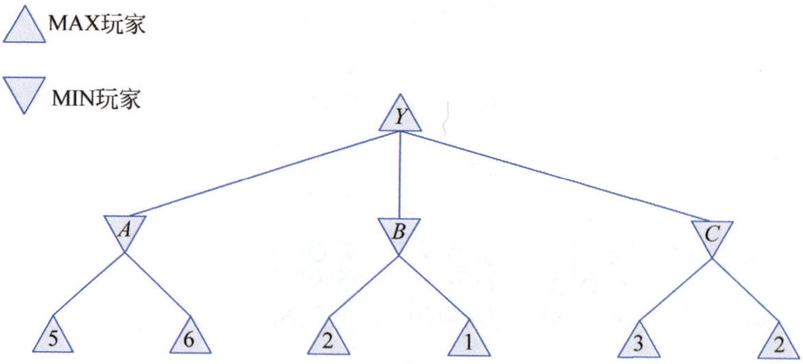

图1.14　两步棋游戏的博弈树

极小极大搜索算法的伪代码如下，算法中的极小极大搜索函数即为前述公式中的递归函数：

算法 5：极小极大搜索（节点 p，是否为极大方）

```
if(节点 p 是终止节点)        //收益函数中的第一种情况
    返回节点 p 的收益函数 U(p)
if(节点 p 是极大方)          //收益函数中的第二种情况
    v:=-∞
    for x in 子节点集合
        v:=max(v,极小极大搜索(x,否))   //递归计算极小方节点的收益函数
    返回 v
else                        //收益函数中的第三种情况
    v:=+∞
    for x in 子节点集合
        v:=min(v,极小极大搜索(x,是))   //递归计算极大方节点的收益函数
    返回 v
```

图 1.14 的博弈树中极小极大搜索的具体步骤如下。假设初始节点 $p=Y$，该节点为 MAX 玩家。

(1) 首先搜索左边的 A 节点，为 MIN 玩家，再进一步搜索两个终止节点；MIN 玩家从返回的收益中选择最小的一个，得到节点的最优策略收益为 $v=5$。

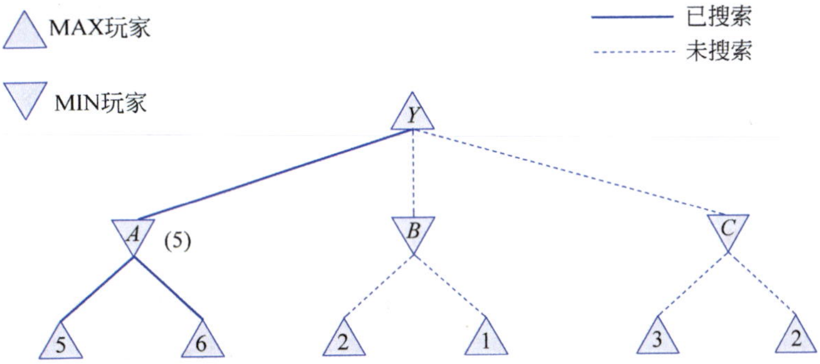

(2) 进而搜索 Y 节点可能到达的第二种情况，即 B 节点，为 MIN 玩家，其同样从两种中止节点中选择最小的一个，得到节点的最优策略收益为 $v=1$。

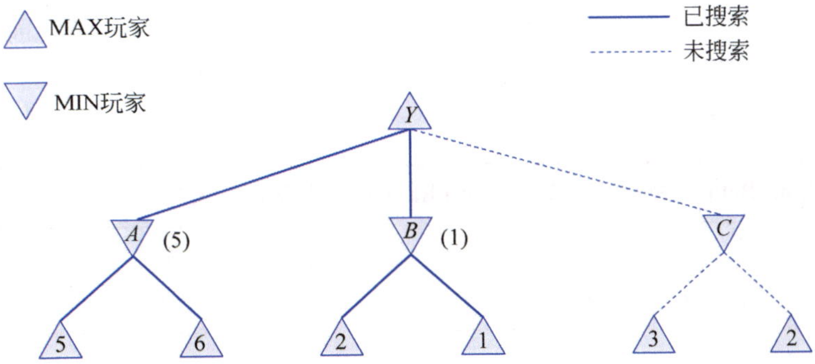

(3) 然后搜索 Y 节点可能到达的第三种情况,即 C 节点,为 MIN 玩家,同样得到节点的最优策略收益为 $v=2$。

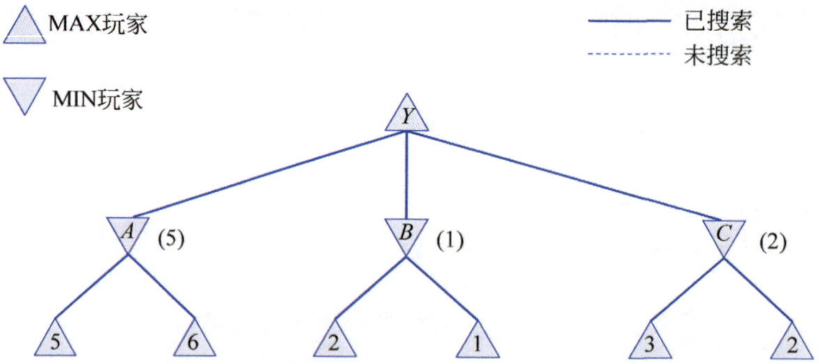

(4) 最后回到 Y 节点,为 MAX 玩家,在所有可能的收益中取最大值,得到 Y 节点最优策略的收益为 $v=5$。

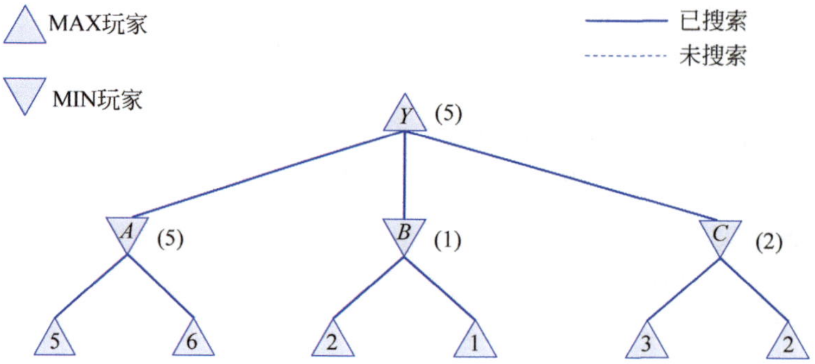

1.5.2 Alpha-Beta 剪枝搜索

Alpha-Beta 剪枝搜索通过避免不必要的节点搜索来提高算法的运行效率,是对极小极大搜索算法的优化。Alpha-Beta 剪枝搜索的基本思想是,如果在当前节点已知对手存在一个策略能使自己获得的收益少于之前某个节点能够获得的收益,则己方玩家一定不会选择当前节点,故无需继续搜索当前节点的剩余子节点,因此称为"剪枝"。Alpha-Beta 剪枝搜索引入了 Alpha 与 Beta 两个变量,其中 Alpha 表示到目前为止的路径上发现的 MAX 玩家当前的最优值,Beta 则表示到目前为止的路径上发现的 MIN 玩家当前的最优值。如果在某一个节点有 Alpha≥Beta,则说明该玩家当前的最优策略(Beta)劣于之前已有的最优策略(Alpha)。故无需搜索当前节点的剩余子节点,因此可以进行剪枝。

Alpha-Beta 剪枝搜索的伪代码如下:

算法 6: Alpha-Beta 剪枝搜索(节点 p,alpha,beta,是否为极大方)
1: if(节点 p 是终止节点)　　　　//收益函数中的第一种情况
2:　　返回　节点 p 的收益函数 $U(p)$

```
if(节点 p 是极大方)                              //收益函数中的第二种情况
    v：=－∞;
    for x in 节点 p 的子节点集合
        v：=max(v,Alpha-Beta 搜索(x,alpha,beta,否))
                                                 //递归计算极小方节点的收益函数
        alpha：=max(alpha,v)
        if(alpha>=beta)                          //剪枝,降低搜索量
            break
    返回 v
else                                             //收益函数中的第三种情况
    v：=+∞;
    for x in 节点 p 的子节点集合
        v：=min(v,Alpha-Beta 搜索(x,alpha,beta,是))
                                                 //递归计算极大方节点的收益函数
        beta：=min(beta,v)
        if(alpha>=beta)                          //剪枝,降低搜索量
            break
    返回 v
```

我们仍然用图 1.14 中的两步棋游戏具体说明 Alpha-Beta 剪枝搜索的执行过程。初始化时,设 alpha=－inf（负无穷）,beta=inf(正无穷)。

Alpha-Beta 剪枝搜索的具体步骤如下：

(1) 从根节点 Y 开始递归搜索,同样首先搜索左侧节点 A,此时 alpha=－inf,beta=inf,所以 alpha < beta,故继续搜索；最终到达最左侧子节点。因为该子节点是终止节点,返回收益 $v=5$；

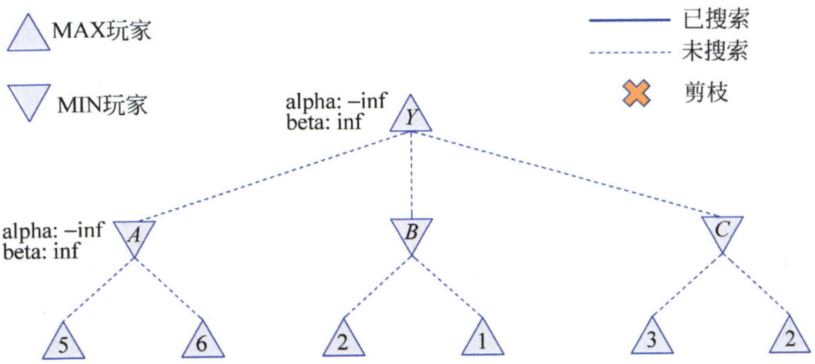

(2) 返回到 A 节点,并更新其 beta=min(inf,5)值为 5。此时 alpha=－inf,beta=5,所

以 alpha < beta,继续搜索节点 A 的子节点。因为其下个子节点也是终止节点,所以返回收益 $v=6$;

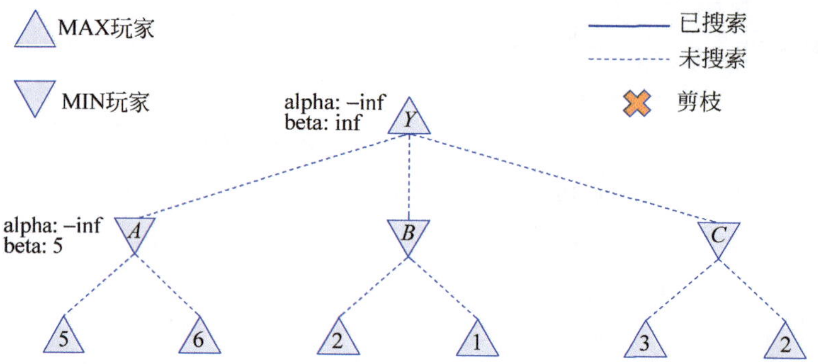

(3) 返回到 A 节点;因为 6>beta=5,故 A 节点的 beta 值无改动;继续返回 Y 节点更新其 alpha=max(−inf,5)值为 5。此时 alpha=5,beta=inf,所以 alpha < beta,继续搜索 Y 节点的 B 子节点的子节点;因为其第一个子节点是终止节点,所以返回收益 $v=2$。

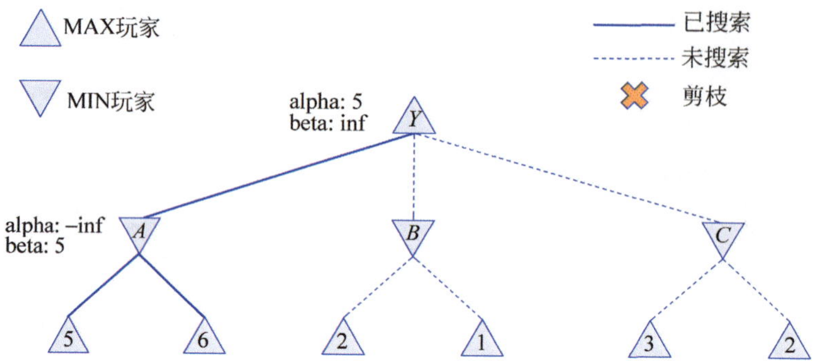

(4) 返回更新 B 节点的 beta=min(inf,2)值为 2,此时 alpha = 5,beta = 2,所以 alpha > beta,说明 MAX 玩家选择 B 节点的最优策略值不大于 beta=2,而同时 MAX 玩家可以通过选择其他节点(此时为 A)来获得至少 alpha=5 的收益,因此 MAX 玩家必不选择 B 节点,故无需继续搜索 B 节点的其他子节点,可剪枝。

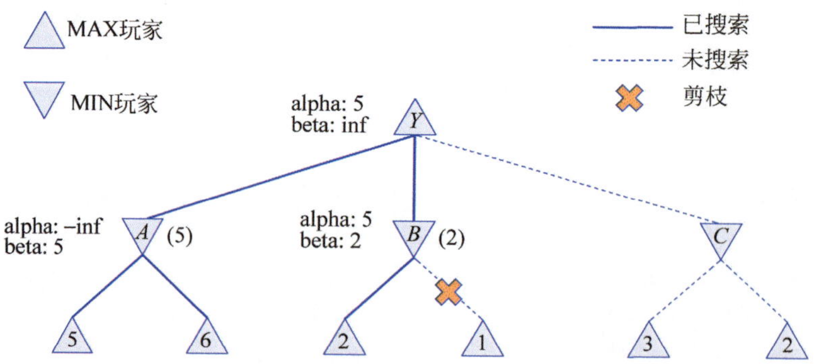

(5) 返回更新 Y 节点的 alpha=max(5,2),此时由于 5 > 2,故无需更新;此时 alpha=5,beta=inf,alpha < beta,继续搜索 C 节点及其子节点。因为其第一个子节点是终止节点,所以返回收益 $v=3$。

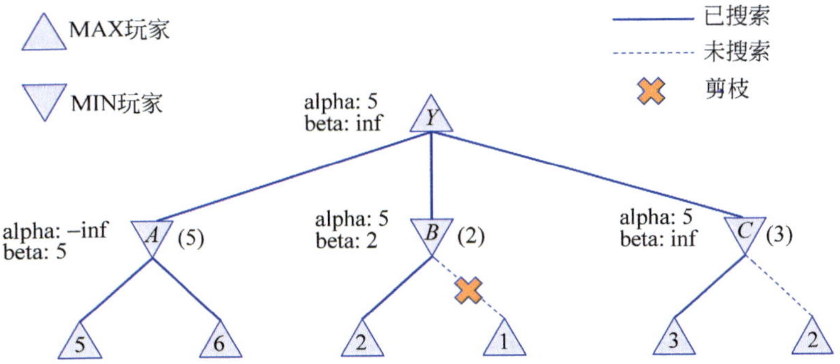

(6) 返回更新 C 节点的 beta=min(inf,3)值为 3,此时 alpha=5,beta=3,因而 alpha > beta,故同样无需继续搜索 C 节点的其他子节点,可剪枝。并返回到 Y,完成全部搜索。

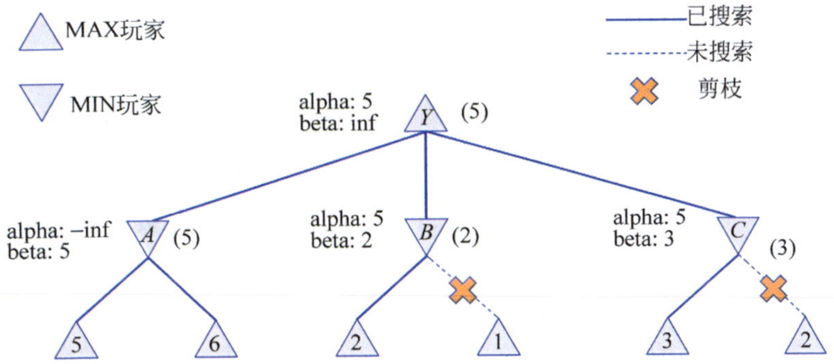

通过上面的例子可以看出,基于零和博弈中最优策略的性质,Alpha-Beta 剪枝搜索通过避免不必要的节点搜索,提高了算法的效率。

本章总结

本章介绍了人工智能中基本的搜索问题以及三类基础算法,包括:(1)盲目搜索,即没有利用问题定义本身之外的知识,而是根据事先确定好的某种固定排序,依次调用动作,以探求到达目标的路径。本章介绍了两种盲目搜索算法:深度优先算法(DFS)与宽度优先算法(BFS)。(2)启发式搜索,利用了问题定义本身之外的知识来说引导搜索,主要通过访问启发式函数,估计每个节点到目标点的代价或损耗。本章介绍了两种启发式搜索算法:贪婪搜索算法与 A^* 算法。(3)对抗性搜索,出现在多个智能体的对抗性博弈当中,在其他智能体通过搜索寻找它们的最优解的情况下寻找最优策略。本章介绍了极小极大搜索与 Alpha-Beta 剪枝搜索两个对抗性搜索算法。

历史回顾

搜索算法在人工智能研究的早期就出现并展现其威力。Newell 和 Simon 分别在 1957 年和 1961 年将搜索算法应用于军事领域,包括早期的 GPS 等重要项目和研究。

盲目搜索算法是 20 世纪 60—70 年代经典计算机科学和运筹学的中心问题之一。宽度优先搜索最早由 Moore 于 1959 年正式提出,用于解决迷宫问题。1957 年由 Bellman 提出的动态规划算法也可以看作是宽度优先搜索的一个变种。

启发式搜索最早可以追溯到 1958 年 Newell 和 Simon 有关启发式信息的论文。启发式算法中经典的 A* 算法由 Hart,Nilsson 和 Raphael 三人在 1968 年提出,并由 Nilsson 在 1972 年做出修正。1985 年由 Korf 提出的 IDA* 算法是对 A* 算法的进一步改进之一,能够在给定内存限制的情况下执行,因此被广泛采用。同样基于 A* 算法的 D* 算法由 Stentz 于 1994 年提出,可以处理环境动态变化的情况。D* 算法被成功应用于火星探测器的寻路,并且帮助卡耐基 · 梅隆大学于 2007 年取得 DARPA 自动驾驶挑战赛的冠军。

最早的局部搜索算法可以追溯到牛顿时代。由牛顿和 Raphson 分别独立提出的牛顿法可以看作是最早的基于梯度的局部搜索算法。局部搜索算法在 20 世纪 90 年代早期重新得到重视,并出现了一系列的基于爬山法的改进算法,如 1994 年提出的 Tabu 搜索算法和 1997 年提出的 STAGE 算法等。

对抗式搜索则与博弈论的发展密切相关。极小极大算法可追溯到 Ernst Zermelo 于 1912 年发表的论文,博弈论中大名鼎鼎的 Zermelo 定理也在该论文中提出。1956 年 John MacCarthy 最早构思了 Alpha-Beta 剪枝搜索,并由 Hart 和 Edwards 于 1961 年正式提出。1979 年提出的 SSS* 算法对 Alpha-Beta 剪枝搜索进行了改进,可被看作是 A* 算法对应的多智能体版本。对抗式搜索被广泛应用于博弈问题的求解,包括国际象棋、围棋、桥牌、德州扑克等。1958 年 Newell 等人最早在国际象棋程序 NSS 中使用了简化版本的 Alpha-Beta 搜索。1996 年,DeepBlue 使用并行化的 Alpha-Beta 剪枝搜索,击败了国际象棋冠军卡斯帕罗夫。2016 年,AlphaGo 将蒙特卡洛树搜索与深度神经网络结合,成功击败了世界围棋冠军李世石。

搜索问题是人工智能研究的核心问题之一,目前已有许多成熟的结果,并在诸多实际问题中得到了广泛的应用。但同时,领域内依然有若干深入的问题有待发展。结合实际问题,探索有效实用的搜索策略,仍是研究和开发的一个活跃领域。

练习题

1. 给出如下问题的形式化(包括状态空间,动作空间,初始状态,转移函数,代价函数,目标测试函数):

(1) 使用四种颜色给一个平面地图着色,要求每两个相邻的地区不能使用同一种颜色;

(2) 假设你有一个 3 升的容器和一个 5 升的容器(以及充足的水源),仅利用这两个容器精确地量出 4 升水;

(3) 在国际象棋 8×8 的棋盘上放置八个皇后,要求每行、每列、每个斜线上只能有一个皇后;

(4) 农夫需要把狼、羊、菜和自己运到河对岸去。只有农夫能够划船,且除农夫之外每次只能运一种东西；同时如果没有农夫看着，羊会吃菜，狼会吃羊。寻找一种方法，让农夫能够安全过河。

2. 考虑桌子上放置的三个小方块，我们允许三种操作：a)将一个上层木块放到桌子上；b)将桌子上的木块放到其他单个木块上；c)将一个上层木块放到其他单个木块上。并且我们只允许移动木块到相邻的地方，如下图所示。我们希望从如下初始状态到达最终状态，画出深度优先搜索树和宽度优先搜索树，并标出搜索顺序。哪一种搜索方法更适合这个问题？

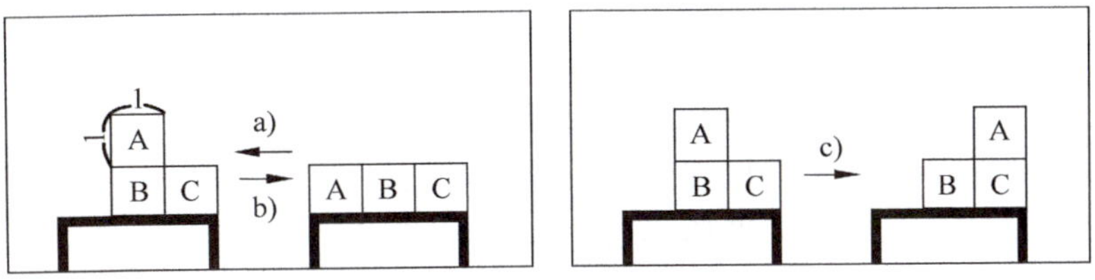

三种可能的操作

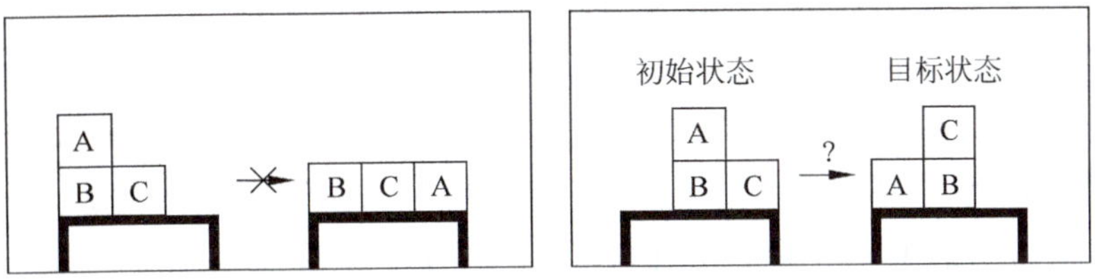

非法的操作和问题

3. 考虑显示在下图右边的状态空间图。起始节点是 A，目标节点是 G。每条边的代价显示在下面的图中，每条边都是双向的。下面的表格中包含三个启发函数 h_1，h_2 和 h_3。

节点	启发函数		
	h_1	h_2	h_3
A	9.5	10	10
B	9	12	?
C	8	10	9
D	7	8	7
E	1.5	1	1.5
F	4	4.5	4.5
G	0	0	0

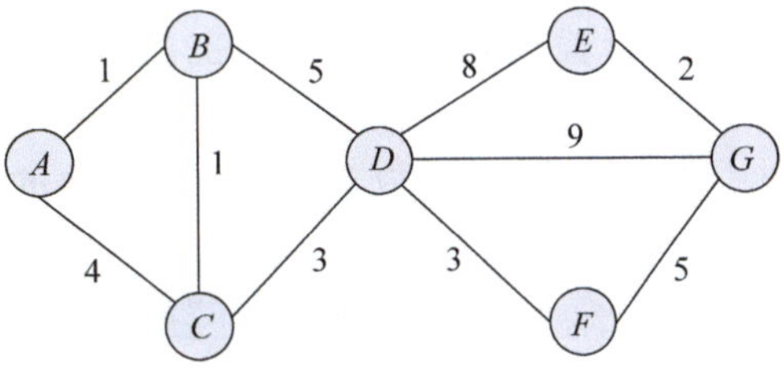

(1) 启发函数 h_1 是单调的吗？启发函数 h_2 是单调的吗？为什么？

(2) 深度优先搜索返回的路径是什么？

(3) 宽度优先搜索返回的路径是什么？

(4) 贪婪搜索用启发函数 h_1 返回的路径是什么？

(5) 贪婪搜索用启发函数 h_2 返回的路径是什么？

(6) A^* 搜索用启发函数 h_1 返回的路径是什么？

(7) A^* 搜索用启发函数 h_2 返回的路径是什么？

(8) 怎么设置 $h_3(B)$ 的值可以使得启发函数 h_3 成为单调的？

(9) 怎么设置 $h_3(B)$ 的值使得 A* 算法使用启发函数 h_3 扩展节点 A,然后 C,B 和 D?

4. 考虑显示在下面的零和博弈树。指向上的三角代表 MAX 玩家的选择(比如根节点),指向下的三角代表 MIN 玩家的选择。

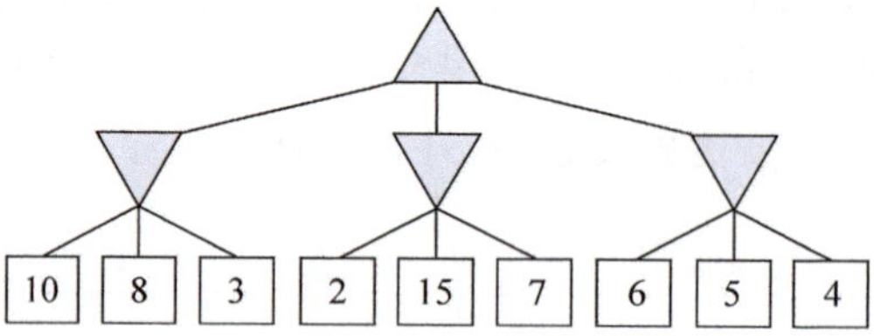

(1) 假设两个玩家使用最优策略,填写每个节点的收益值。

(2) 如果使用 Alpha-Beta 剪枝搜索,哪些节点会被剪掉?如果没有节点被剪枝,说明为什么。假设搜索是从左到右;当选择访问哪个子节点时,先选最左边没有被访问的子节点。

5. “汉诺塔”来源于印度的一个古老传说。汉诺塔由若干个大小不等的圆碟和三根柱子组成,玩法是将所有的圆碟从一根柱子转移到另一根柱子上,但无论任何时刻同一根柱子上较小的圆碟必须处于较大的圆碟上方。对于如下所示二阶(即有 A 和 B 两个圆碟的)汉诺塔问题,请用深度优先搜索进行求解,并画出搜索过程的状态变化示意图。

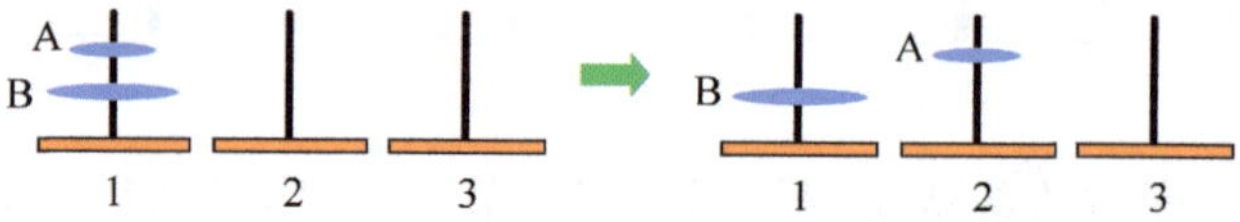

进行搜索的优先级如下:先尝试移动第一根柱子上的圆碟,并尽可能放到第二根柱子上,若不行就尝试放在第三根柱子上;如果不能移动第一根柱子上的圆碟就尝试移动第二根柱子上的圆碟,尽可能放在第三根柱子上,若不行就尝试放在第一根柱子上;如果还是不行就移动第三根柱子上的圆碟,尽可能放在第一根柱子上,若不行就放在第二根柱子上。

6. 现在有一个放有若干个小木块的木盘:

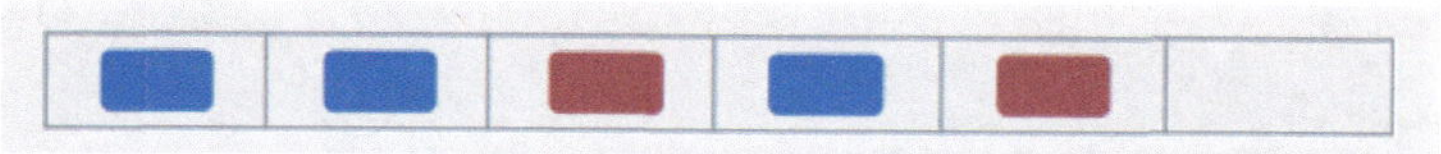

如图所示,有三个蓝色木块,两个红色木块,最右侧有一个空出的格子。游戏的规定是:

(1) 可以将一个木块移入相邻的空格,需要付出 3 的代价;

(2) 可以将一个木块跨过一个或两个木块移入空格中,需要付出(跨过木块的数目+4)的代价。

将所有的红色木块移动到蓝色木块的左侧,同时空格处于最左侧或者最右侧游戏结束。对这个问题,定义一个启发函数 $h(n)$,并利用 A* 算法进行求解,画出所产生的搜索树。你的启发函数是否满足下界范围?画出的搜索树中,有没有不满足单调限制的节点?

7. 对下图所示的博弈树进行 α-β 搜索,我们规定优先生成左边节点。请在图中标记发生剪枝的位置。

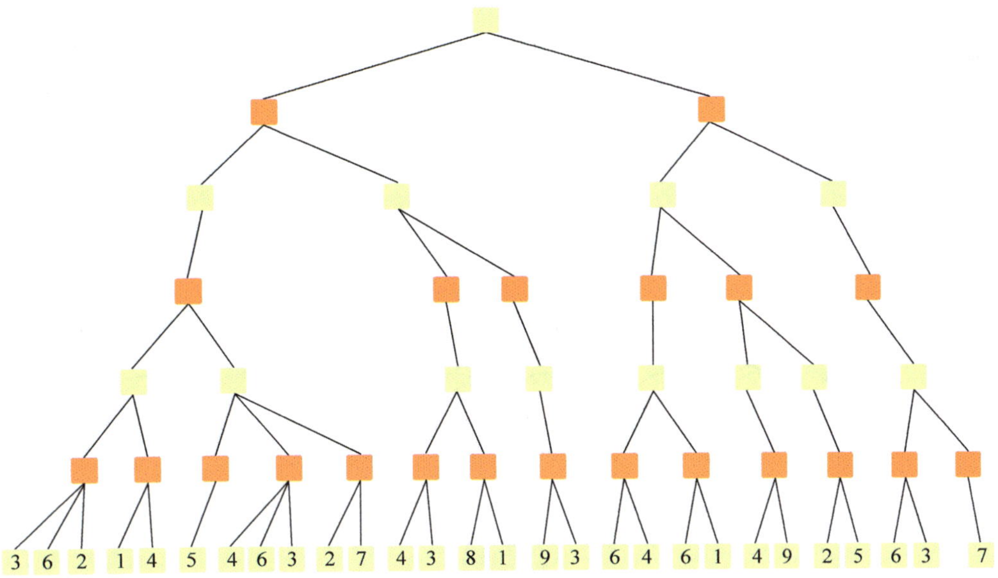

8. 现有如下图的转盘，每个圆盘都可以单独转动。如何转动转盘，使得每个径向上的四个数字和均为 10?

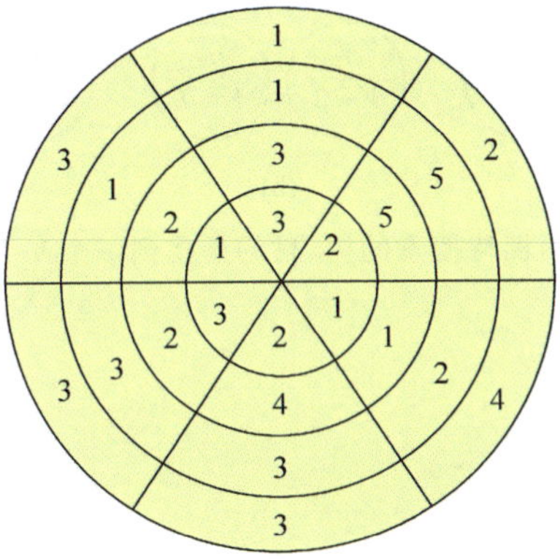

9. 现有 4×3 的方格，用 1,1,1,2,2,2,5,5,6,6,9,9 这 12 个数字填入方格中，使得每行数字组成的十进制数的平方根为整数。找出可以利用的启发信息，设计启发函数，并利用启发式搜索算法求解，分析搜索空间的大小，给出搜索简图。

10. 证明如下命题：在执行 A^* 算法时，优先队列表中任何满足 $f(n)$小于最优解的总损耗的节点 n，最终都将被拓展。

11. 证明在 A^* 算法中，当启发函数具有单调性时，每一个节点只会进入优先队列表一次。

12. 两个海盗决定玩一个游戏：两个人从 10 个金币中轮流拿走一个或两个金币，拿走最后一个金币者算赢。试通过博弈证明，先拿的人必胜，并简要说明取胜策略。

13. 编程实现深度优先搜索与宽度优先搜索，以找到一个 $V=10$ 的节点。分别尝试使用这两种方法解决下图 1.15(a)和(b)中的两个问题，两种搜索方式在找到目标之前分别访问了多少个节点?

提示:在实现两种算法时,需要规定访问子节点的顺序。该问题中规定:在遇到多个子节点时,优先访问最左侧未被访问过的节点。

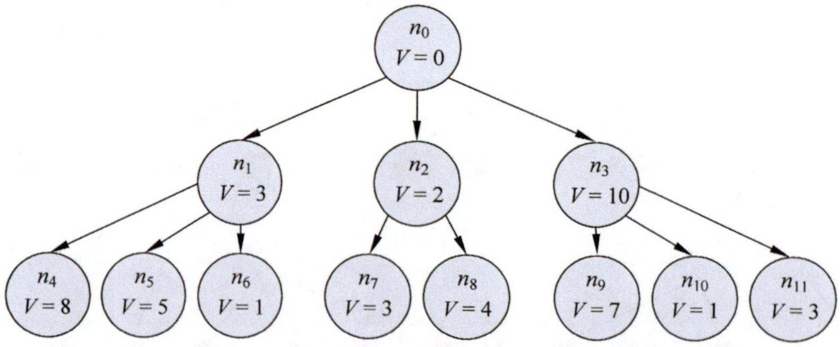

(a)

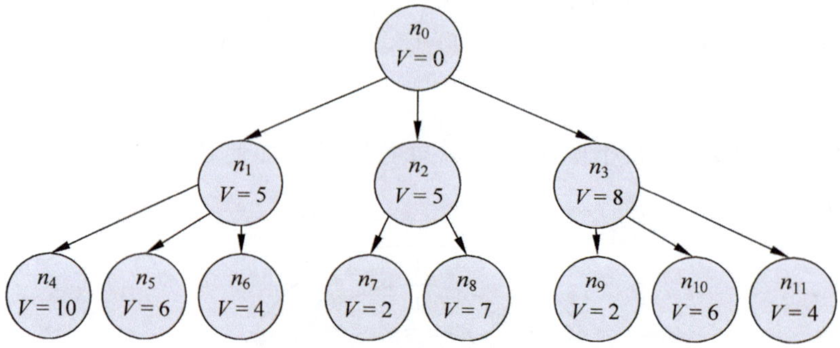

(b)

图 1.15　两棵待搜索的树,目的是找到一个 $V=10$ 的节点

第2章 机器学习

引言

机器学习是人工智能领域的一个重要组成部分，其基本想法是利用数据进行学习，而不是人工定义一些概念或结构。在这一章里，我们将学习机器学习的核心框架，即监督学习(supervised learning)。监督学习的应用非常广泛，目前也有很好的解决方案。从监督学习出发，我们会介绍各种不同类别的数据集，包括训练数据集、测试数据集等。正确地区分不同类别的数据集，是理解监督学习的关键。

在理解各类数据集的基础上，我们进一步介绍机器学习的相关概念，包括损失函数、优化、泛化等。其中，泛化是机器学习领域独有的概念，也是判断一个机器学习算法好坏的核心标准之一。接下来将介绍如何创建数据集，好的数据集是应用各种机器学习算法的重要基础。在学术界，有很多公开的数据集可以下载使用。但是在现实生活中，针对不同的应用，人们往往需要从头开始创建数据集。因此，了解创建数据集的核心想法非常重要。

除监督学习以外，机器学习中还包含其他的框架，例如无监督学习(unsupervsied learning)和半监督学习(semi-supervised learning)。这些都是非常有趣和重要的内容。但由于篇幅的限制，在本章中我们只重点介绍无监督学习中的 K 平均(K-means)算法。

2.1 监督学习的概念

监督学习本质是一种模仿学习，其框架可以用图 2.1 表示。

$$\text{Data}(X) \xrightarrow{f(x)} \text{Label}(Y)$$

图 2.1 监督学习

在这个框架里，输入为 X，输出为 Y。我们的目标是学习一个目标函数 f，使得

$$f(X) \approx Y$$

注意到这里用了约等于号，因为有时候精确的等式是很难获得的，而且有的时候输出 Y 也不一定总是对的，所以能够在绝大部分情况下做到两者近似相等便十分不错。X，Y，f 这三个元素构成了监督学习的核心框架。

在此框架中，输入 X 和输出 Y 可以是任何内容，比如图片、数字、声音、文字，等等。但对于具体问题，X 和 Y 的格式通常是固定的。例如，我们可以考虑最经典的基于 MNIST 标准数据集的手写数字识别问题，如图 2.2 所示。

图 2.2　MNIST 数字图片示例

在这个问题中，每个 X 是一个 28×28 像素的图片，例如。Y 是 $\{0,1,\cdots,9\}$ 中的某个数字，表示这个图片里面包含的数字是什么。而 f 则是一个将读入图片中数字进行识别的函数。在理想情况下，f 应当有如下的表现：

f()$=2$　　f()$=5$

注意到，f 的输入是由像素组成的图片，属于 $R^{28 \times 28}$，而输出的则是一个数字，属于 $\{0,1,\cdots,9\}$。

另一个例子是经典的基于 Imagenet 数据集[①]的图片分类问题。

在这个问题中，每个输入为一张大小为 $224 \times 224 \times 3$ 的 RGB 的彩色图片，表示有红、黄、蓝三个颜色通道，每个通道分别是 224×224 个像素点。输出则是一个类别编号（1～1000），分别表示猫、狗，等等，比如猫的类别编号是 3，狗的类别编号是 589。而 f 则是一个能对读入图片中的物体进行识别的函数。与前面的例子一样，一个理想的 f 应当有如下的表现：

f()$=3$　　f()$=589$

上述的框架不仅可以用于图片的识别，也可以应用在其他场景。一个例子是电影的评价。这时，输入 x 可以是影评，输出 y 可以是判断影评是正面还是负面，而一个理想的 f 应该有如下的表现：

f(“这部电影太有意思了”)＝正面

f(“不要去看这个电影，纯粹浪费时间”)＝负面

① http://image_net.org/index.

上述的例子均为分类问题(classification),即将输入 x 判别为某种类别,例如 A 类、B 类、C 类,等等。对于这样的问题,类别的总个数是有限的,也是事先固定的。但机器学习还有另一类问题,叫做回归问题(regression),指的是把输入 x 映射到某一个连续的空间(例如实数轴)中。例如,如果 x 表示人,可以将他/她根据性别分成两类,这就是一个分类问题。但也可以根据他们的年收入做成一个回归问题,因为年收入是一个连续的数(当然,如果把年收入粗糙地分为 1 万元以下、1 万~5 万元、5 万~10 万元、10 万元以上,那么这个问题就是一个分类问题了)。分类问题与回归问题是监督学习框架中最重要的两类问题。第 3 章中会介绍如何使用线性方法处理这两类问题。

2.2 数据集与损失函数

一般来说,在面对机器学习问题的时候,会假设有一组标注好的数据,叫做训练数据集(training set)。一个训练数据集通常包含大量的数据点,有时候是几十万、几百万,甚至几亿。将数据点的个数记为 N,并将数据点记为 $x_1,y_1,\cdots,x_N,y_N$。其中 $X=(x_1,x_2,\cdots,x_N)$,称为输入数据(input data),$Y=(y_1,y_2,\cdots,y_N)$,称为输出数据(output data),它们一起构成了训练数据集(X,Y)。在图片识别里 y 也称为标签(label)。

从上一节的介绍,我们知道监督学习的任务是通过数据集学习出目标函数 f。不过,如何判断所学的目标函数好还是不好呢?要回答这个问题,首先需要制定一个评价机制。简单来说,根据数据给出的 x_i,y_i 的组合,我们希望所学的函数 f 尽可能满足 $f(x_i)=y_i$,或者至少 $f(x_i)\approx y_i$。根据这一原则,可以定义一个距离函数,用以表示 $f(X)$和 Y 的距离有多远。在机器学习领域,这样的距离函数叫做损失函数(loss function)。

根据问题的不同,距离函数可以有多种定义。对于分类问题,即 y_i 表示某种类别,例如猫、狗、猪、鸡,或者正面、负面,或者 0,1,2,…,9,等等,一个比较直观的距离函数可以这么定义:

假如 $f(x_i)\neq y_i$,$l(f,x_i,y_i)=1$

假如 $f(x_i)=y_i$,$l(f,x_i,y_i)=0$

这里的 1 和 0 都是相对的数值,具体大小并不重要。重要的是我们对判断目标函数的正确与否给出了明确的判定准则。尽管这样的距离函数非常直观,但由于它不可导,很难在现代机器学习中被当做损失函数来用,因为难以对其使用优化算法。具体的细节会在后面章节详述。对于一般的回归问题,y_i 是一个实数,因此距离函数的选择就更为简单。最常用的选择就是平方距离(square loss),即 $l(f,x_i,y_i)=(f(x_i)-y_i)^2$。

定义了距离函数之后,我们对整个训练集定义一个损失函数,其为所有损失函数的平均值,即 $L(f,X,Y)=\frac{1}{N}\sum_i l(f,x_i,y_i)$。举个简单的例子,比如,我们考虑有 5 个点,对应 5 个不同的 y:$x_1=(1,0)$,$x_2=(0,0)$,$x_3=(0,1)$,$x_4=(-1,0)$,$x_5=(0,-1)$,$y_1=3$,$y_2=3$,$y_3=5$,$y_4=-2$,$y_5=5$。如果我们考虑一个简单的线性函数,$f(x)=ax_1+bx_2$,并且使用平方距离作为损失函数,则最后的总的损失函数的定义为

$$\frac{1}{5}[(a-3)^2+3^2+(b-5)^2+(-a+2)^2+(-b-5)^2]$$

接下来,对目标函数 f 的学习可以具体表示为求 $f=\min\limits_{f} L(f,X,Y)$。如何找到这样的 f 函数的过程叫做优化(optimization),下一章中将会简单提及。这里要强调的是,仅仅进行优化其实是远远不够的,还需要保证所学函数的泛化能力。这一点将在 2.3 节进行详细介绍。

2.3 泛化

在上面的损失函数的介绍中,假如定义一个极为复杂的函数 f,使得当输入为 x_i 时,f 输出 y_i,否则输出 0,那么很容易可以发现,在训练数据集上一定会有损失函数 $L(f,X,Y)=0$!可是,这个函数除了将训练数据记忆下来之外,并没有做任何其他事情。也就是说,这个函数 f 包含的信息和训练数据集包含的信息是一样的,它没有学习训练数据的任何特征,也没有任何智能可言。

这个例子提醒我们,一个好的函数 f 不仅需要在训练数据上表现很好,可以得到一个很小的损失函数(即拟合能力),同时它需要有很强的举一反三、归纳推广的能力。换句话说,对于在训练的时候没有见过的数据,它也需要有比较好的表现。这样的能力叫做泛化(generalization)。一个具有泛化能力保证的 f,才是一个真正有意义的目标函数。

事实上,如何才能够确保具有泛化能力是机器学习领域一个非常核心的问题,科研领域也有大量的理论成果,但目前并没有放之四海而皆准的方法。在实际应用中,一个比较有效的方法是调优(validation)。具体来说,调优是把数据集分成两块,一块(通常占 90%~95%左右)叫做训练数据集,而另一块(一般占 5%~10%左右)叫做调优集(validation set,又称验证集)。接下来,在训练的时候只使用训练数据集进行训练;然后在使用测试数据集之前,先在调优集上面看看算法的泛化效果。由于训练时算法并没有见过调优集,训练结束之后它在调优集上的表现可以视为一个比较好的泛化能力的估测。至少,单纯对训练集合进行死记硬背,难以在调优集上得到比较好的表现。

在调优方法的基础上,人们还进一步提出了交叉调优(cross validation,又称交叉验证)的思路。其具体做法如图 2.3 所示,其中白色表示训练使用的数据,灰色表示剔除的数据。每次训练剔除不同的数据,并根据得到的函数在剔除数据上的表现得到泛化能力的估计。

如图所示,交叉调优将训练数据集分成 k 份,然后相应地训练出 k 个不同的函数 f_1,f_2,…,f_k。这里,在训练函数 f_i 时,剔除了第 i 份数据(将其当做调优集),只用其他的 $k-1$ 份数据。由于每个函数都会剔除不同的数据进行训练,最后也使用不同的数据进行验证,我们得到了一个目标函数训练方法的稳健泛化能力分析。最后,可以根据 f_1,f_2,…,f_k 在对应验证集合上的表现,确定最好的参数方案。使用这个参数方案对整个训练数据进行训练之后,就可以得到最后的 f 函数。

举个例子,假设我们将数据分成了 4 份,如图 2.3 所示($K=4$),分别叫做(X_1,Y_1),(X_2,Y_2),(X_3,Y_3),(X_4,Y_4)。

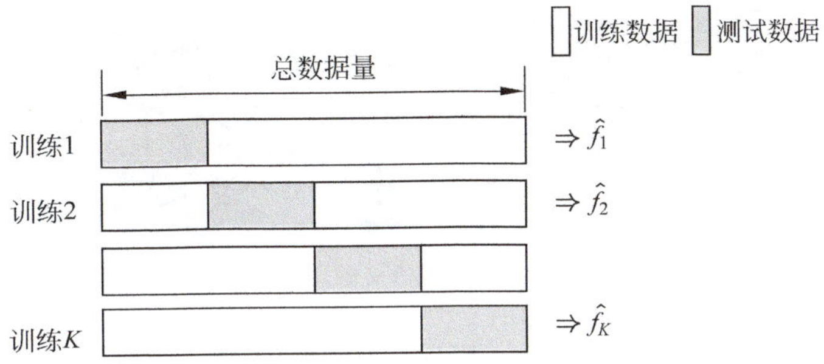

图 2.3 交叉调优示意图

第一轮：在(X_2,Y_2),(X_3,Y_3),(X_4,Y_4)进行训练，得到函数 $\hat{f}_1$ 及 $\hat{f}_1$ 在(X_1,Y_1)上的损失函数值 $L(\hat{f}_1,X_1,Y_1)=0.1$；

第二轮：在(X_1,Y_1),(X_3,Y_3),(X_4,Y_4)进行训练，得到函数 $\hat{f}_2$ 及 $\hat{f}_2$ 在(X_2,Y_2)上的损失函数值 $L(\hat{f}_2,X_2,Y_2)=0.2$；

第三轮：在(X_1,Y_1),(X_2,Y_2),(X_4,Y_4)进行训练，得到函数 $\hat{f}_3$ 及 $\hat{f}_3$ 在(X_3,Y_3)上的损失函数值 $L(\hat{f}_3,X_3,Y_3)=0.05$；

第四轮：在(X_1,Y_1),(X_2,Y_2),(X_3,Y_3)进行训练，得到函数 $\hat{f}_4$ 及 $\hat{f}_4$ 在(X_4,Y_4)上的损失函数值 $L(\hat{f}_4,X_4,Y_4)=0.15$。

则最后得到的交叉调优的结果为$\frac{0.1+0.2+0.05+0.15}{4}=0.125$。这是对我们的训练方法比较综合的估计。

为什么要构造调优集呢？这是因为在实际生产生活过程中，人们通常无法接触到测试数据，也不能等到测试的时候再修改训练算法和参数。于是人们从训练数据中挑选一部分当做模拟测试数据，并根据它们来决定训练算法和参数（调优）。这是实际中常用的技巧。

监督学习的几个步骤总结如下：

(1) 确认目标问题；

(2) 创建数据集，包含成千上万的数据点 x_i，y_i，其中 x_i 为输入，y_i 为输出；

(3) 针对问题选择一个好的机器学习模型 f；

(4) 定义一个合适的损失函数 L 度量 $f(X)$和 Y 的距离；

(5) 以损失函数为指标，使用优化算法寻找 f 的参数组合；

(6) 确定 f 具有非常强的泛化能力。

下面用一个简单的例子来具体描述这个流程。假设我们希望学习判断图片中的物体是猫还是狗。首先需要找到一个训练数据集，它里面的图片不是猫就是狗，并且已经标注好，如图 2.4 所示。

接下来，指定一个具体的机器学习模型，用函数 f 表示。这个模型可以是线性模型、决策树模型或神经网络等（在后续的章节中会详细介绍）。根据输入图片 x，模型 f 可以得到一个预测 $f(x)\in\{猫,狗\}$。然后，设计一个损失函数 L 来表示这个预测与真实答案的距离（后面会看到，对于这样的分类问题，交叉熵是一个比较好的损失函数）。

图 2.4　狗和猫的图片

确定损失函数之后，选择优化算法(如常用的梯度下降法，会在第 3 章中详细介绍)对模型进行优化。为了确保模型的泛化性能，一般会在训练之前从训练数据集中随机选出一部分图片组成调优集，在训练完成之后测试模型 f 在调优集上面的表现，作为模型泛化能力的一个估计。

最后，再次强调，在训练过程中，算法不应以任何方式触碰测试数据集，无论是只看测试数据集的输入 x，还是用部分的(x,y)进行训练。这样会对测试数据造成污染，导致无法测试出算法的真实表现。这是初学者常犯的错误，请大家一定牢记在心。

2.4　过拟合与欠拟合

在理解了监督学习的总体框架之后，下面介绍一些其他的相关概念。

训练损失(training loss)：$L_{\text{train}}=L(f,X_{\text{train}},Y_{\text{train}})$是对于训练数据集的损失函数，其中 $X_{\text{train}},Y_{\text{train}}$ 称为训练数据集。

测试损失(test loss)：$L_{\text{test}}=L(f,X_{\text{test}},Y_{\text{test}})$是测试损失，其中 $X_{\text{test}},Y_{\text{test}}$ 为测试数据集(test set)。

调优损失：$L_{\text{valid}}=L(f,X_{\text{valid}},Y_{\text{valid}})$是从测试数据集中拆分出来的调优数据集的损失。

通常来说，我们认为训练数据集、测试数据集和调优数据集都是从同一个总体分布(population distribution)中采样得到的。记这个总体分布为 $D_{X,Y}$，并定义总体分布损失(population loss)

$$L_{\text{总}}=E_{(X,Y)\sim D_{X,Y}}L(F,X,Y)$$

这里$(X,Y)\sim D_{X,Y}$ 表示 X,Y 是服从 $D_{X,Y}$ 分布的。

从上面的介绍和定义不难看出，我们真正的目标是使 f 取得一个比较小的 $L_{\text{总}}$，即 f 在总体分布上有很好的表现。但在绝大部分情况下，由于没有 $D_{X,Y}$ 的信息，人们会使用 L_{test} 对$L_{\text{总}}$进行估计，并根据 L_{test} 进行训练。在后续的学习中，默认以 L_{test} 为目标进行训练(实际中也是如此)，但请记住$L_{\text{总}}$才是最核心的目标。

由于在训练中只看得见 L_{train} 而不知道 L_{test}，如何能确保自己训练出的模型能够有比较好的表现呢？在实际中，这一步通过调优来解决。除此之外，关于 L_{train} 和 L_{test} 的关系，有一个经典的过拟合(overfitting)和欠拟合(underfitting)的说法。下面用图 2.5 中的分类例子进行介绍。

从图 2.5 可以直观地看到，图(a)是过拟合，图(b)是最优拟合，图(c)是欠拟合。下面进行具体说明。图(a)为了让函数在训练集中表现得很好，使用了一个非常复杂的曲线，完美

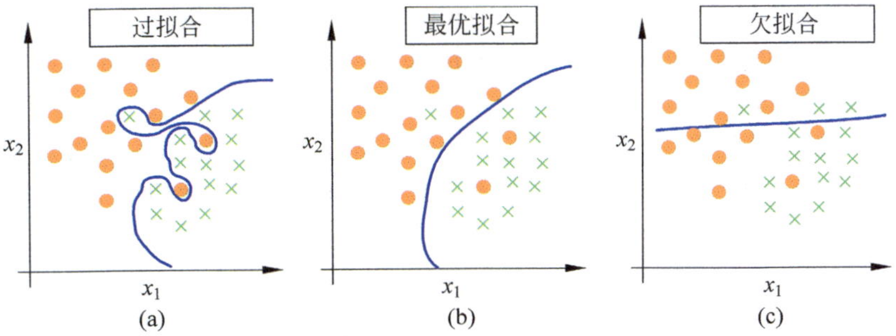

图 2.5 过拟合(a)、最优拟合(b)、欠拟合(c)示意图

地把两种类型的点分割开来。但是,这并不意味着这个曲线真的最好。导致这种情况发生的可能是训练数据中存在噪声,也可能是这些点并不能够代表真正的总体分布。因此,虽然复杂的曲线能够提供最好的 L_{train},它不一定能最小化 $L_{\text{总}}$。反之,图(c)用了简单的直线对数据进行拟合。但由于直线过于简单,很难将两类点分得非常好,因此在 L_{train} 和 L_{test} 上均无法得到优异表现,导致欠拟合。

中间的函数可以说是恰到好处。它既没有为了迎合所有的训练数据而变得过于复杂,又不像直线那样过于简单。而且除了为数不多的几个点,它几乎能够将所有的点正确分类。直观地说,这种分类器 f 就是最理想的,因为它在总体分布上应当会表现得非常好。

总的来说,过拟合和欠拟合是一个函数复杂程度与在训练数据集上表现的一个权衡取舍。通常我们不希望使用表达能力过强的复杂函数,因为担心它们无法在测试集上取得非常好的表现。但近年来随着深度学习的不断发展,人们也开始反思这个想法是否真的正确。因为神经网络虽然表达能力很强,但在实际中过拟合的问题其实没有想象的那么大。的确,过拟合可能导致目标函数泛化性能不好,但函数表达能力强只是过拟合的一个必要条件,却不是充分条件。如果过拟合的情况发生,说明我们使用了表达能力非常强的函数;但使用表达能力非常强的函数,却不一定导致训练结果是过拟合的。

不过,在某些情况下,如果确实因为函数的表达能力过强导致过拟合发生,我们需要采取一些措施来降低过拟合的影响。这个过程被称为正则化(regularization)。正则化针对问题的具体特点,采用不同的方法,降低函数的表达能力。这一点会在第 3 章进行具体介绍。

2.5 创建数据集

现代的机器学习算法,如深度学习等,往往需要大量的数据,比如超过百万个数据点。如何确保能够构建这么大的一个高质量数据集呢?

首先是输入的采集。如果仅仅需要收集图片、文字,可以考虑从互联网上获取。但如果要获取含有隐私信息的数据,例如病历、生活习惯、日常决策等数据,就会非常困难。不过这一步通常面临的不是技术上的困难,因此这里不做进一步讨论。

接下来,假设已经收集了 N 条数据,记为 $X=(x_1,x_2,\cdots,x_N)$。那么,如何找到对应的 $Y=(y_1,y_2,\cdots,y_N)$呢?当数据量 N 很大时,单靠几个人的力量是远不足够的。这个时候,一个可行的方法是使用众包(cloud sourcing)。众包是通过互联网的力量,让成千上万的人共同参与对数据的标注工作。一般来会搭建一个网络平台,将数据的标注工作分成成千上万的小任务进行发布。

任何用户只要通过网络平台完成任务,便可得到对应的报酬。尽管众包的想法听起来非常简单,但要高质量地完成任务,还需要克服许多困难。例如,如何检测胡乱标注的情况,如何奖励认真准确但效率较低的用户,这些都需要良好的机制设计。

下面,图 2.6 中通过 COCO 数据集的标注流程简单地介绍一下众包的实现。

图 2.6　COCO 数据集示意图

在这个数据集中,需要同时标注图片中物体的类别与轮廓。如上所述,众包的做法是流水线化生产,将整个标注任务分成许多小步骤,让每个用户在同一时刻只做一个步骤。图 2.7 给出了 COCO 数据集的拆分方式。

图 2.7　标注任务示意图

具体来说,在 COCO 数据集中,任务被分成了 3 步:第一步,标注图片中有什么物体,并将每个物体大概拖动到具体的位置;第二步,标注每种物体有多少个,并标注物体的中心;第三步就是根据这些中心对轮廓进行详细地描画。根据 COCO 官方的统计,采用这样的方法标注数据集,比 Imagenet 标注的代价小了许多。由此可见,设计科学的方法来标注数据其实是非常重要的。

除了众包,另一种常见的方法是填验证码。填验证码是很多网络在用户注册或者登录等行为时所要求的操作,目的是判断当前的操作是否为机器自动进行。reCAPTCHA 公司从这个小地方看到了商机,成功地把这个任务转换成了数据集生成的工具。图 2.8 显示了一个具体的例子。

如图 2.8 所示,想要通过验证,用户需要正确填写图中的两个词。但其实这两个词中有一个系统是知道正确答案的,而另一个是从英文书中摘选的片段。系统希望通过以这样的方式,让用户帮其正确标注另一个部分未知的内容。如果用户将系统已知的词填对了,系统会认为这是一个人类用户,且该用户对另一个词的标注也是相对准确的。接下来,系统将所有人类用户对该词的答案进行统计和处理,并选出最后的正确答案。这个机制只占用单个

图 2.8 ReCaptcha 举例

用户的一点点时间，但是通过把全世界几百万甚至上亿的用户聚集到一起进行数据标注，它能高效地完成标注任务。

当然，这个模式也不一定适合所有的任务。例如医疗、法律、教育等领域的任务需要很强的专业知识，因此无法简单地通过互联网的众包进行标注。如何对这些专业知识进行标注，是人工智能现代化进程面临的重要问题之一。

2.6 无监督与半监督学习

除了监督学习以外，机器学习还包含另外两个重要的模块：无监督学习(unsupervised learning)和半监督学习(semi-supervised learning)。它们与监督学习的主要区别在于数据是否有标注。如果对于所有的输入数据 x，正确地输出数据 y，则称为监督学习；如果对于所有的输入数据 x 都没有输出数据 y，则称为无监督学习；如果有些输入数据有对应的输出，有些没有，则称为半监督学习。

因为数据标注工作往往非常繁琐费力，无监督学习和半监督学习在实际中都比较常见。不过人们发现，虽然在没有数据标注 y 的情况下，任何关于标注的预测学习都难以实现，但我们仍然可以完成一些重要的计算。下面用图 2.9 中的简单例子，介绍最常见的一个无监督学习的任务，叫做聚类(clustering)。

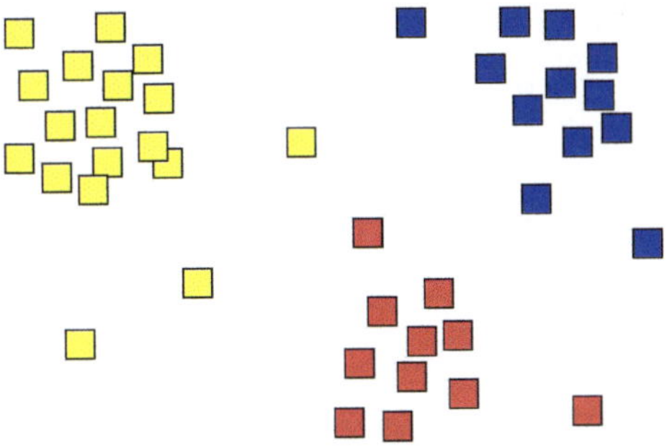

图 2.9 聚类举例

所谓聚类，就是对于给定的数据按照某个标准分类。这种问题是非常常见的，例如我们会对用户人群进行分类，对考试出现的题型进行分类，对动植物进行分类，等等。虽然这种分类问题不一定有统一或者确定的答案，例如可以把用户人群按照收入分成 3 类，也可以按照年龄分成 5 类，或者用别的标准分类，等等。但是适当的分类可以让我们对数据有更加清晰地认识，提高算法的运行效率，或者快速找到相似的数据。

以图 2.9 为例。首先，我们注意到图中包含了很多个没有标签只有位置信息的点。这时，可以根据点与点之间的距离，把它们分成 3 类，分别标成黄色、蓝色和红色。这个聚类结果并不唯一，这是因为虽然大部分点确实形成了一个聚类，但在边缘上的点的归属并不非常明确。在图 2.9 的例子中，注意到最边缘的黄色点其实也可以被标成别的颜色。

下面介绍一个常见的聚类方法——K 平均算法，用以将给定点集分成 K 个聚类(K 为事先设定)。K 平均算法的目标是找到一个聚类方案，使得它包含 k 个聚类，且各个聚类的点到其中心的平均距离尽可能小。具体来说，假设第 i 个聚类 S_i 的中心点是 c_i，则 K 平均算法的目标是找到一个聚类分割方案，使得 $\sum_{i=1}^{k}\sum_{x\in S_i}\|x-c_i\|^2$ 最小。

当然，要找到这个问题的最优解非常困难，K 平均算法是解决这个问题的一种启发式算法。

K 平均算法的具体步骤如下：

(1) 随机选取 K 个中心点作为初始值；

(2) 对于数据集中的每个点，分别找离它最近的中心点，将其归为相应的聚类；

(3) 根据已有聚类的分配方案，对每个聚类(包括中心点和数据点)重新计算最优的中心点位置。具体来说，最优的中心点位置应该是该聚类所有数据点的平均位置。

(4) 重复步骤(2)和步骤(3)，直到算法收敛，即中心点的位置与聚类的分配方案不再改变。

步骤(1)中随机选初始值非常重要。这是因为采用固定的方法选择中心点很容易遇到一些特殊情况，导致 K 平均算法给出较差的结果。通过采用随机选择的方法，可以有效降低出现这种情况的概率。另外，随机选择也保证可以通过重复 K 平均算法选取最好的结果。

图 2.10 是一个 K 平均算法运行的例子。

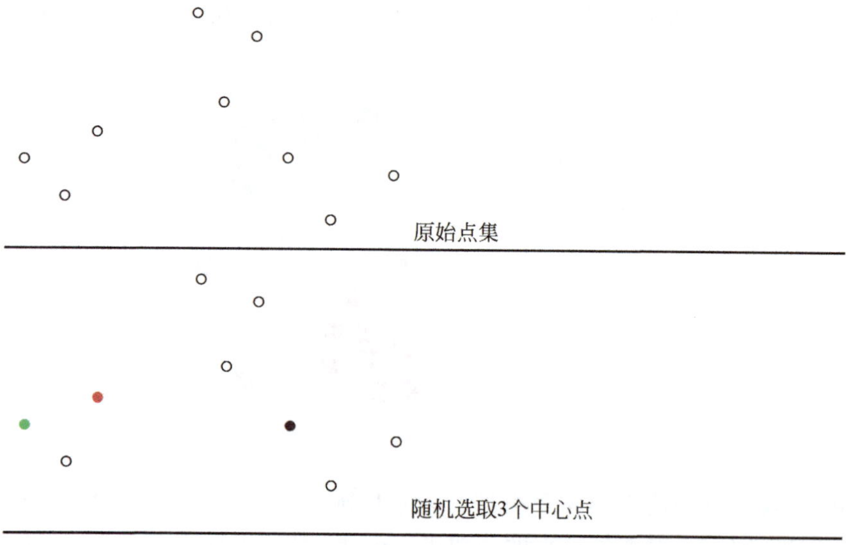

图 2.10　K 平均算法举例

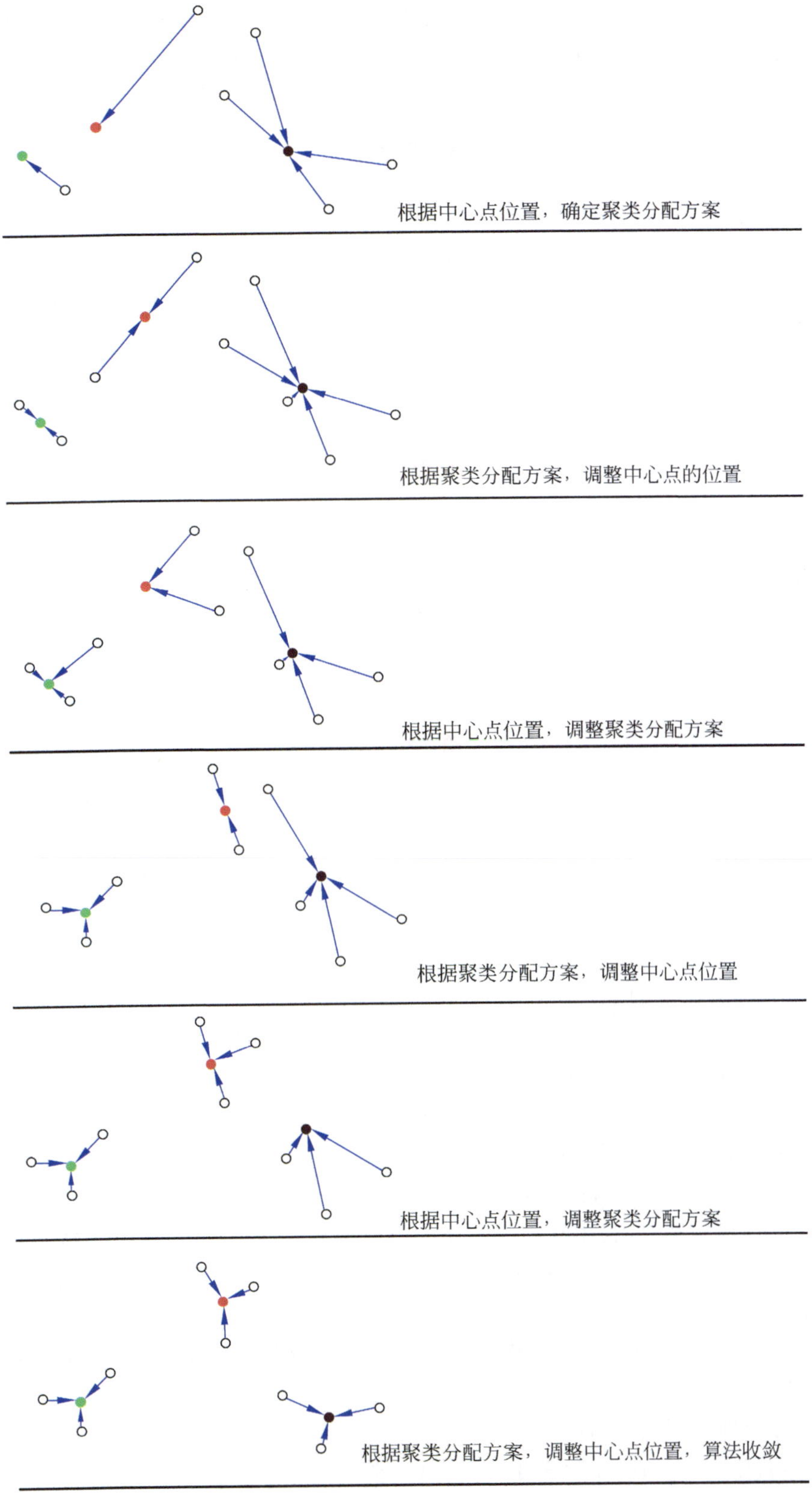
根据中心点位置，确定聚类分配方案
根据聚类分配方案，调整中心点的位置
根据中心点位置，调整聚类分配方案
根据聚类分配方案，调整中心点位置
根据中心点位置，调整聚类分配方案
根据聚类分配方案，调整中心点位置，算法收敛

图 2.10(续)

由于 K 平均算法是一个启发式算法，它不一定总能找到最优的解。但在实际运行过程中，它往往能够给出较好的聚类分配方案。同时，也可以证明 K 平均算法一定会收敛，因为它每次给出的聚类分配方案中，每个点到中心点的距离都是在不断减小的。

本章总结

本章重点学习了监督学习的框架。在监督学习中，需要定义训练数据集与测试数据集，找到合适的模型 f，定义合适的损失函数；同时需要保证最后得到的参数不仅在训练数据集上表现很好，且在测试数据集上也表现优秀，即拥有出色的泛化能力。为保证这一点，在训练的过程中，可以使用调优集合对训练参数进行调整。另外，我们也简单学习了创建数据集的基本思路，并介绍了无监督学习框架下的 K 平均算法。

历史回顾

机器学习这个方向有很多经典的教科书，感兴趣的同学可以在课后阅读。例如，Christopher Bishop 的 *Pattern Recognition and Machine Learning*；Shai Shalev-Shwartz 和 Shai Ben-David 的 *Understanding Machine Learning：From Theory to Algorithms*；Trevor Hastie，Robert Tibshirani 和 Jerome Friedman 的 *The Elements of Statistical Learning*（*Second Edition*）。

练习题

1. 监督学习的输入为 X，输出为 Y，我们的目标是学习一个函数 f，使得

$$f(X)\approx Y$$

请举一些现实生活中的例子，说明 X 和 Y 可以是什么？对于给定的 X 和 Y，是否存在唯一的最优解 f？

2. 请简单描述优化和泛化的区别。

3. 过拟合和欠拟合的区别是什么？

4. 除了本章介绍的损失函数外，你觉得还有什么函数能作为损失函数？$L(f,x,y')=f(x)+y'$ 是一个好的损失函数吗？为什么？

5. 请计算以下一维无监督分类问题，已知数据点为 1，2，3，6，7，9，请随机选择初始点，利用欧氏距离作为距离函数使用 K 平均算法计算二分类问题。

6. 请计算以下二维无监督分类问题，已知数据点为(0，0)，(2，0)，(1，9)，(3，1)，(1，8)，(5，6)，请随机选择初始点，利用欧氏距离作为距离函数使用 K 平均算法计算三分类问题。

7. 在第 5 题和第 6 题中，如果改变距离函数(例如变成 L1 范数或者其他距离函数)，对最后的结果会有什么影响？

8. 请找到一个例子，使得 K 平均算法在不同的初始点下面得到的结果是不同的？

9. 不定项选择题

机器学习处理的问题包括(　　)

A. 无监督学习　　B. 半监督学习　　C. 监督学习　　D. 有序学习

10. 单项选择题

我们希望一个在训练集上表现良好的模型在测试集上也有较好的表现，这种性质叫做（　　）

A. 优化　　B. 泛化　　C. 拟合　　D. 表达

11. 论述题

在回归问题中，我们只能选择平方距离作为损失函数。

12. 论述题

为了提高泛化性，我们经常需要从训练数据集中分出一部分作为调优集。

13. 论述题

一般而言，较简单的模型更容易欠拟合；较复杂的模型更容易过拟合。

第 3 章 线性回归

引言

在第 2 章里，我们学习了监督学习的基本框架。在本章中，我们将学习监督学习中最基础的线性模型。线性模型虽然简单，但是在很多地方有广泛应用，因为它具有很强的可解释性以及较稳定的泛化表现。例如，在经济学与其他社会科学领域，线性模型仍然是最为常用的模型。线性模型可以用来分析资本存量、人均受教育程度等与经济增长的关系，或者根据市场信息预测价格变动。本章将基于线性模型的概念介绍梯度下降法，它不仅可用于线性模型，也适用于绝大部分机器学习算法，是机器学习领域最为常用的优化算法。

根据目标问题的不同，线性模型可以分为两种：线性回归与线性分类。它们的区别在于问题的输出是一个连续的实数，还是一个离散的类别。我们先从较为简单的线性回归问题学起，然后考虑如何将一个线性回归对应的函数转换为一个线性分类问题对应的函数。这样的转换技巧在机器学习领域十分常见。同时，为了更好地度量离散情况下模型预测值的好坏，我们将会介绍交叉熵，它比其他损失函数更容易优化。最后，将从泛化的角度，介绍常用的正则化方法，使得线性回归问题的解可以满足一些特殊的性质，例如模长较小(即解 w 对应的向量长度 $\|w\|_2$)或者比较稀疏等。因为线性回归问题可以很容易地转换为线性分类问题，正则化方法也同样适用于线性分类问题。

3.1 线性回归

假设我们希望预测某城市的房价，即得到房子价格 y 与它的建筑面积、离市中心的距离和建造时间的关系(可以用一个三维向量 $\boldsymbol{x}$ 来表示)。通过观察可以得到许多组 $(\boldsymbol{x}, y)$ 的数据，分别表示不同房子的情况，这些数据可以用作训练集合。接下来，我们希望训练一个模型，通过已知新房子的建筑面积、离市中心的距离和建造时间对它的价格进行预测。

我们首先介绍线性回归(linear regression)。线性回归是用一条直线对数据进行拟合，

图 3.1 展示了一个简单的线性回归的例子。在上面房价预测问题中，我们想要找到一个三维向量 $\boldsymbol{w}=(w_1,w_2,w_3)\in R^3$ 和一个偏置 b 用来表示直线 $f_{\boldsymbol{w},b}(\boldsymbol{x})=\boldsymbol{w}^{\mathrm{T}}\boldsymbol{x}+b$。这里 $\boldsymbol{w}$ 是直线的斜率(slope)，表示建筑面积、离市中心的距离和建造时间三个因素对房价影响的大小；b 是直线的偏置(bias)，表示该城市的基本房价。注意到，我们可以对数据 x 进行改造，变成 $\boldsymbol{x}'=[\boldsymbol{x},1]$，即在后端添一个 1，将输入变成一个四维向量。同时，可将 $\boldsymbol{w}$ 和 b 拼在一起，也变成一个四维向量，记作 $\boldsymbol{w}'$。经过变换以后，有 $\boldsymbol{w}^{\mathrm{T}}\boldsymbol{x}+b=[\boldsymbol{w},b]^{\mathrm{T}}[\boldsymbol{x},1]=(\boldsymbol{w}')^{\mathrm{T}}\boldsymbol{x}'$。由此看到，我们总是可以忽略掉函数的偏置，而只考虑一个普通的仅带斜率的线性函数 $f_{\boldsymbol{w}'}(\boldsymbol{x}')=\boldsymbol{w}'^{\mathrm{T}}\boldsymbol{x}'$。

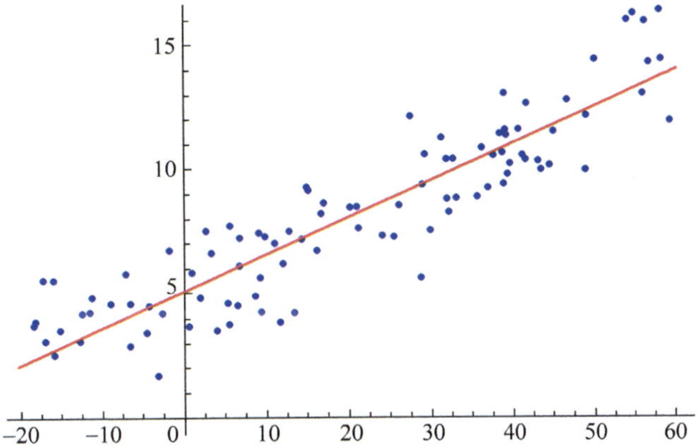

图 3.1 一个简单的线性回归的例子

对于线性回归问题，常用的损失函数是平方损失，即

$$L(f,x_i,y_i)=\frac{1}{2}(f(x_i)-y_i)^2$$

这里的$\frac{1}{2}$是为了便于计算导数引入的系数，可以暂时忽略它。总体的损失函数就是

$$L(f,X,Y)=\frac{1}{2}\sum_{i=1}^{N}(f(x_i)-y_i)^2$$

在房价预测的例子中，损失函数刻画了在使用 f_w 函数进行预测时，得到的结果与真实房价的偏差。我们希望能够找到一个 f_w，使这个偏差值越小越好。

使用正规方程(normal equation)的方法，可以得到上述平方损失函数 L 的精确最小解，即 $w^*=(\boldsymbol{X}^{\mathrm{T}}\boldsymbol{X})^{-1}\boldsymbol{X}^{\mathrm{T}}\boldsymbol{y}$(具体推导的过程这里就不多介绍了)。其中 $\boldsymbol{X}\in\boldsymbol{R}^{n\times d}$ 矩阵是把所有的数据 x_i 按行存好的矩阵，$\boldsymbol{y}\in\boldsymbol{R}^n$ 是表示所有 y_i 的向量。这里假设矩阵 $\boldsymbol{X}^{\mathrm{T}}\boldsymbol{X}$ 可逆，如果 $\boldsymbol{X}^{\mathrm{T}}\boldsymbol{X}$ 不可逆，则可以使用矩阵的伪逆计算，这里不作展开。虽然正规方程的形式非常优美，但是如果 $\boldsymbol{X}^{\mathrm{T}}\boldsymbol{X}$ 是一个非常大的矩阵，求 $\boldsymbol{X}^{\mathrm{T}}\boldsymbol{X}$ 的逆会需要大量的计算时间。这时，人们往往会使用梯度下降法寻找 L 的最小解，在下一节会看到，梯度下降法运行的速度要快很多。

在线性回归问题中，称输入的不同维度叫做特征(feature)。例如，在房价预测的例子中，特征就是指建筑面积、离市中心的距离和建造时间。当然，我们还可以加入别的特征，比如房子是否为学区房、是否为二手房、是第几层楼、房主的年龄等。这其中，有些特征是比较重要的特征(例如学区房)，有些则不太重要(例如房主的年龄)。对于大部分机器学习的问题而言,如果能准确挑选出它们的重要特征,那么线性回归算法会有很好的表现。但重要特征的挑选往往是非常困难的。

举个例子,假设希望拟合如下的三次函数:

$$y=5a^3+6bc+12d$$

对于这个问题,可以采用不同的方式进行数据集的构造。最简单的方法就是针对不同取值的 $x=(a,b,c,d)$,得到具体的 y。然而,对于这个数据集,线性回归是无法很好地进行拟合的,因为线性回归只能表示出 a,b,c,d 的线性函数,而无法拟合非线性的高次函数。

但如果已知目标函数为三次函数,且在数据集的输入维度中加入一些额外的内容,那么线性回归可以得到精确的解。例如,如果数据集的输入 $\boldsymbol{x}$ 包含 $(a,b,c,d,a^2,a^3,ab,bc,ac)$ 9 个维度(特征),那么 $\boldsymbol{w}=(0,0,0,12,0,5,0,6,0)$ 就是线性回归问题的精确解。通过这个简单的例子可以看到,如果能找到正确的重要特征,线性回归就可以解决这个问题。在第 5 章将会看到神经网络可以用来自动提取特征。

3.2 优化方法

机器学习中许多问题的求解均使用梯度下降法(gradient descent),这是一个简单的迭代算法。具体说来,在第 t 个时刻,做如下的操作:

$$w_{t+1}=w_t-\eta_t\nabla L(w_t)$$

其中,η_t 是第 t 时刻的步长,也称学习率(learning rate),代表这一步的更新需要往前走的距离。实际应用中,在不同时刻调整步长的大小是比较重要的,例如一开始可以使用较大的步长,而即将结束时可以使用较小的步长(就好像打高尔夫球一样,第一杆要用大一点的力气让球走得远一点,而离球洞较近的时候则需要小心平推,少走一点距离)。不过在下文中为了方便讨论,有的时候我们会在所有时刻取相同的步长,用 η 表示。$\nabla L(w_t)$ 是损失函数 L 的一个导数方向。

梯度下降法通常需要迭代多次,直到导数 $\nabla L(w_t)$ 的长度为 0,此时称算法收敛,或者跑完预设的运行步数。收敛的含义是在这种情况下,即使继续运行梯度下降法也会得到 $w_{t+1}=w_t(\nabla L(w_t)=0)$,即算法不会再改变 w 的值。

下面考虑一个简单的二次函数 $L(w)=\frac{w^2}{2}$,导数 $\nabla L(w)=w$。假设步长 η_t 取为 0.1,初始值 $w_0=1$。下式显示了梯度下降法的运行结果:

$$w_1=w_0-0.1w_0=0.9,\quad L(w_1)=\frac{0.9^2}{2}$$

$$w_2=w_1-0.1w_1=0.81,\quad L(w_2)=\frac{0.9^4}{2}$$

$$w_3=w_2-0.1w_2=0.729,\quad L(w_2)=\frac{0.9^6}{2}$$

$$\vdots$$

$$w_t=w_{t-1}-0.1w_{t-1}=0.9^t,\quad L(w_{t+1})=\frac{0.9^{2t}}{2}$$

可以看到，w_t 将会不断趋近最优解 0，同时损失函数也会不断趋近最优值 0。

梯度下降法其实是一个贪心算法：每次都选择局部的一个导数方向尝试用降低函数值最快的方法来更新 w，希望最后能找到函数的最小值。一般来说，这个方法并不一定每次都能成功。图 3.2 给出两个梯度下降法的示意图。

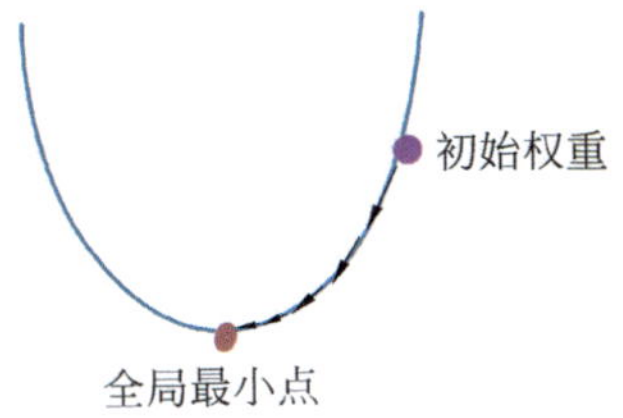

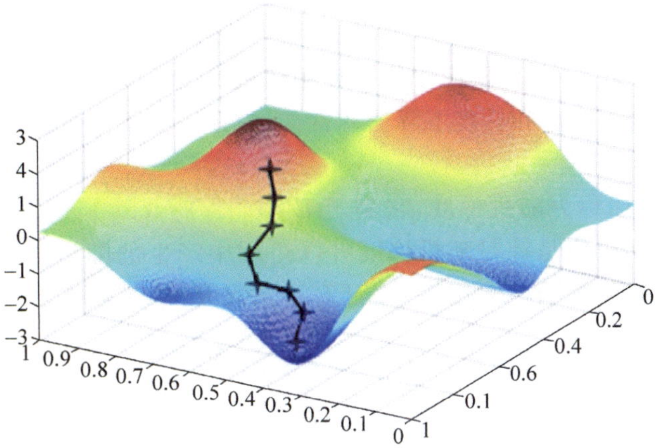

图 3.2　梯度下降法示意图

我们可以用泰勒展开来理解梯度下降法。考虑函数 $f(w)$并在 w_t 处展开，

$$f(w_{t+1})=f(w_t)+\langle\nabla f(w_t),w_{t+1}-w_t\rangle+\frac{1}{2}(w_{t+1}-w_t)^{\mathrm{T}}\nabla^2 f(\xi)(w_{t+1}-w_t)$$

其中 ξ 为 w_t 与 w_{t+1} 之间的一个点。

下面假设对于任何点 w，$\nabla^2 f(\xi)$的特征值均不超过 L。这是一个很常见的假设，许多函数都满足这个性质。$\nabla^2 f(\xi)$特征值的大小决定了函数导数的变化速率。因此，$\nabla^2 f(\xi)$的特征值不超过 L 说明函数 f 导数的变化速率不超过 L。因为 L 的大小说明了函数的变化速率，我们称这个假设为函数的光滑性假设。基于这个假设，可得到下面的不等式

$$f(w_{t+1})-f(w_t)\leqslant\langle\nabla f(w_t),w_{t+1}-w_t\rangle+\frac{L}{2}\|w_{t+1}-w_t\|^2$$

此时，代入 $w_{t+1}=w_t-\eta\nabla f(w_t)$的定义，有

$$f(w_{t+1})-f(w_t)\leqslant\langle\nabla f(w_t),-\eta\nabla f(w_t)\rangle+\frac{L\eta^2}{2}\|\nabla f(w_t)\|^2$$

$$=-\eta\left(1-\frac{L\eta}{2}\right)\|\nabla f(w_t)\|^2$$

因此，只要设置 $\eta<\frac{2}{L}$，就可以保证 $f(w_{t+1})-f(w)\leqslant 0$。换句话说，函数值是随着迭代次数 t 的增长而不断下降的。

上述推导的直观含义是什么呢？如上所述，函数 f 导数的变化速率不超过 L，也就是说函数是在缓慢地局部变化的。因此，可以估计在当前点的一段距离之内，函数的导数不会有太大变化；且朝着导数方向函数值一定是会下降的。这段距离的长度与 L 的大小有关：L 越大，说明函数导数变化速度越快，那么距离越短；L 越小，则说明函数导数变化速度越慢，

那么距离越长。因此，L 的大小控制了梯度下降法可以前进的距离。

第 2 章中提到，损失函数的定义是所有训练数据损失的平均：$L(w)=\frac{1}{N}\sum_{i=1}^{N}l_i(w)$，其中 $l_i(w)$ 表示使用第 i 个数据点在参数 w 的损失函数值。在实际使用中，如果每一步都需要计算 $\nabla L(w_t)$，那么就需要将训练数据中的 N 个点都过一遍。当 N 的值很大时，算法的运行速度会非常慢。

因此，人们在实际中往往使用随机梯度下降法，即带有随机扰动的梯度下降法算法。随机梯度下降法和梯度下降法非常像，它采用如下的更新方程：

$$w_{t+1}=w_t-\eta G_t$$

其中 G_t 称为随机梯度，它满足 $E[G_t]=\nabla L(w_t)$，即其期望值等于梯度下降下的导数（这里的期望值是针对随机梯度计算过程中产生的随机性计算的），但是 G_t 里面可能包含一些随机的扰动。常用的 G_t 计算方法是从 N 个数据点中随机选择 $|S|$ 个数据点组成一个数据集合 S，然后定义 $G_t=\frac{1}{|S|}\sum_{i\in S}\nabla l_i(w)$。这 $|S|$ 个数据点称为小批（mini-batch）。如果 S 取整个训练数据集，那称 S 为整批（full-batch）。不难看到，如果对随机选取的数据点取期望，总是可以得到 $E[G_t]=\nabla L(w_t)$。S 大小的区别在于，如果 S 是比较小的数据集，那么 G_t 会包含较大的噪声。由于计算 G_t 只需要使用 $|S|$ 个数据点，当 $|S|$ 远远小于 N 的时候，随机梯度下降法要比梯度下降法快很多。这也是它在实际中广泛使用的主要原因。

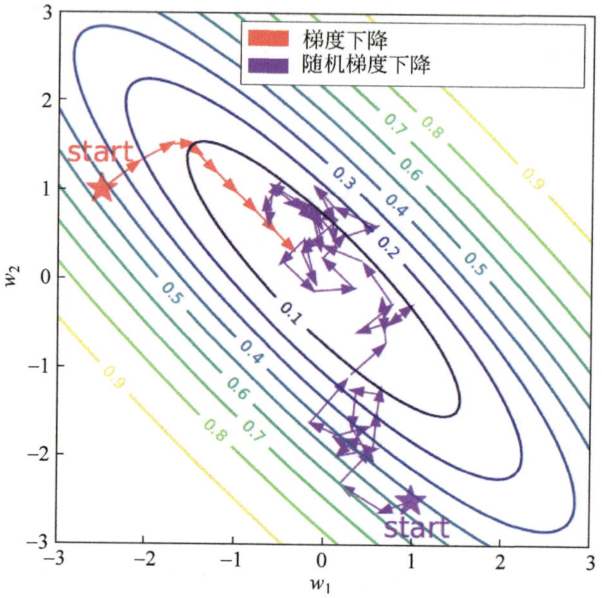

图 3.3　梯度下降法与随机梯度下降法的路径示意图

图 3.3 展示了梯度下降法和随机梯度下降法具体的区别。图中的椭圆曲线是一个简单的二次函数的等高线图（即函数值在同一条等高线上值相同）。相比梯度下降，随机梯度下降法（紫色）收敛需要的步数多一些，且每次的移动有随机性，但很快也能够收敛。考虑到随机梯度下降法每次梯度计算的代价非常低，它收敛使用的总时间要比梯度下降

法短很多。

下面考虑一个简单的例子。假如有三个数据点，(2,2)，(1,1)，(0,0)，对应的 y 分别是 3,2,0。我们考虑线性函数 $f(x_1,x_2)=w_1x_1+w_2x_2$，使用平方损失 $L=\frac{(f(x_1,x_2)-y)^2}{2}$。一开始我们从 $(w_1,w_2)=(2,-3)$ 出发。在这个点，针对数据点 (x_1,x_2) 和 y，w 的导数是 $(f(x_1,x_2)-y)(x_1,x_2)$。因此，正确的导数是：$\frac{1}{3}[(-10,-10)+(-3,-3)+(0,0)]=\left(-\frac{13}{3},-\frac{13}{3}\right)$。因此，如果运行梯度下降法，步长为 0.1，那么下一个点的结果是(2.43，−2.56)。通过计算可以看到，损失函数值从 5.67 降到了 2.54。如果运行随机梯度下降法，那么我们就通过随机选取某一些数据点计算梯度。例如，我们可以选择第二个点与第三个点。这样得到的导数是：$\frac{1}{2}[(-3,-3)+(0,0)]=(-1.5,-1.5)$，可以看到，这个导数和梯度下降法得到的结果并不相同。如果我们使用这个随机梯度方向前进 0.1 步，那么下一个点的结果是(2.15，−2.85)。通过计算可以看到，损失函数值从 5.67 降到了 4.44。

一般来说，在随机梯度下降中如果小批的大小 S 太小，比如只有一个数据点，那么随机梯度的噪声会非常大，导致不太容易收敛；但如果 S 太大，包含了整个数据集，那么算法的运行速度就会非常慢。在实际使用中，人们通常会根据问题的不同选择不同的 S 大小，比如 64,128,256 等(以 2 的倍数递增)。S 的大小其实是根据实际的运行效率做的一个选择，往往会带有许多经验的因素。

3.3 二分类问题

前面两节介绍了回归问题(即 y_i 为一个实数)及其求解。在本节将介绍另一个实际应用中常见的问题——分类。在分类问题中，y_i 表示一个类别。比如，y_i 可以表示一张图片中展示了猫还是狗，也可以表示一个输入内容的好坏等。在这种情况下，我们无法使用 $f(\boldsymbol{x})=\boldsymbol{w}^{\mathrm{T}}\boldsymbol{x}$ 代表这个问题的解，而是希望最后的 $f(\boldsymbol{x})\in\{0,1,2,3\}$ 或 $f(\boldsymbol{x})\in\{\mathrm{cat},\mathrm{dog}\}$。这些就是分类问题。在现实生活中，我们通常遇到的都是多分类的问题。不过下面首先介绍最简单的二分类的情况，即 $f(\boldsymbol{w})\in\{0,1\}$。

对于二分类问题，一种解决方法是采用符号函数 $f(\boldsymbol{x})=\mathrm{sign}(\boldsymbol{w}^{\mathrm{T}}\boldsymbol{x})$，其中 sign 为符号函数，即它给出 $\boldsymbol{w}^{\mathrm{T}}\boldsymbol{x}$ 为正还是为负。换句话说，首先使用线性回归，再根据线性回归的符号决定 $f(\boldsymbol{x})$ 的类别：如果 $f(\boldsymbol{w})\geqslant 0$，则类别为 1；否则类别为 0。

尽管这个想法非常好，但由于 $\mathrm{sign}(\boldsymbol{w}^{\mathrm{T}}\boldsymbol{x})$ 无法求导，我们无法使用随机梯度下降法算法进行优化，这个问题也因此变得非常难以解决。下面，我们介绍著名的算法——感知算法(perceptron algorithm)，它可以在不使用导数的情况下对问题进行求解。算法 8 展示了感知算法的伪代码。

算法 7：感知算法

```
P←inputs with label 1;
N←inputs with label 0;
Initialize w randomly;
While ! comvergence do
    Pick random x∈P∪N;
    if x∈P and w.x<0 then
        w=w+x;
    end
    if x∈N and w.x≥0 then
        w=w-x;
    end
end
//the algorithm converges when all the inputs are classified correctly
```

简单来说，感知算法每次从数据集中抽出一个数据，观察目前的 $f(\boldsymbol{x})=\text{sign}(\boldsymbol{w}^{\mathrm{T}}\boldsymbol{x})$ 是否能正确地预测。如果是，则跳到下一个数据；否则，根据错误的情况对 $\boldsymbol{w}$ 进行修改。例如，如果一个数据的正确结果是正数，但函数给出了负数的预测，则更新 $\boldsymbol{w}=\boldsymbol{w}+\boldsymbol{x}$。这是因为 $(\boldsymbol{w}+\boldsymbol{x})^{\mathrm{T}}\boldsymbol{x}=\boldsymbol{w}^{\mathrm{T}}\boldsymbol{x}+\boldsymbol{x}^{\mathrm{T}}\boldsymbol{x}=\boldsymbol{w}^{\mathrm{T}}\boldsymbol{x}+\|\boldsymbol{x}\|^2>\boldsymbol{w}^{\mathrm{T}}\boldsymbol{x}$。通过这样的操作，不断增大 $\boldsymbol{w}^{\mathrm{T}}\boldsymbol{x}$，最后便可能将其变成正数。

感知算法是 20 世纪 60 年代提出来的。人们严格证明了如果数据确实是线性可分的，那么算法一定会收敛。可惜的是，当数据不是线性可分时，算法会不断运行而无法停止。因此，感知算法现在并没有很广泛地应用。

既然符号函数这么难处理，那有没有比较好的办法呢？答案是肯定的。我们可以对问题做如下的变换：如果问题是做二分类，即 $y=0$ 或者 1，可以将 $f(\boldsymbol{x})$ 视作 $\boldsymbol{x}$ 在第一个类别的概率。也就是说，它在第二个类别的概率就是 $1-f(\boldsymbol{x})$。如此一来，问题变成了求解一个两个维度的概率分布，分别是 $(f(\boldsymbol{x}),1-f(\boldsymbol{x}))$。如果是第一个类别，那么 y 为 $(1,0)$，否则为 $(0,1)$。

注意到，变换之后 $f(\boldsymbol{x})$ 的输出不再是一个离散的数值，而是一个介于 0～1 之间的数。我们如何保证 $f(\boldsymbol{x})$ 的输出在 $[0,1]$，而不是任意的实数呢？一个常用的做法是使用 sigmoid 函数(又称为 logistic 函数)：

$$\sigma(z)=\frac{1}{1+\mathrm{e}^{-z}}\in[0,1]$$

图 3.4 给出了 $\sigma(z)$ 在 $z=-6$ 到 $z=6$ 之间的函数值。可以看到，函数将所有实数值转换成了一个在 0～1 之间的概率。

图 3.5 是一个 sigmoid 函数与符号函数的对比示意图。可以看到，sigmoid 函数是一个连续的函数，而符号函数存在跳变。注意到，与符号函数一致，$\boldsymbol{w}^{\mathrm{T}}\boldsymbol{x}=0$ 是一个分界线：当 $\boldsymbol{w}^{\mathrm{T}}\boldsymbol{x}\geq 0$ 时，$f(\boldsymbol{x})\geq 0.5$；否则 $f(\boldsymbol{x})<0.5$。因此，逻辑回归可以被视为一个软化的符号函

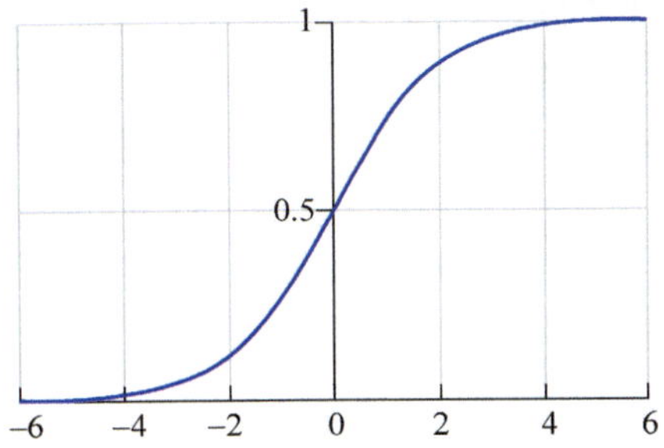

图 3.4　sigmoid 函数

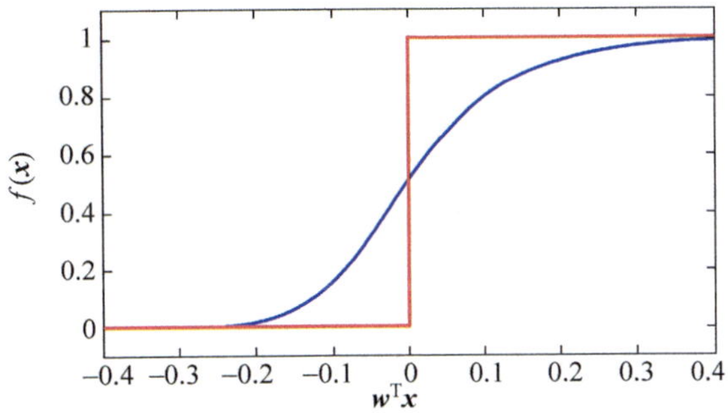

图 3.5　sigmoid 函数与符号函数的对比

数。它不需要在 0 点有跳变，从而可以解决符号函数不可导的问题。这种软化的方法也是机器学习领域常见的技巧。

通过把 sigmoid 函数与线性函数进行结合，可以得到

$$f(\boldsymbol{x})=\sigma(\boldsymbol{w}^{\mathrm{T}}\boldsymbol{x})=\frac{1}{1+\mathrm{e}^{-\boldsymbol{w}^{\mathrm{T}}\boldsymbol{x}}}$$

如此一来，我们就得到了一个概率。

使用这样修改过的函数可以解决分类问题，这样的方法叫做逻辑回归。图 3.6 给出了逻辑回归得到的结果。

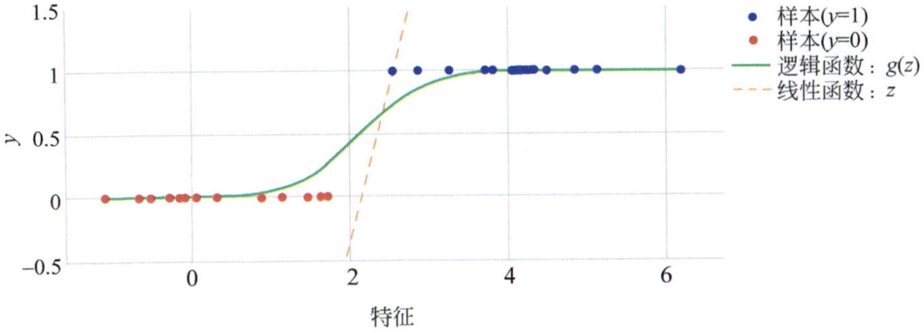

图 3.6　逻辑回归分类示意图

在图 3.6 中，虚线是线性回归的分类面，绿色的实线是逻辑回归的结果。其中，只有离分界线比较远的点的概率才会接近 1，而离分界线比较近的点的概率则是 0～1 之间的一个实数。

逻辑回归和线性回归非常类似,只是在线性函数的基础上加了一个 sigmoid 函数,因此可以使用梯度下降法进行优化。唯一的区别是在计算导数的时候,由于逻辑回归有额外的 sigmoid 函数,因此需要使用求导数的链式法则,在线性函数的导数的基础上额外乘上 sigmoid 的导数。具体来说,定义 $f'=\boldsymbol{w}^{\mathrm{T}}\boldsymbol{x}$,则$\frac{\partial f}{\partial \boldsymbol{w}}=\frac{\partial f}{\partial f'}\frac{\partial f'}{\partial \boldsymbol{w}}=\frac{\mathrm{e}^{-f'}\boldsymbol{x}}{(\mathrm{e}^{-f}+1)^2}$。

3.4 多分类问题

上面 3.3 节讨论了二分类问题,在这一节里,将介绍多分类问题。其解决方法与二分类问题类似,只需将输出的结果从一个针对二分类的概率分布,变为针对多分类的概率分布即可。具体来说,假如有 k 个分类,可以修改原来的线性函数 f,使得 $f_{\boldsymbol{W}}(\boldsymbol{x})=\boldsymbol{W}\boldsymbol{x}\in\boldsymbol{R}^k$。这里 $\boldsymbol{W}\in\boldsymbol{R}^{k\times d}$ 为一个矩阵,并且 $f_{\boldsymbol{W}}(\boldsymbol{x})$也变成了一个向量,而不是一个实数。

接下来,我们考虑如何将 $f_{\boldsymbol{W}}(\boldsymbol{x})$这个向量转换成一个概率分布。这里注意到概率分布需要满足的条件就是所有的数都是非负的,并且相加等于 1。为了满足这两个性质,可以考虑 sigmoid 函数更加普适的形式,称为 softmax 函数。注意到,sigmoid 函数之所以可以把所有输入变成 0~1 之间,是因为 e^{-x} 永远是一个非负的数,并且取值为 0~∞。因此,对于任何一个 k 维的向量 u,定义 $y_i=\frac{\mathrm{e}^{u_i}}{\sum_{j=1}^{k}\mathrm{e}^{u_j}}\geqslant 0$ 为概率分布 y 的第 i 个位置的具体概率,有:

$$\sum_{i=1}^{k}y_i=\frac{\sum_{i=1}^{k}\mathrm{e}^{u_i}}{\sum_{j=1}^{k}\mathrm{e}^{u_j}}=1$$

所以,通过这样的变换方式可以得到针对多分类的概率分布 y。

现在来看看为什么 softmax 变换是 sigmoid 函数更普适的形式。首先,在逻辑回归 $f_w(\boldsymbol{x})$输出的基础上补充一个额外的 0 输出,并且使 $f_w(\boldsymbol{x})$乘以 −1,即变成一个两维的向量$(-f_w(\boldsymbol{x}),0)$。这时,对这个向量进行 softmax 变换,便能得到概率分布$\left(\frac{\mathrm{e}\hat{\ }(-\boldsymbol{w}^{\mathrm{T}}\boldsymbol{x})}{1+\mathrm{e}\hat{\ }(-\boldsymbol{w}^{\mathrm{T}}\boldsymbol{x})},\frac{1}{1+\mathrm{e}\hat{\ }(-\boldsymbol{w}^{\mathrm{T}}\boldsymbol{x})}\right)$。这与逻辑回归得到的概率分布是一样的。

上述将 k 维向量转换为针对 k 个类别的概率分布的方法不仅适用于线性函数,也适用于其他更复杂的函数(例如神经网络),只要这个函数的输出是 k 维向量即可。在得到概率分布之后,可以使用交叉熵作为分类问题的损失函数,用以比较该概率分布和正确的类别的区别。相比其他的各种损失函数,交叉熵在实际优化过程中往往有最好的表现。因为我们优化的目标是让损失函数最小化,所以选择了好的损失函数可以提升最优的分类表现。

在理解交叉熵的概念之前,先简单介绍一下熵的概念。对于一个概率分布$(y_1,y_2,\cdots,y_d)$它的熵定义为 $H(y)=-\sum_{i}y_i\log y_i$。熵有许多含义,比如,该随机变量包含多少信息，或者有多少不确定性等。采用它的一个经典定义，即 $H(y)$ 表示如果希望对该概率分布进行编码操作，需要的最少的比特数。作为最简单的例子，我们可以考虑伯努利随机变量的熵的计算。伯努利随机变量是一个只有两种取值的随机变量，例如 $y_1=-1, y_2=1$，就像是掷硬币，代表了最后结果是正面还是反面。假设两种取值的概率分别为 p 和 $1-p$。这个时候，熵的定义就是 $H(p)=-p\log_2(p)-(1-p)\log_2(1-p)$，如图 3.7 所示。

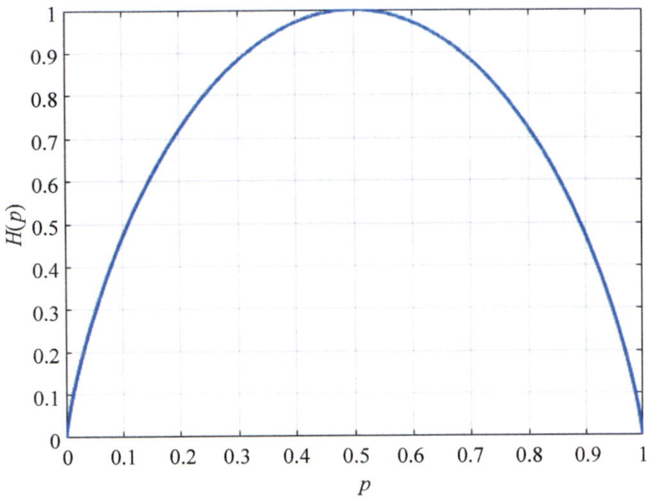

图 3.7　伯努利分布熵与概率的关系

可以看到，当 $p=0.5$（对应于硬币是均匀的）时，熵最大，该随机变量的不确定性也最大。当 $p=1$ 或者 $p=0$ 时，熵最小为 0，完全没有不确定性，因为这个时候随机变量只会有固定的取值。

交叉熵是在该定义下面的一个拓展。具体来说，两个分布 y 和 p 的交叉熵为 $\mathrm{XE}(y,p)=-\sum_i y_i \log p_i$。当 y 和 p 相等时，交叉熵等于熵。交叉熵的直观含义是在知道真正的概率分布 y 时，对 p 进行编码所需的比特数。因此，可以推出 $\mathrm{XE}(y,p)\geqslant H(y)$（大家想想为什么?）。

基于这个不等式，可以定义损失函数 $L=\mathrm{XE}(y,p)-H(y)\geqslant 0$。根据熵的定义，可以知道当且仅当 $y=p$ 时，$L=0$。注意到，这个函数不是对称的。如果交换了 y 和 p，那么这个函数的取值也会变得不同。由于 y 的取值是固定的（从训练数据中来），所以 $H(y)$ 的取值也是固定的。因此，优化 L 的值等同于优化 $\mathrm{XE}(y,p)$。这就是为什么交叉熵常被用作损失函数。

交叉熵在实际中易于使用的一个主要原因可能来源于它的导数。如果正确的分类是 i 的话，我们知道 $y_i=1$，且其对应的导数为 $\frac{1}{p_i}$。因此，p_i 越大，导数越小；反之亦然。换言之，如果输出的概率分布中 p_i 比较大，即非常接近正确答案，那么就会得到一个较小的导数；否则会得到一个较大的导数。这样的性质对优化是非常有利的。

举个例子来说，如果 $y=(0,0,1)$，$p=(0.99,0,0.01)$，有 $\mathrm{XE}=\log 100$，且其导数为 100。如果 $y=(0,0,1)$，$p=(0.01,0,0.99)$，则 $\mathrm{XE}=\log 1.01$ 且导数为 $1/0.99$，远小于上面

的情况。值得一提的是,作为概率分布,y 也可以有多个维度非 0。这种情况下同样可以使用交叉熵计算损失函数。

3.5 岭回归

第 2 章中提到,为了保证泛化性能,防止过拟合的情况发生,有时需要采取一些措施来降低过拟合的影响。这个技巧叫做正则化。正则化既可以用于回归问题,又可以用于分类问题。下面,将以回归问题为例介绍正则化的技巧(对分类问题的处理方法类似)。

我们首先介绍岭回归问题。岭回归的基本想法如下:针对普通的损失函数 $\frac{1}{2N}\|X\boldsymbol{w}-y\|_2^2$,我们希望能同时限定 $\|\boldsymbol{w}\|_2^2$ 的大小,即 w 的长度满足 $\|\boldsymbol{w}\|_2^2 \leqslant c$,其他的情况不予考虑。从直觉上来看,这可以帮助解决过拟合的问题,因为这限制了解空间的大小(只考虑长度平方小于 c 的 $\boldsymbol{w}$)。人们也发展了进阶的理论工具,证明这个想法确实可以提供更好的泛化保证。

接下来介绍如何求解这个问题。直接求解带约束的问题往往比较困难。因此,通常采用的办法是将它转换成一个没有约束的版本,即

$$\min \frac{1}{2N}\|X\boldsymbol{w}-y\|_2^2+\frac{\lambda}{2}\|\boldsymbol{w}\|_2^2$$

其中 λ 是一个需要设定的参数。如果 $\lambda=\infty$,说明 $\frac{\lambda}{2}\|\boldsymbol{w}\|_2^2$ 这一项占了非常大的权重,以至于 w 必须等于 0 才能够得到非负的损失函数(这对应于 $\|\boldsymbol{w}\|_2^2 \leqslant 0$ 的情况)。另一方面,如果 $\lambda=0$,那问题就退化成为之前的普通线性回归问题,即 $\min \frac{1}{2N}\|X\boldsymbol{w}-y\|_2^2$(这对应于 $\|\boldsymbol{w}\|_2^2<\infty$ 的情况)。另一方面,随着 λ 不断变小,可以看到在损失函数中对 $\boldsymbol{w}$ 的约束越来越小,也即对应的 c 越来越大。因此,这是一个单调对应的关系。对于任意的 c,理论上都可以找到一个 λ 与之对应,使得最后的解 $\boldsymbol{w}$ 是一致的。

所以,通过增加 $\frac{\lambda}{2}\|\boldsymbol{w}\|_2^2$ 项并设定合适的 λ,可以控制最后解得的 $\boldsymbol{w}$ 的长度。这里的 $\frac{\lambda}{2}\|\boldsymbol{w}\|_2^2$ 就是正则化项,称为二范数正则化项。而包含这个二范数正则化项的线性回归,就叫做岭回归。

一般来说,正则化是什么意思呢?直观来看,正则化和剪裁树枝的工作差不多。在定义好了损失函数之后,无法控制最后优化算法会得到一个什么样的结果。就好像我们种下了一棵树的种子(损失函数),然后任由它生长,最后它可能会长出杂乱的树枝。这时,可以将生长方向不好的树枝裁剪掉(正则化技术),使得树最后长成我们期望的样子。不过,不同的场景对树枝的形状可能会有不同的要求:有时是对称饱满的,有时是比较整齐划一的,等等。对于不同的形状要求,需要采用不同的剪裁方式,这就对应不同的正则化技术。

上面介绍的岭回归就是比较常用的正则化方法,对应于我们希望 $\boldsymbol{w}$ 的长度比较小的要

求。我们可以方便地计算岭回归的损失函数的导数，也即$\nabla L=\frac{1}{N}\sum_i(\langle \boldsymbol{w},x_i\rangle-y_i)+\lambda\boldsymbol{w}$。使用这个导数进行最速下降法，可以得到岭回归的答案。可以证明，对于岭回归的损失函数，一定能够找到全局最优解。

3.6 套索回归

在本节里，将介绍另一个常用的正则化方法——套索回归（Lasso regression）。首先简单介绍它诞生的背景。我们生活的时代已经拥有了海量的数据，因此，大型的科技公司通常对每个用户都留存数据画像，包括用户使用产品的记录、登录登出的记录、与其他用户交互的记录、产生数据的记录等多种记录数据。假设公司对于每个用户有 10 000 条不同的记录。对于现代的科技公司来说，这其实是一个非常保守的假设，因为实际上每个用户被收集的信息要比这多得多。

假设基于这些数据，公司希望预测某个用户的一些购买行为，例如用户是否打算在近期购买一台笔记本电脑。如果预测准确，公司便可针对该用户投放一些笔记本电脑的广告，从中盈利。因此，这项任务对于公司来说非常重要。

有许多机器学习技术可以用来处理这个问题，现在我们看看如何用线性回归的算法解决这个问题。注意到，这个问题的难点在于，用户的许多不同特征中，真正与我们关心的问题相关的特征非常少，可能只有几个或者几十个。许多其他的特征，例如登录记录等，可能均为噪声而不需要考虑。但是如何能从 10 000 个特征中自动过滤掉噪声，挑选出其中最有用的特征呢？

值得一提的是，线性回归是不具备这个能力的。如果仅使用线性回归，那么在最后的答案 $\boldsymbol{w}$ 中，每个维度都会有或大或小的非 0 数值，意味着所有的特征均对结果有影响。这是因为从优化的角度，最优解不一定需要含有大量的 0。但通过购买笔记本电脑的例子，可以知道这样的答案并不是我们需要的，因为大部分的维度对应的特征都是噪声。同理，我们也无法使用岭回归来解决这个问题，因为岭回归背后的目标是控制 $\boldsymbol{w}$ 的长度，而不是 $\boldsymbol{w}$ 各个维度的稀疏程度。

对于这个问题，我们真正希望的解决方法是在优化$\frac{1}{2N}\|X\boldsymbol{w}-y\|_2^2$ 的同时，满足$\|\boldsymbol{w}\|_0\leqslant c$，即希望 $\boldsymbol{w}$ 比较稀疏，其非 0 项不超过 c 个。然而由于不可导，$\|\boldsymbol{w}\|_0$ 是一个难以优化的范数。在机器学习中，一旦无法对一个目标函数求导，就意味着无法找到很好的优化方法来解决这个问题。因此，在实际中，往往使用$\|\boldsymbol{w}\|_1\leqslant c$ 作为替代品，即转为要求 w 所有项的绝对值加起来和不大于 c。这里额外加的$\|\boldsymbol{w}\|_1\leqslant c$ 限制就是正则化方法，它可以帮助我们忽略掉数据中的噪声，使得最后得到的解有更好的泛化能力。值得一提的是，虽然这个限制和$\|\boldsymbol{w}\|_0\leqslant c$ 不一样，但从理论的角度可以证明，在某些情况下，采用这个约束得到的解和我们想要的满足$\|\boldsymbol{w}\|_0\leqslant c$ 的稀疏解是完全一样或者非常接近的。

与岭回归类似，在确定了限制条件之后，可以将这个约束问题转化为普通的损失函数，即$\frac{1}{2N}\sum_i(\boldsymbol{w}^{\mathrm{T}}x_i-y_i)^2+\lambda\|\boldsymbol{w}\|_1$。这是一个凸函数，因此可以使用梯度下降法高效解决。

最后，通过一个具体的例子来看看普通的线性回归、岭回归和套索回归之间的区别。假设有 2 个数据点 $X=((2,1),(4,0))$，$Y=(1,3)$，$\lambda=1$。那么分别运行三个算法，会得到下面的三组 $\boldsymbol{w}=(w_1,w_2)$答案。

- 线性回归：(0.75，−0.5)
- 岭回归：(20/31，−3/31)
- 套索回归：(13/20，0)

注意到，尽管线性回归的答案可以完美拟合最后的问题，但岭回归给出的答案有更小的长度，而套索给出的答案则更加稀疏(第二个维度是 0)。

本章总结

本章学习了线性回归，并介绍了使用梯度下降法(或者随机梯度下降法)对目标函数进行优化。在线性回归的基础上，介绍了使用 sigmoid 函数或者 softmax 函数输出针对二分类或者多分类的概率分布。对于分类问题，介绍了常用的损失函数交叉熵。最后，学习了正则化的方法，包括岭回归与套索回归。

练 习 题

1. 请问线性回归和线性分类在输出上的区别是什么？
2. 请简单谈谈对特征(feature)的理解，可以以房价预测为例子简述。
3. 对于损失函数 L，在第 t 个时刻，其当前邻域能降低函数值最快的方向是什么？
4. 请举一个例子来说明如何限制空间大小，分别写出其约束版本和没有约束的版本。
5. 已知损失函数为 $L(w)=w^2+5w+6$，η 取为 0.1，初始值 $w_0=2$，请计算迭代 3 次后的 w 值。
6. 请简述随机梯度下降中，批大小对训练的影响。
7. 已知向量 $\boldsymbol{u}\in\boldsymbol{R}^k$，请计算 $\boldsymbol{u}$ 经过 softmax 变换后的 y_i 对 $\boldsymbol{u}$ 的导数。
8. 请叙述岭回归的基本思想。
9. 请叙述套索回归的基本思想。
10. 选择题

Sigmoid 函数的值域为(　　)。

A. [0，1]

B. (0，1)

C. [−1，1]

D. (−1，1)

11. 论述题

岭回归通过增加对参数一范数惩罚提升模型泛化性能。

12. 根据下列数据计算 y 对 x 的回归方程(提示：在样本量较小的情况下使用显式解会更快)。

x	1	2	3	4	5
y	1	3	4	2	4

第4章 决策树、梯度提升和随机森林

引言

在本章里，我们将学习决策树与相关的集成学习算法。与其他监督学习方法类似，决策树的训练也是基于给定的训练数据，学习出一个从数据到标签的映射。决策树表示的映射仅由一系列简单的判断规则组成，与人类做决策的过程类似。因此非常易于理解，且具有很强的可解释性。但相比神经网络等复杂模型，单个决策树的拟合能力非常有限。因此在实际应用时，通常训练许多个决策树，然后综合它们的预测结果，这样综合多个简单模型的方式称为集成学习。如果将单个模型看成一个专家，那么集成学习可以理解为由许多专家组成的智囊团。基于决策树的集成学习是目前除了深度学习之外最主要的监督学习方法之一，在数据科学比赛(例如 Kaggle 竞赛[①])和工业界中都有广泛的应用。因此，决策树以及相关的集成学习方法无疑是机器学习领域的必备技能之一。

下面，首先介绍决策树与它的训练算法。然后将介绍两种常见的基于决策树的集成学习算法：随机森林和梯度提升。

4.1 决策树

4.1.1 例子

为了理解决策树的结构，我们先举一个简单的例子。假设需要根据表 4.1 的数据集设计一个电子邮件分类系统，用以区分垃圾邮件和正常邮件。一个直观的做法是制定一些简单的规则。例如，首先判断邮件是否来自陌生的邮箱。如果该邮件来自常用的联系人，就可以很大程度上排除是垃圾邮件的可能。其次，垃圾邮件往往包含诈骗信息，因此会经常出现"赚钱""转账"等字眼。基于这两点可以制定出如图 4.1 所示的邮件分类规则。

---

① https://www.kaggle.com/，该网站上包含大量数据科学的在线竞赛和数据集。

表 4.1 邮件分类数据集

邮件编号	总字数	生僻字比例	是否来自陌生邮箱	是否包含"赚钱"	是否包含"转账"	是否垃圾邮件
1	1023	0.10	是	是	是	是
2	212	0.01	否	是	否	否
3	102	0.04	否	否	否	否
4	12	0.00	否	否	否	否
5	521	0.00	是	否	是	是

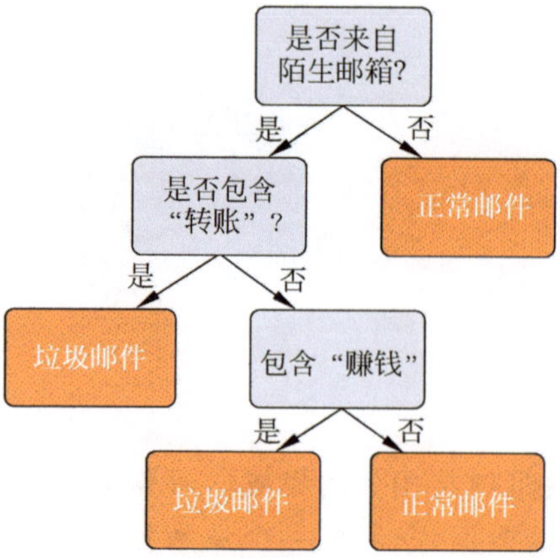

图 4.1 邮件分类规则

4.1.2 决策树的定义

图 4.1 中，整个分类流程构成了一种树状结构。其中最上方的灰色方框是树的根部，称为根节点。每个箭头是树的一个分支，每个方框都是树的节点。灰色的方框带有分支，称为中间节点，每个中间节点代表一个判断条件。根据中间节点判断结果的不同，从中间节点出发的箭头会指向不同的子节点；这个中间节点称为这些子节点的父节点。橙色的方框不再生出分支，称为叶子节点。从根节点到每个叶子节点都会经过一条路径，每个叶子节点记录决策树对符合路径上所有判断条件的数据的预测情况。例如图 4.1 中，从最高的灰色根节点出发，到左下角的橙色叶子节点，会经过"是否来自陌生邮箱"与"是否包含'转账'"两个判断条件。如果有一封邮件这两个条件均成立，它将被分类为垃圾邮件。

通过上面的例子，我们对决策树的主要组成有了直观的认识。下面给出决策树的正式定义。

定义[决策树]：一个树结构的每个中间节点对数据的某一个特征进行判断，根据判断结果的不同指向相应的子节点。并且，该树结构的每个叶子节点，对符合所有根节点到该叶子节点路径上判断条件的数据给出一个预测值。这样的树结构称为决策树。

根据特征类型的不同，决策树采用不同形式的分支。在图 4.1 的例子中，判断条件仅涉及表 4.1 中的两个变量，且两个变量均只有"是"和"否"两种取值。对于数值类型的变量 x（例如总字数与生僻字比例等），决策树可使用该变量是否超过一个阈值($x \leqslant t$)作为判断条件，例如总字数是否超过 500；而对于具有更多取值的离散型变量，可以使用该变量是否属于值域的某一子集(如 $x \in S$)作为判断条件；或者对每种取值都生成一个单独的分支。

针对不同的问题，决策树的叶子节点需要输出不同的预测。对于回归问题，叶子节点的预测值是一个实数；而对于分类问题，则是一个类别。前者称为回归树，后者称为分类树。在前面垃圾邮件分类问题中，采用的是分类树。下面看一个回归树的例子。

假设你是某手机品牌的粉丝，希望对一款即将发布的新机型的价格进行预测，并且已知当前市面上各种不同配置手机的价格如表 4.2 所示。

表 4.2 手机价格数据

手机型号	内存/GB	存储空间/GB	屏幕材质	是否曲屏	价格/元
1	8	64	LCD	否	4800
2	16	128	OLED	是	5000
3	4	128	OLED	否	3200
4	8	128	LCD	否	4400
5	16	256	OLED	是	7200

对这一问题，可以采用以下的定价规则进行决策树的构建：如果内存超过 8 GB，则预测价格为 5200 元；否则将根据屏幕的材质进行进一步预测。根据这些规则，得到了图 4.2 所示的三叶子决策树。由于规则简单，决策树只能得到非常粗糙的结果。如果希望得到更精确的价格预测，则需要使用更复杂的决策树，或者通过后面介绍的集成学习方法综合多个决策树的结果。

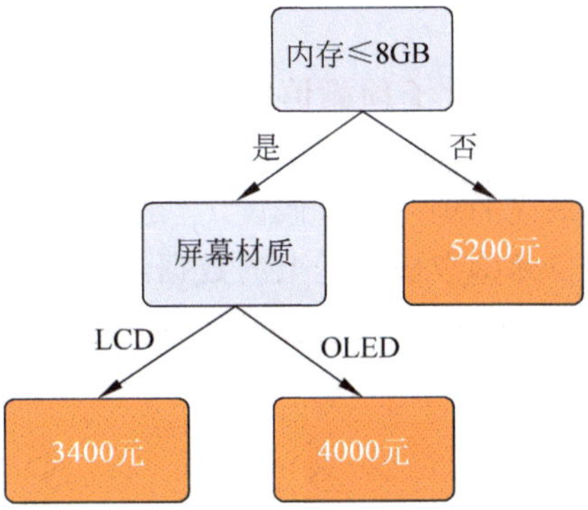

图 4.2 回归树

总的来说，决策树将输入的数据 X 所在的空间分割成多个不同的子空间；然后为每个子空间(对应一个叶子节点)赋予一个预测值，即决策树表示一个分段常数函数。图 4.3 给出了一个连续特征空间上决策树的例子。在这个例子里，数据集有两个数值类型的特征 x_1 和 x_2，而图 4.3(a)中的决策树相当于把数据所在的平面分割成了 4 个小块(见图 4.3(b))，并赋予每个小块一个常数的预测值。如果把决策树看成是 x_1, x_2 的二元函数 f，那么可以在三维空间中画出 $y=f(x_1,x_2)$的图像，如图 4.3(c)所示。

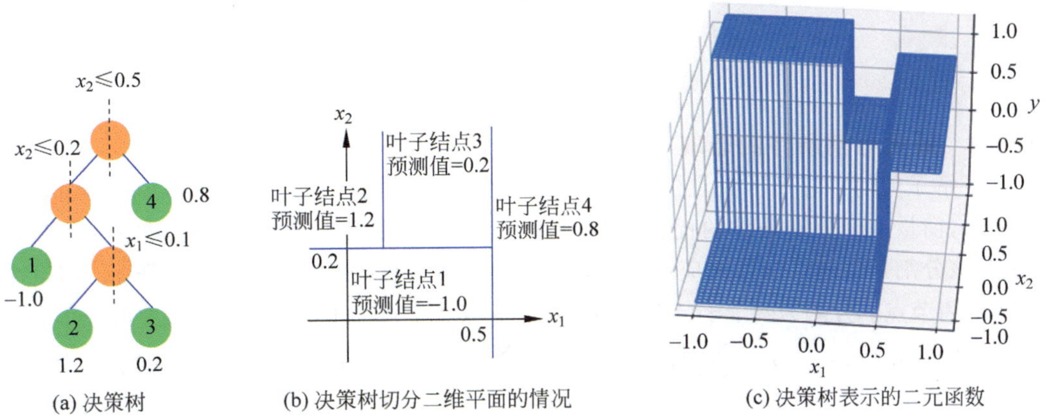

图 4.3 决策树切分的空间

下面将详细介绍决策树的训练。

4.1.3 决策树的训练

通过前面的两个例子可以看到决策树主要由两部分组成，一是叶子节点的预测值，二是决策树的结构，包括中间节点的判断条件。决策树的训练，就是找出一个理想的决策树结构，并对每片叶子上赋予合适的预测值。

决策树的训练可以总结为如下由根到叶子的构造的过程：最初，只有一个根节点，节点对应所有训练数据；然后，选择一个特征，设置一个判断条件(也称为分割条件)；接下来，依据该判断条件构造根的两个叶子，使得每个叶子对应一部分数据；重复这个叶子节点的构造步骤，直到达到一定的终止条件为止。

下面将详细讨论如何选取叶子的预测值以及如何分割叶子节点。这是决策树构建的核心所在。

4.1.3.1 叶子预测值的计算

为了描述决策树的训练算法，首先假设决策树的结构已经确定，并考虑如何确定每片叶子上最优的预测值。假设 I_j 是落在叶子 j 上的样本集合，w_j 是叶子 j 的预测值。这时，可以将目标函数按叶子上的数据进行整合。具体来说，对于样本 i，可以用 y_i 代表它的标签，用 $\hat{y}_i$ 代表学习算法的预测，并用 $l(\hat{y}_i, y_i)$来代表样本 i 的损失函数。决策树的损失函数可以表示为

$$\sum_{i=1}^{N} l(\hat{y}_i, y_i) = \sum_{j} \sum_{i \in I_j} l(\hat{y}_i, y_i) = \sum_{j} \sum_{i \in I_j} l(w_j, y_i)$$

这里最后一个等式是因为样本 i 落在了叶子 j 上，且 w_j 是学习算法对于 i 的预测值。

根据损失函数，能很容易求出每片叶子上的最优预测值。例如，如果训练的目标是最小化均方误差(mean square error，MSE)，则叶子 j 的最优预测值为

$$w_j^* = \underset{w_j}{\operatorname{argmin}} \sum_{i \in I_j} \frac{1}{N}(w_j - y_i)^2 = \frac{1}{|I_j|} \sum_{i \in I_j} y_i$$

即该片叶子上数据标签的平均值。类似地，对于分类问题，如果训练的目标是最小化分类错误率，那么该片叶子上的最优预测值为所有数据中归属最多的类别 k_j，即

$$w_j^* = \underset{w_j}{\operatorname{argmin}} \sum_{i \in I_j} \frac{1}{N} I(w_j \neq y_i) = k_j$$

4.1.3.2 最优分割条件的选取

在了解了如何计算叶子节点的预测值之后，接下来看如何来评价一个分割条件的优劣。粗略来讲，衡量一个分割条件的优劣，是看采用该分割条件能如何减少训练误差。减少的越多，说明该分割条件越好。那么应该如何量化这一评测过程呢？考虑数值型特征 x_k，假设按条件 $x_k \leqslant t$ 将节点 j 分割为两个子节点 j_1 和 j_2，那么落在节点 j 上的数据训练误差的减小量为

$$\operatorname{gain}(j, x_k, t) = \sum_{i \in I_j} l(w_j^*, y_i) - \sum_{i \in I_{j_1}} l(w_{j_1}^*, y_i) - \sum_{i \in I_{j_2}} l(w_{j_2}^*, y_i)$$

其中 $I_{j_1} = \{i \in I \mid x_{i,k} \leqslant t\}$表示落在子节点 j_1 上的数据，$I_{j_2} = \{i \in I \mid x_{i,k} > t\}$表示落在子

节点 j_2 上的数据。为便于叙述，把训练误差减小量 $\text{gain}(j,x_k,t)$ 称为分割条件 $x_k \leqslant t$ 在叶子 j 上的分割增益。

当训练目标为最小化均方误差时，上式可写为

$$\begin{aligned}
\text{gain}(j,x_k,t) &= \frac{1}{N}\left[\sum_{i\in I_j}(w_j^* - y_i)^2 - \sum_{i\in I_{j_1}}(w_{j_1}^* - y_i)^2 - \sum_{i\in I_{j_2}}(w_{j_2}^* - y_i)^2\right] \\
&= \frac{1}{N}\left[\sum_{i\in I_j}\left(\frac{1}{|I_j|}\sum_{s\in I_j} y_s - y_i\right)^2 - \sum_{i\in I_{j_1}}\left(\frac{1}{|I_{j_1}|}\sum_{s\in I_{j_1}} y_s - y_i\right)^2 - \right. \\
&\qquad \left. \sum_{i\in I_{j_2}}\left(\frac{1}{|I_{j_2}|}\sum_{s\in I_{j_2}} y_s - y_i\right)^2\right] \\
&= \frac{1}{N}\left[\frac{\left(\sum_{s\in I_{j_1}} y_s\right)^2}{|I_{j_1}|} + \frac{\left(\sum_{s\in I_{j_2}} y_s\right)^2}{|I_{j_2}|} - \frac{\left(\sum_{s\in I_j} y_s\right)^2}{|I_j|}\right]
\end{aligned}$$

接下来，要找出叶子节点 j 的最优分割条件，只需对每个特征 x_k 遍历一次它在训练数据中的取值，然后找出使得 $g(j,x_k,t)$ 最大的 x_k 和 t 即可。

下面的例子展示了如何通过表 4.2 数据中的存储空间这一特征找出最优的分割阈值。

我们用 gain 表示分割增益。其计算过程如以上 $\text{gain}(j,x_k,t)$ 的公式所示（注意到 N 与使用的分割条件无关，故我们在计算 gain 时忽略掉 $\frac{1}{N}$ 这个因子）。在表 4.3 中，绿色表示向左，橙色表示向右，两个箭头的交接处表示分割使用的阈值。在“子节点 y_i 之和”这一行中，绿色格子表示左边子节点上的数据标签之和$\left(\text{公式中的} \sum_{s\in I_{j_1}} y_s\right)$，橙色格子表示右边子节点的数据标签之和$\left(\text{公式中的} \sum_{s\in I_{j_2}} y_s\right)$。首先将数据点按照存储空间升序排序。由于这里只有 3 种不同的存储空间大小，在进行分割时，只需考虑两个可能的条件，即存储空间不超过 64 GB 与存储空间不超过 128 GB。通过分别计算出这两个条件下左右两个子节点的 y_i 之和及相应的分割增益的值(gain)，可以得到 64 GB 是最优的分割阈值，如表 4.3 所示。

表 4.3 寻找使用存储空间这一特征的最优分割条件

存储空间/GB	64	128	128	128	256
y_i/百元	48	50	32	44	72
子节点y_i之和	48	198			
gain		$\frac{48^2}{1}+\frac{198^2}{4}-\frac{246^2}{5}=1.8$			

存储空间/GB	64	128	128	128	256
y_i/百元	48	50	32	44	72
子节点y_i之和	154				72
gain		$\frac{174^2}{4}+\frac{72^2}{1}-\frac{246^2}{5}=649.8$			

4.1.3.3 决策树结构的选择

4.1.3.2 节介绍了如何将一个叶子节点最优地分割为两个新的叶子节点。下面将介绍

如何决定决策树的结构，这一步会在很大程度上影响上述两个步骤的性能。

具体来说，决策树的结构选择是一个迭代的过程。①一开始所有数据都落在根节点上；②在每一步的迭代中，选取一部分叶子节点，将它们按照 4.1.3.2 节中的方法进行分割；③重复这一步骤直到决策树达到预定规模，或者所有叶子最优分割带来的增益小于某个阈值为止，这一部分将在 4.1.3.4 节进行介绍。

在步②中，叶子节点选取方式有以下两种：

(1) 选取所有的叶子进行分割，这种方式称为按层(level-wise)训练。按层训练出来的决策树是一个完全二叉树①。

(2) 选取最优分割增益最大的叶子进行分割，这种方式称为按叶子(leaf-wise)训练。按叶子训练出来的决策树未必是完全二叉树。

一般来说，在具有相同叶子数量的情况下，按叶子训练能拥有的结构更加灵活，但也更容易过拟合训练数据。图 4.4 展示了二者的区别。

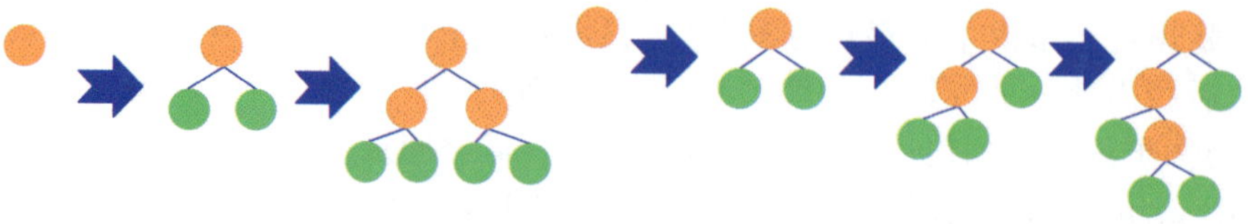

图 4.4　按层训练和按叶子训练

4.1.3.4　防止过拟合

前面已经介绍了通过迭代地分割叶子训练决策树的方法。那么，如何决定迭代的次数呢？或者说，什么样的决策树大小是合适的呢？

事实上，如果不对决策树的大小进行限制，可以很容易构造出一个训练误差非常小的决策树。例如，对于表 4.2 中的数据，图 4.5 中的决策树训练误差为 0。那为什么这样的决策树并不是我们想要的呢？因为它只是简单地记录了每种型号手机的价格，但并没有学习任何手机定价的规律，因此也无法对新的样本进行预测(回顾第 2 章中泛化的概念)。一般的，对于 N 个互不相同的训练数据，总是可以很容易地构造出一个有 N 片叶子的决策树，使得每片叶子上仅包含一个数据，并且包含数据 x_i 的叶子输出的预测值就是其标签 y_i。这样的决策树训练误差为 0，但其过拟合情况非常严重，每片叶子的预测值仅仅取决于一个样本，严重缺乏代表性。

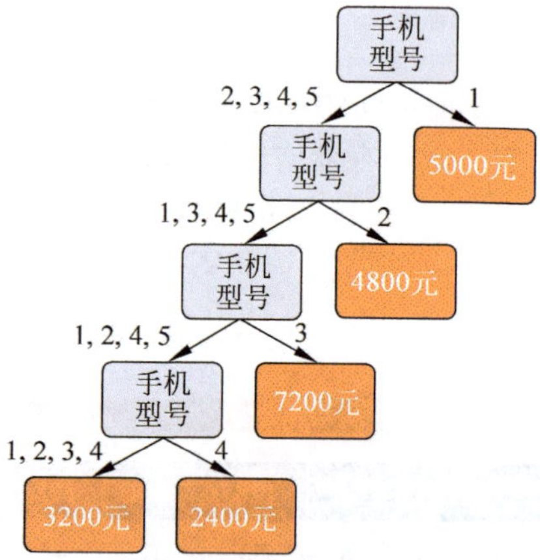

图 4.5　训练误差为 0 的决策树

为了防止这种情况出现，在实际的训练中，人们往往不会仅选择一直分割增益最大的叶

① 一个有 k 层节点的完全二叉树，其叶子全部在第 k 层，且每个中间节点有 2 个子节点。很容易算出一个这样的完全二叉树有 2^k-1 个节点。

子节点的方法。更常见的做法是通过限制决策树的大小,来保证决策树具备较强的泛化能力,这种做法称为剪枝。剪枝的方法可分为两种:①在决策树的训练过程中加入限制条件,避免违反这些限制条件的分割;②先训练一个规模足够大的决策树,然后再删去多余的树分支。我们称前者为预剪枝,称后者为后剪枝。

在预剪枝中,常用以下几种限制条件:

(1) 限制树的最大深度。如果所有叶子都已经达到最大深度,将停止训练。

(2) 限制树的最大叶子数目。如果叶子数目达到这个上限,将停止训练。

(3) 限制每片叶子上最少的样本数。例如,规定每片叶子上至少有 10 个样本。如果一个分割条件会产生样本数少于 10 的叶子,该分割条件将不被考虑。

(4) 规定分割带来的分割增益的下限。比如,规定此下限为 0.3,那么将不考虑所有导致训练误差下降达不到 0.3 的分割条件。对于没有超过下限的分割条件的叶子,我们将停止对其进行分割。

(5) 利用验证集进行预剪枝。如果有验证集,可在决策树的训练过程中不断用验证集进行评估。如果一次分割无法降低验证集上的误差,该分割将不被进行。

图 4.6 是一个使用上述条件(4)进行预剪枝的例子,每个节点上的数字表示该节点中的最优分割条件的分割增益。我们规定分割增益下限为 10.0。使用按叶子训练的方式,经过两步之后,所有叶子都没有合适的分割条件,故训练终止。

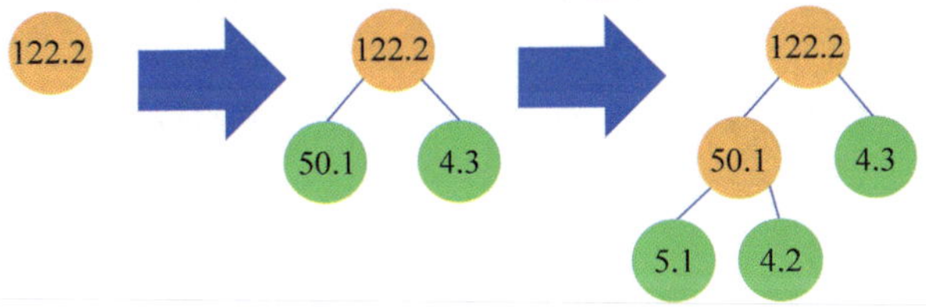

图 4.6 基于分割增益的预剪枝

在后剪枝中,先将决策树训练到足够大之后,再删去一些不符合标准的子树。评估每个子树是否符合某个标准:如果是,则保留该子树;否则将该子树替换为一个叶子节点。这个过程将不断地进行下去,直到所有子树都符合该标准为止。后剪枝中常用的标准有:

(1) 该子树使验证集上的误差有所减少。在有验证集的情况下,删去那些对降低验证集误差没有帮助的子树。这部分子树可能对训练数据过拟合,因此不能帮助降低验证集误差。

(2) 该子树不包含有足够大分割增益的分割。这说明该子树并没有从数据中学习到具有显著价值的信息,很容易受到数据噪声的影响。

图 4.7 是一个使用上述条件(2)进行后剪枝的例子,与图 4.6 使用一样的数据集和按叶子训练的方式。不同的是我们在决策树生长阶段不进行预剪枝。而是允许它长到一个较大的规模,再进行后剪枝。

预剪枝和后剪枝各有优劣。预剪枝比后剪枝训练开销要小;但是后剪枝的眼光比较长远:有一些分割可能达不到被预剪枝保留下来的标准,但它们能因为产生的子节点使全局分割更好而被保留下来。例如在图 4.7 中,分割增益为 5.1 的中间节点的分割可以被保留下来,由它产生的子树也被保留。因为它的子树中存在分割增益足够大的中间节点。而在图 4.6 的预剪枝中,该节点完全没有继续分割的机会。

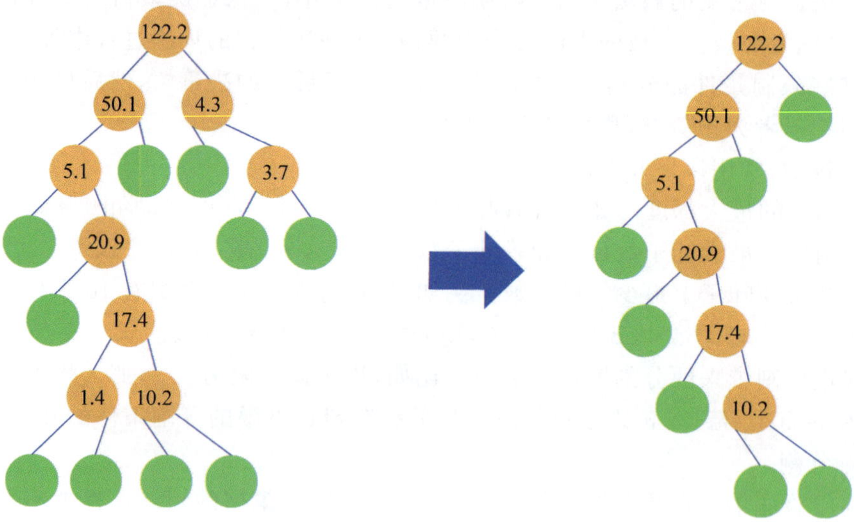

图 4.7　基于分割增益的后剪枝

下面给出按叶子分割，并且采用限制最大叶子数目和叶子上最小样本数的决策树训练算法的伪代码。

算法 8：决策树训练

输入：训练数据，决策树的最大叶子数目 T，每片叶子最小样本数 min_data_per_leaf。

输出：单个决策树。

1：初始化所有样本在根节点上。

2：重复步骤 2.1～步骤 2.2，直到决策树的叶子数目达到 T，或者所有叶子都没有符合条件的分割。

2.1：　对每片叶子 j 计算出最优的分割条件和对应的最大分割增益 $gain_j^*$。在计算中，忽略产生新叶子上样本数少于 min_data_per_leaf 的分割。

2.2：　选择 $gain_j^*$ 最大的一片叶子，按照其最优分割条件进行分割，并计算出新叶子节点的预测值。

4.2　随机森林

由于单个决策树能表达的预测规则过于简单，它通常无法在实际应用中达到很好的效果。因此，更多的时候人们会综合使用多个决策树来共同进行预测。这种通过综合多个简单机器学习模型(称为基础模型或子模型，base learner)构造更强大的学习模型的方法称为集成学习(ensemble learning)。本节我们介绍一种基于决策树的集成学习方法——随机森林。

4.2.1 随机森林的算法描述

随机森林是一种基于决策树的集成学习方法，它通过训练多个决策树进行综合预测。在随机森林中，每个样本的预测值由这些决策树对该样本的预测值综合决定。对于回归问题，随机森林的预测输出为所有决策树预测的均值；对于分类问题，随机森林对所有决策树的预测类别进行投票，得票最高的类别作为最终的预测结果。

综合多个决策树的做法有意义的前提是这些决策树具有差异。为避免在训练中多个决策树给出相同的预测，随机森林在训练每个决策树时会引入一定的随机性，包括以下两个方面：

(1) 在训练每个决策树时，不使用全部训练数据，而是从训练数据中选取一部分进行训练。

(2) 在决策树训练中每次分割叶子节点时，随机选取特征的一个子集，仅从该子集中选取最优的分割条件。

下面以表 4.2 中的数据为例，介绍随机森林的训练过程。规定每个决策树使用随机选取的 80%的训练数据进行训练，并且在分割叶子节点时，仅考虑随机选取的两个特征。此外，使用按层训练的方法，并且规定决策树的最大深度为 1。

第一步：开始训练第一棵树。假设随机采样出手机型号为 1,2,3,5 的 4 条数据用于第一棵树的训练。开始时这四个数据都在根节点上。假设根节点采样出的候选分割特征为内存和屏幕材质。按照 4.1.3 节选取最优分割条件的方法，求出对根节点最优的分割条件为“内存不超过 4 GB”，并计算出左右两个叶子节点的数据价格均值分别为 32 和$\frac{170}{3}=56.7$（图 4.8），并作为它们的预测值。至此完成了第一棵树的训练，如表 4.4 所示。

表 4.4 随机森林第一棵树根节点的分割增益计算

内存/GB	4	8	16	16
y_i/百元	32	48	50	72
子节点y_i之和	32	170		
gain	$\frac{32^2}{1}+\frac{170^2}{3}-\frac{202^2}{4}=456.3$			

内存/GB	4	8	16	16
y_i/百元	32	48	50	72
子节点y_i之和	80		122	
gain	$\frac{80^2}{2}+\frac{122^2}{2}-\frac{202^2}{4}=441.0$			

屏幕材质	LCD	OLED	OLED	OLED
y_i/百元	48	50	32	72
子节点y_i之和	48	154		
gain	$\frac{48^2}{1}+\frac{154^2}{3}-\frac{202^2}{4}=8.3$			

第二步：开始训练第二棵树。假设算法随机采样出手机型号为 2,3,4,5 的 4 条数据用于第二棵树的训练，并假设根节点采样出的候选分割特征为存储空间和屏幕材质。通过计算可知，最优分割条件为“存储空间不超过 128 GB”，且分割后左右两个叶子节点的预测值分别为$\frac{126}{3}=42$ 和 72(图 4.8)。至此完成了第二棵树的训练，如表 4.5 所示。

接下来，重复训练决策树，直到数目达到预定值为止。

表 4.5　随机森林第二棵树根节点的分割增益计算

存储空间/GB	128	128	128	256
y_i/百元	50	32	44	72
子节点y_i之和	126			72
gain	$\frac{126^2}{3}+\frac{72^2}{1}-\frac{198^2}{4}=675.0$			

屏幕材质	LCD	OLED	OLED	OLED
y_i/百元	44	50	32	72
子节点y_i之和	44	154		
gain	$\frac{44^2}{1}+\frac{154^2}{3}-\frac{198^2}{4}=40.3$			

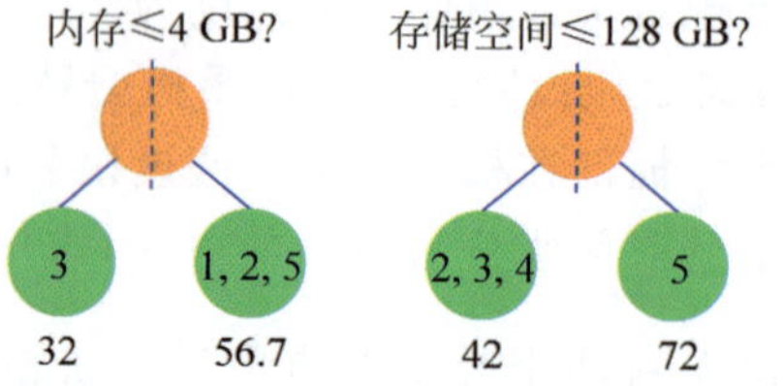

图 4.8　表 4.2 数据训练出的随机森林的前两棵决策树

随机森林的伪代码如下：

算法 9：随机森林

输入：训练数据集，数据采样率 α，每个节点采样特征数目 p，决策树数目 K。

输出：对于回归问题，输出为所有决策树的均值$\frac{1}{K}\sum_{k=1}^{K}T_k(x)$；对于分类问题，输出为所有决策树预测最多的类别$\arg\max_{c}\sum_{k=1}^{K}I[T_k(x)=c]$，当 $T_k(x)=c$ 时，$I[T_k(x)=c]$ 为 1，否则为 0。

1：重复以下步骤 K 次：

1.1：　采样 α 的训练数据。

1.2：　用 4.1.3 节中的决策树训练算法训练一棵决策树。对每个叶子节点，只考虑使用随机采样的 p 个特征，从这些特征中选取该叶子节点的最优分割。

4.2.2　关于随机性的探讨

无论是在训练中对采样部分数据进行训练，还是在分割节点的时候仅考虑特征的子集，都会降低单个决策树的预测效果。但这样做增加了不同决策树之间的独立性与差异性。将许多这样的决策树以这种方式组合起来，通常能够得到比不引入随机性更好的单个决策树效果。

总的来说，在集成学习中，整合差异较大、独立性较强的模型更能够得到超越单个模型较多的效果。这可以理解为差异较大的模型互相弥补了各自的短板。

4.3 梯度提升

梯度提升(gradient boosting)是另一种常用的集成学习方法。在随机森林的训练中，各个决策树之间的训练互不影响。而梯度提升的基本想法，是不断训练新的决策树，以弥补已经训练好的决策树的误差。它与随机森林最大的区别在于，它的各个子模型之间存在更强的依赖关系。

4.3.1 梯度提升的概念

假设有一个回归任务，目标是通过训练最小化均方误差，即

$$L = \min_G \frac{1}{N}\sum_{i=1}^{N}(G(x_i) - y_i)^2 \tag{1}$$

其中 $G(x_i)$是模型 G 在 x_i 点的预测输出。为了达到这个目标，梯度提升方法会采用以下的方法训练一系列模型 $F_1, F_2, \cdots$：假设目前已经得到了前 n 个子模型 $F_1, F_2, \cdots, F_n$，那么在训练第 $n+1$ 个模型 F_{n+1} 时，令$G_n(x_i) = \sum_{j=1}^{n} F_j(x_i)$为前 n 个模型的预测结果，并采用如下的目标函数

$$\min_{F_{n+1}} \sum_{i=1}^{N}(G_n(x_i) + F_{n+1}(x_i) - y_i)^2 \tag{2}$$

我们可以认为 F_{n+1} 是在数据集$\{(x_i, y_i - G_n(x_i))\}$上训练，即训练数据的标签变为前 n 步结果之和的残差。如果将公式(1)看做是一个以 $G(x_1), G(x_2), \cdots, G(x_N)$为变量的多元函数，不难发现$\frac{2}{N}(G_n(x_i) - y_i)$就是函数 L 对 $G(x_i)$的导函数在 $G(x_i) = G_n(x_i)$处的取值。因此，F_{n+1} 是在拟合该多元函数在$(G_n(x_1), G_n(x_2), \cdots, G_n(x_N))$处的负梯度。

对于均方误差以外的训练目标函数 L，虽然不能直接将 F_{n+1} 理解为基于残差进行训练，但仍然可以通过拟合负梯度的方式来进行梯度提升。具体来说，令

$$g_{n,i} = -\left.\frac{\partial L}{\partial G(x_i)}\right|_{G(x_i) = G_n(x_i)}$$

这里将 L 理解成 G 的函数。例如 L 取公式(1)的目标函数，则该偏导 $g_{n,i} = -\frac{2}{N}(G_n(x_i) - y_i)$(这就是公式(2)的形式)。算出 $g_{n,i}$ 后，第 $n+1$ 步的训练目标可以表示为

$$\min_{F_{n+1}} \sum_{i=1}^{N} (F_{n+1}(x_i) - g_{n,i})^2$$

梯度提升使用的子模型通常是类似决策树这样的简单模型。在实际应用中，即使每个子模型均为只有几片叶子的简单决策树，经过多轮梯度提升的训练之后，也能够取得不错的结果。由于这一方法的应用广泛，下面对其具体的算法进行详细介绍。

4.3.2 基于决策树子模型的梯度提升算法

基于决策树子模型的梯度提升算法(gradient boosted decision trees，GBDT)，是当前最常用的机器学习算法之一，广泛应用于广告点击率预测、网页排序等领域。对于最小化均方误差(mean square error，MSE)的回归问题，GBDT 中决策树的训练与单独训练一个决策树采用同样的算法。但如 4.3.1 节介绍，它们主要的不同在于 GBDT 中每个决策树使用的数据标签不同，例如对于最小化均方误差的回归问题，第 $n+1$ 个决策树的数据标签是前 n 个决策树拟合结果的残差，即 $y_i - G_n(x_i)$。

下面通过表 4.2 中的数据集来说明 GBDT(见图 4.9)，并介绍 GBDT 的一些重要细节。为便于读者理解，在决策树的训练中，仅使用手机的内存、存储空间和屏幕材质三个特征。另外，我们使用按叶子训练并规定每个决策树最多有三个叶子节点。

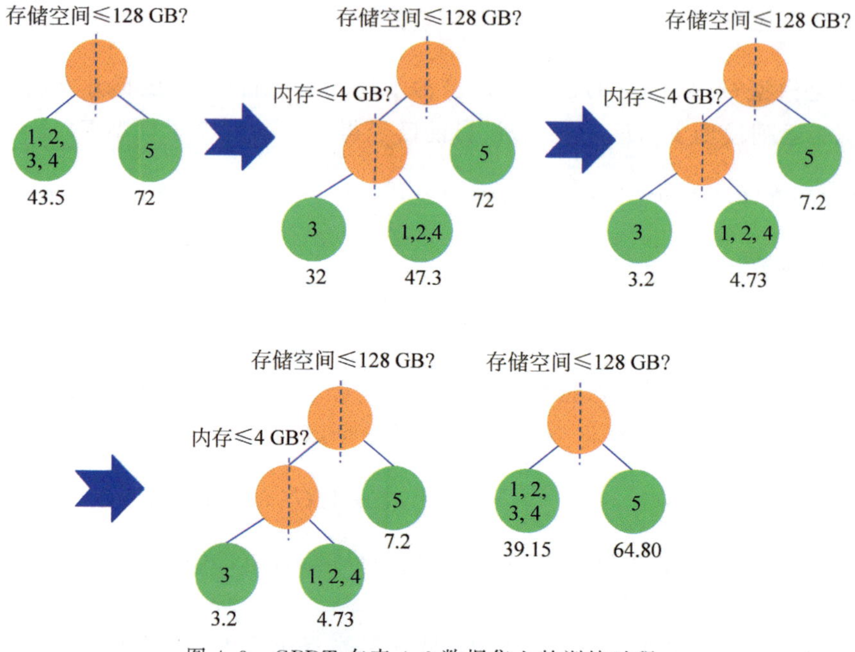

图 4.9　GBDT 在表 4.2 数据集上的训练过程

第一步：开始时所有数据点都落在根节点上。通过比较三个特征的所有阈值(表 4.6，图 4.2)，可以发现以“存储空间是否超过 128 GB”作为条件，分割增益最大。采用这个分割之后，左边的叶子节点有型号 1,2,3,4 四部手机，预测值为 $\frac{50+48+32+44}{4}=43.5$。而右边的叶子节点只有型号 5 一部手机，预测值为 72。

表 4.6　三个特征所有阈值的评估(第一棵决策树,根节点)

存储空间/GB	64	128	128	128	256
y_i/百元	48	50	32	44	72
子节点y_i之和	48	198			
gain	$\frac{48^2}{1}+\frac{198^2}{4}-\frac{246^2}{5}=1.8$				

存储空间/GB	64	128	128	128	256
y_i/百元	48	50	32	44	72
子节点y_i之和	174				72
gain	$\frac{174^2}{4}+\frac{72^2}{1}-\frac{246^2}{5}=649.8$				

内存/GB	4	8	8	16	16
y_i/百元	32	48	44	50	72
子节点y_i之和	32	214			
gain	$\frac{32^2}{1}+\frac{214^2}{4}-\frac{246^2}{5}=369.8$				

内存/GB	4	8	8	16	16
y_i/百元	32	48	44	50	72
子节点y_i之和	124			122	
gain	$\frac{124^2}{3}+\frac{122^2}{2}-\frac{246^2}{5}=464.1$				

屏幕材质	LCD	LCD	OLED	OLED	OLED
y_i/百元	48	44	50	32	72
子节点y_i之和	92		154		
gain	$\frac{92^2}{2}+\frac{154^2}{3}-\frac{246^2}{5}=34.1$				

第二步：由于右边的叶子节点仅剩一个样本，无法进一步分割，因此进一步分割左边的叶子节点(表 4.7)。经过计算发现以“内存是否超过 4 GB”作为分割条件最佳。此时左边子节点的预测值为 32，右边子节点的预测值为$\frac{48+44+50}{3}=47.3$。完成此次分割后，第一棵树已有 3 个叶子节点，达到了事先规定的节点最大值，因此第一棵树训练完毕。

第三步：接下来训练第二棵树。首先，计算第一棵树拟合的残差。通过计算可以发现 $y_i-G_1(x_i)$的值非常小(见表 4.8 左表)，即第一棵树已经接近拟合了原始的标签。在这种情况下，后面的树起的作用将微乎其微。为了给后续的训练留下更多的调整空间，GBDT 会在每个决策树训练完成之后，将叶子上的预测值乘上一个较小的常数 η，其作用类似于梯度下降中的学习率。这一操作被称为收缩(shrinkage)。在表 4.8 的右表中 η 为 0.1。

表 4.7　三个特征所有阈值的评估(第一棵决策树,左边子节点)

存储空间/GB	64	128	128	128
y_i/百元	48	50	32	44
子节点y_i之和	48	126		
gain	$\frac{48^2}{1}+\frac{126^2}{3}-\frac{174^2}{4}=27.0$			

屏幕材质	LCD	LCD	OLED	OLED
y_i/百元	48	44	50	32
子节点y_i之和	92		82	
gain	$\frac{92^2}{2}+\frac{82^2}{2}-\frac{174^2}{4}=25$			

内存/GB	4	8	8	16
y_i/百元	32	48	44	50
子节点y_i之和	32	142		
gain	$\frac{32^2}{1}+\frac{142^2}{3}-\frac{174^2}{4}=176.3$			

内存/GB	4	8	8	16
y_i/百元	32	48	44	50
子节点y_i之和	124			50
gain	$\frac{124^2}{3}+\frac{50^2}{1}-\frac{174^2}{4}=56.3$			

表 4.8　第二棵树拟合的残差(第一棵树进行收缩前后)

手机型号	1	2	3	4	5
y_i	48	50	32	44	72
$G_1(x_i)$	47.3	47.3	32	47.3	72
$y_i-G_1(x_i)$	0.7	2.7	0	−3.3	0

手机型号	1	2	3	4	5
y_i	48	50	32	44	72
$G_1(x_i)$	4.73	4.73	3.2	4.73	7.2
$y_i-G_1(x_i)$	43.27	45.27	28.80	39.27	64.80

第四步：利用第三步算出的残差求出第二棵树根节点的最优分割条件为“存储空间是否超过 128 GB”(表 4.9)。这时左边子节点的预测值为$\frac{45.27+43.27+28.80+39.27}{4}=39.15$,右边子节点的预测值为 64.80。

表 4.9　三个特征所有阈值的评估(第二棵决策树,根节点)

存储空间/GB	64	128	128	128	256
$y_i-G_1(x_i)$	43.27	45.27	28.80	39.27	64.80
子节点残差之和	43.27	178.14			
gain	$\frac{43.27^2}{1}+\frac{178.14^2}{4}-\frac{221.41^2}{5}=1.3$				

存储空间/GB	64	128	128	128	256
y_i/百元	43.27	45.27	28.80	39.27	64.80
子节点残差之和	156.61				64.80
gain	$\frac{156.61^2}{4}+\frac{64.80^2}{1}-\frac{221.41^2}{5}=526.2$				

内存/GB	4	8	8	16	16
y_i/百元	28.80	43.27	39.27	45.27	64.80
子节点残差之和	28.80	192.61			
gain	$\frac{28.80^2}{1}+\frac{192.61^2}{4}-\frac{221.41^2}{5}=299.6$				

内存/GB	4	8	8	16	16
y_i/百元	28.80	43.27	39.27	45.27	64.80
子节点残差之和	111.34			110.07	
gain	$\frac{111.34^2}{3}+\frac{110.07^2}{2}-\frac{221.41^2}{5}=385.4$				

屏幕材质	LCD	LCD	OLED	OLED	OLED
$y_i-G_1(x_i)$	43.27	39.27	45.27	28.80	64.80
子节点残差之和	82.54		138.87		
gain	$\frac{82.54^2}{2}+\frac{138.87^2}{3}-\frac{221.41^2}{5}=30.2$				

第二棵决策树完成训练之后，仍然会进行收缩并加入到当前预测结果中，然后计算新的残差并开始第三棵树的训练。如此反复直到训练完预定数目的树为止。

GBDT 训练算法的伪代码如下，其中，$\widehat{y_i^0}=0$；当 $k>1$ 时，$\widehat{y_i^{k-1}}=\sum_{j=1}^{k-1}\eta T_j(x_i)$ 为前 $k-1$ 个决策树的预测值。

算法 10：梯度提升树(GBDT)

输入：数据集 $D=\{(x_i,y_i)\}_{i=1}^N$，决策树数目 K，收缩常数 η。

输出：决策树的集合 $T_1,T_2,\cdots,T_K$。

1：重复以下步骤 K 次，对 $k=1,2,\cdots,K$：

1.1：　利用当前每个数据点的预测值和标签计算负梯度

$$g_i^k=-\frac{\partial l(\hat{y}_i^{k-1},y_i)}{\partial \hat{y}_i^{k-1}}$$

1.2：　将数据集 D 的标签 y_i 替换为 g_i^k，训练出决策树 T_k。

4.3.3 GBDT 中的防过拟合方法

与逻辑回归和神经网络(将在第 5 章中介绍)等方法一样，GBDT 的一个防过拟合的措施也是在损失函数中加入正则项。具体来说，在第 $n+1$ 轮的损失函数中，我们加入一项 $\Omega(T_{n+1})$来表示决策树 T_{n+1} 的复杂度。此时，损失函数变为

$$L(T_{n+1})=\sum_{i=1}^{N}\frac{1}{N}(G_n(x_i)+T_{n+1}(x_i)-y_i)^2+\Omega(T_{n+1})$$

$\Omega(T_{n+1})$有多种选择,其中一个常见的形式为

$$\Omega(T_{n+1})=\alpha\ |T_{n+1}|+\beta\sum_{j\in T_{n+1}}w_j^2+\gamma\sum_{j\in T_{n+1}}|w_j|$$

这里第一项表示 T_{n+1} 中叶子的数目(通过前面的讨论,我们知道过多的叶子数容易导致过拟合),第二项和第三项控制了每片叶子上预测值的大小,类似于第 3 章中岭回归和套索回归中的 L2 和 L1 正则。

在 4.1 节中已经提到,当决策树叶子上的样本数目过少时,很容易导致过拟合。因此,GBDT 通常会给每片叶子上的样本数目加一个下限。如果某一个分割会导致新的叶子节点上的数据量小于此阈值,则该分割将不被考虑。

GBDT 也可以采用随机森林中的样本采样(bootstrap)和特征采样方法,即每个决策树只使用随机选取的部分数据与部分特征进行训练。最后,4.3.2 节中提到的收缩也能起到防止过拟合的作用。它能减小每个单独决策树的作用,避免 GBDT 在迭代的前几轮过快地收敛到次优的结果。

4.3.4 GBDT 的高效开源实现

GBDT 是当前除深度神经网络外使用最广泛的机器学习模型之一。目前使用最广泛的 GBDT 的高效开源实现包括:XGBoost、LightGBM 和 CatBoost。其中 XGBoost 开源于 2015 年,首次利用了二阶导数信息进行更快速的迭代,并支持快速和分布式训练大规模数据。LightGBM 开源于 2017 年,相比于 XGBoost 更加注重速度和内存使用的优化,因此训练速度更快。CatBoost 开源于 2017 年,它修改了传统的提升(Boosting)过程进一步控制了过拟合。此外,CatBoost 还利用标签信息将离散型变量编码为数值型变量,并自动对多个特征进行组合得到新的交叉特征。因此在不进行额外特征工程的情况下,CatBoost 往往能取得相对准确的预测结果。

本章总结

本章介绍了决策树及基于决策树的两种集成学习算法:随机森林和梯度提升树。我们首先介绍了决策树的定义和单个决策树的训练算法。随后介绍了随机森林如何利用随机性在同一个训练集上训练出多个不同的决策树,并通过整合这些决策树的结果达到超过单个决策树的效果。最后介绍了梯度提升算法,通过拟合已有子模型的结果相对于数据标签的残差或负梯度来训练新的子模型,不断提升集成模型的总体效果,并介绍了基于决策树的梯度提升算法,即梯度提升树。

历史回顾

决策树是一个古老的模型,其历史可追溯到 Morgan 和 Sonquist 在 1963 年发表的论文[1]。在多年的发展过程中,决策树产生了许多变种,比较著名的包括 CART[2] (classification and regression trees)、ID3[3]、C4.5[4]等。本章介绍的算法是 CART 在回归问题下的情形。Wei-Yin Loh[5]对决策树几十年的发展历史做了详细的总结。随机森林最早由 Leo Breiman[6]在 2001 年提出,梯度提升则由 Jerome Harold Friedman[7]在 1999 年提出。陈天奇等人使用 2016 年开源的 XGBoost[8]在文献[7]的基础上总结出了使用二阶

导数信息的梯度提升算法，并提出了收缩和其他正则化方法，这些方法组成了目前 GBDT 算法的一般框架，并被后续的 LightGBM[9] 和 CatBoost[10] 继承。

参考文献

[1] Morgan J N, Sonquist J A. Problems in the analysis of survey data, and a proposal[J]. Journal of the American Statistical Association, 1963, 58(302): 415-434.

[2] Breiman L. Classification and Regression Trees[M]. Routledge&CRC Press, 2017.

[3] Quinlan J R. Induction of decision trees[J]. Machine Learning, 1986, 1(1):81-106.

[4] Quinlan J R. C4. 5: Programs for Machine Learning[M]. Elsevier, 2014.

[5] Loh W Y. Fifty years of classification and regression trees[J]. International Statistical Review, 2014, 82(3): 329-348.

[6] Breiman L. Random forests[J]. Machine Learning, 2001, 45(1): 5-32.

[7] Friedman J H. Greedy function approximation: a gradient boosting machine[J]. Annals of Statistics, 2001: 1189-1232.

[8] Chen T,Guestrin C. Xgboost: A scalable tree boosting system[C]. Proceedings of the 22nd ACM sigkdd International Conference on Knowledge Discovery and Data Mining. ACM, 2016: 785-794.

[9] Ke G, Meng Q, Finley T, et al. Lightgbm: A highly efficient gradient boosting decision tree[C]. Advances in Neural Information Processing Systems. 2017: 3146-3154.

[10] Prokhorenkova L, Gusev G, Vorobev A, et al. CatBoost: unbiased boosting with categorical features[C]. Advances in Neural Information Processing Systems. 2018: 6638-6648.

练 习 题

1. 继续完成 4.3.2 节中例子的训练，直到第三棵决策树训练完毕。

2. 对于一些机器学习模型(例如神经网络)，对特征进行归一化是必要的。对于本章提到的基于决策树的一系列算法，归一化是否会影响结果？

3. 一个有 k 层节点的完全二叉树，其叶子节点全部在第 k 层，且每个内点有两个叶子节点。请说明完全二叉树有 2^k-1 个节点，写出推导过程。

4. “在随机森林模型中，由于树都是随机建立的，后建立的树和之前建立的树完全没有任何关系。”请问这句话对么？为什么？

5. 在梯度提升模型中，收缩常数 η 决定了学习的速度，是一个重要的超参数。请描述如果把 η 设置得非常大或者非常小的后果分别是什么？

6. 每个决策树的最大规模、收缩常数 η 以及 boosting 的轮数是 GBDT 三个非常重要的超参数。对 GBDT 进行手动调参时，在计算资源有限的情况下，可以先固定好 η 以及 boosting 的轮数，然后调整出合适的决策树最大规模，再细调另外两个超参。为了节省计算资源，你认为开始时固定的 η 取值应该较大还是较小？

7. 在 GBDT 中使用样本采样时，当单个树使用的训练样本比例减少时，你认为为了达到相同的训练误差，所需要的 boosting 轮数应该如何变化？

8. 有五个决策树模型，它们的参数、训练和验证集误差如下表所示。请问你会选择哪个模型作为最终模型？为什么？

序号	深度	训练误差	验证集误差
1	2	100	110
2	4	90	105
3	6	50	100
4	8	45	105
5	10	30	150

9. 本章中展示算法使用的例子都是回归问题。现在考虑一个二分类问题的例子，使用的数据集如下。

数据编号	1	2	3	4	5
特征 1	0	1	1	2	2
特征 2	1	1	0	1	2
标签	0	1	1	0	0

以最小化分类错误率为目标，即

$$\frac{1}{N}\sum_{i=1}^{N} l(\hat{y}_l, y_i) = \frac{1}{N}\sum_{i=1}^{N} I(\hat{y}_l \neq y_i)$$

在二分类问题中，决策树叶子的输出为 0/1 类别值。请说明在最小化分类错误率时如何选取最优分割条件，并训练一棵决策树对以上数据进行分类(决策树可训练得足够大，直到分类错误率为 0)。

10. 通常决策树的中间节点都只涉及一个特征，但有时也可以用更多特征和更复杂的判断函数。例如可以用包含两个特征的线性函数(例如 0.3×特征 1−0.5×特征 2≤1)。针对练习题 9 的例子，训练一棵这样的决策树：要求你的决策树最多有三个叶子，并且分类错误率最小。(在有两个特征的情况下，可以把数据画在平面上。每个判断函数对应一条将平面分成两部分的直线)。

11. 在 4.3.2 节中，我们提到了一种 GBDT 的防过拟合手段，是在每一轮的损失函数中加入正则项

$$\Omega(T) = \alpha \mid T \mid + \beta\sum_{j\in T} w_j^2 + \gamma\sum_{j\in T} \mid w_j \mid$$

加入 $\Omega(T)$ 之后，每片叶子 j 对损失函数的贡献不仅仅是叶子上样本点的误差总和 $\sum_{i\in I_j} l(w_j, y_i)$。将 $\Omega(T)$ 中的各项拆分到每片叶子上之后，叶子 j 对损失函数的贡献变为

$$\sum_{i\in I_j} l(w_j, y_i) + \beta w_j^2 + \gamma \mid w_j \mid + \alpha$$

假设我们在处理回归问题，并且在训练 GBDT 中的第一棵树，则 4.1.3.2 节中分割条件的评估标准 $g(j, x_k, t)$ 也会因为正则项而发生改变。请重新写出此时叶子 j 上最优预测值 w_j^* 和 $g(j, x_k, t)$，并思考正则项对 w_j^* 产生的影响。

12. 在选取一个数值特征的最优分割条件时，我们遍历了每个可能的阈值。当数据量较大时，逐个考虑这些阈值来评估他们的分割增益需要很大的开销。为了减小这一部分开销，现有的 GBDT 实现都会只考虑一小部分阈值作为候选切分点，这样虽然不能找到精确的最优切分，但是往往足够训练出好的结果，有时候反而还能提高泛化性能。请考虑一个数值特征，其在训练集中的取值随机地分布在区间[0,1]中。为了保证找到的切分点与精确的最优切分点之间的距离不超过 ε，应该如何设置候选切分点？一次分割你的算法能比以前快多少倍？

第5章 神经网络

引言

在第3章中，我们学习了线性回归/线性分类算法。但线性函数只能表示线性关系，无法处理更加复杂的输入和输出之间的非线性关系。为了解决这个问题，人们做过各种各样的尝试。其中比较成功的是神经网络，它可以用来表示非常复杂的函数。神经网络的应用十分广泛，例如可以用来做人脸识别、下围棋(著名的AlphaGo就使用了神经网络)、机器翻译、自动驾驶，等等。可以预见，未来人们将会用它做越来越多的事情。

本章将先从深度线性网络谈起，理解为什么简单叠加多层线性网络对于函数表达能力毫无提升，因此需要在网络中加入非线性的元素，以得到更强的表达能力，激活函数就是神经网络中的非线性元素。神经网络的优化算法仍然是梯度下降法，相比线性模型，神经网络的导数计算更为复杂。具体来说，它采取的导数计算方法称为反向传播，其核心思想是通过多次使用求导的链式法则得到导数。

5.1 深度线性网络

深度线性网络是神经网络最简单的形式。所谓深度线性网络，就是将许多线性回归函数叠加到一起之后得到的函数。将前面使用的线性回归的权重 $\boldsymbol{w}\in R^d$ 记为一个矩阵$\boldsymbol{W}_1\in \boldsymbol{R}^{1\times d}$，普通的线性回归就可以写成 $f_{\boldsymbol{W}_1}(x)=\boldsymbol{W}_1 x$。进一步地，我们可以定义两层的线性网络，即$\boldsymbol{W}_1\in \boldsymbol{R}^{1\times d_1}$，$\boldsymbol{W}_2\in \boldsymbol{R}^{d_1\times d_2}$，$f_{\boldsymbol{W}_1,\boldsymbol{W}_2}(x)=\boldsymbol{W}_1\boldsymbol{W}_2 x$。图5.1给出了 $f_{\boldsymbol{W}_1,\boldsymbol{W}_2}(x)$的示意图。注意到，这里的 $d_1=4$，$d_2=3$，即输入为三维的向量，通过一个参数矩阵之后，得到一个四维的向量；然后再通过一个线性回归，得到最终的结果。其下方为第一层，使用一个 $1\times d_1$ 的向量；中间为第二层，使用一个 $d_1\times d_2$ 的矩阵。

沿着这个思路,可以定义 k 层的线性网络,分别有 $d_0=1,d_1,\cdots,d_k$ 以及参数矩阵 $\boldsymbol{W}_1,\boldsymbol{W}_2,\cdots,\boldsymbol{W}_k$,使得 $\boldsymbol{W}_i\in\boldsymbol{R}^{d_{i-1}\times d_i}$,并且 $f_{\boldsymbol{W}_1,\boldsymbol{W}_2,\cdots,\boldsymbol{W}_k}(x)=\prod_{i=1}^{k}\boldsymbol{W}_i x$。换言之,这是 k 个大小合适的矩阵连续作用在输入 x 上。虽然这个多层函数看起来非常复杂,但它的表达能力与普通的线性回归完全一样。这是因为矩阵满足结合律:假如定义 $\boldsymbol{W}=\prod_{i=1}^{k}\boldsymbol{W}_i\in\boldsymbol{R}^{1\times d_k}$,即所有参数矩阵连乘,那么可以得到 $f_{\boldsymbol{W}_1,\boldsymbol{W}_2,\cdots,\boldsymbol{W}_k}(x)=\prod_{i=1}^{k}\boldsymbol{W}_i x=\boldsymbol{W}x=f_{\boldsymbol{W}}(x)$。因此 k 层的线性网络退化成了普通的线性回归。

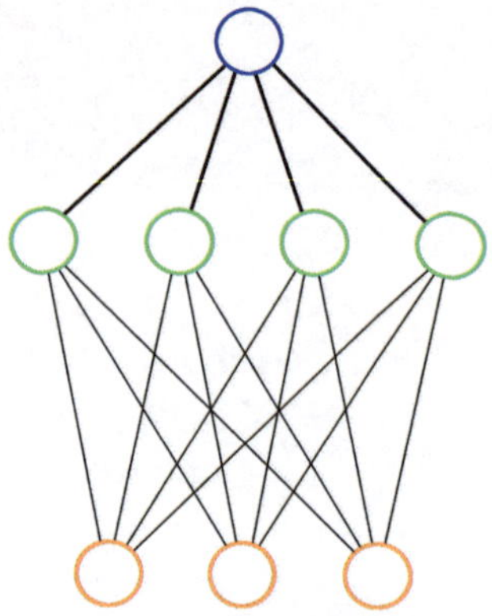

图 5.1　2 层线性网络

从这个例子可以看出,我们无法通过单纯叠加网络的层数得到一个比线性回归更加复杂的模型。我们还需在网络中增加非线性元素,否则新模型除了增加运算量之外与线性函数并无二致。

5.2　非线性神经网络

最常用的激活函数叫做 ReLU(rectified linear units)函数。如图 5.2 所示,它的形式非常简单。ReLU 函数的输入是一个实数。如果该实数大于等于 0,则输出为该实数;否则,输出为 0。换言之,ReLU 函数将所有的负数变成 0,非负数保持不变。很明显,这个函数不是线性函数,因为无法用一条直线表示该函数。通过将这样的非线性元素引入到神经网络的线性层中,能有效地避免多个线性层无意义叠加。

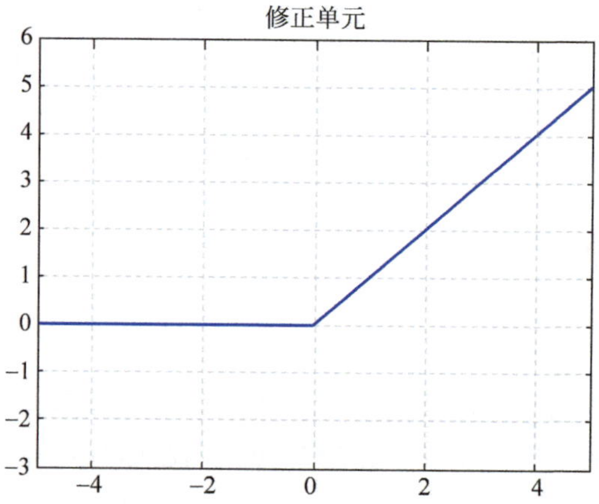

图 5.2　ReLU 函数示意图

图 5.3 给出一个引入 ReLU 函数后的神经网络的例子,即在每个线性层之后,对输出进行一个非线性的操作。

图 5.3 中附上了数值的计算。例如,如果第一层得到的结果是(1,2,−4,−1),那么通过 ReLU 层之后,可以得到(1,2,0,0),即把其中的负数部分清零。图 5.3 中的网络结构是

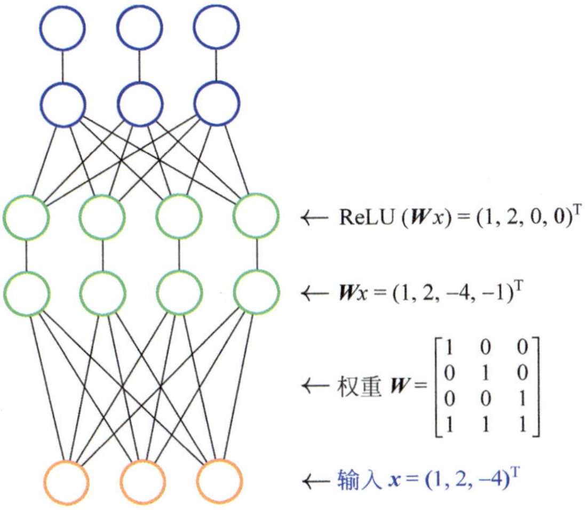

图 5.3 非线性网络示意图(右边是数值的例子)

最简单的非线性神经网络,这样的网络称为全连接网络。

除了 ReLU 函数,还可以使用其他的激活函数。例如第 3 章中介绍的 sigmoid 函数 $S(x)=\dfrac{1}{1+e^{-x}}=\dfrac{e^{x}}{e^{x}+1}$,这个函数保证了最后得到的结果一定在[0,1]范围内。Sigmoid 函数也能提供足够的非线性元素,让神经网络拥有强大的表达能力。事实上,早在 20 世纪 90 年代,人们就证明了足够宽的两层神经网络可以用以近似任何连续函数。不过,利用 sigmoid 函数在计算导数的时候,容易出现离 0 点越远,导数越小的问题,因而影响神经网络的优化。因此,在很多实际应用中,人们会优先选择 ReLU 函数等其他激活函数。常用的其他激活函数还包括 leaky-ReLU 函数、tanh 函数等,如图 5.4 所示。

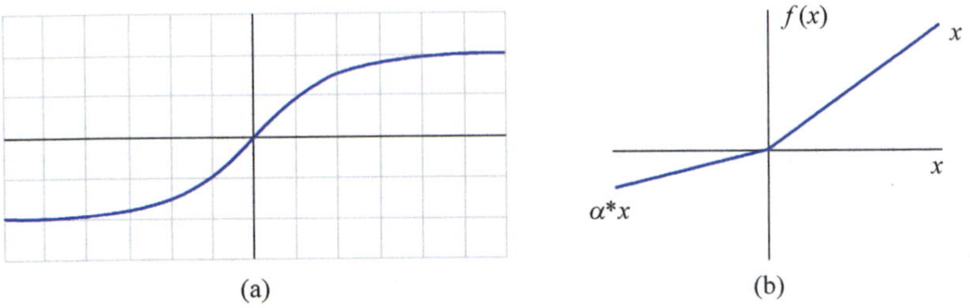

图 5.4 tanh 函数(a)与 leaky-ReLU 函数(b)

5.3 反向传播计算导数

在 5.2 节中,介绍了神经网络的基本组成,本节将会说明如何使用梯度下降法对神经网络参数进行优化。

在梯度下降法中,需要计算损失函数对神经网络参数的导数,然后使用这个导数对参数进行迭代优化。在计算导数的过程中,需要采用链式法则。简单来说,一个复合函数

$f_1(f_2(f_3(x)))$的导数，可以写成$\nabla f_1 \cdot \nabla f_2 \cdot \nabla f_3$ 的形式。下面通过一个例子来说明如何计算导数。

假设损失函数是平方函数，即 $L=\frac{1}{2}(f(x;w)-y)^2$。其中 w 表示 f 所有的参数，x 表示输入，y 表示正确的输出，$f(x;w)$表示参数为 w 的神经网络针对输入 x 的输出。那么，可以得到损失函数针对$\partial f(x;w)$的导数为$\frac{\partial L}{\partial f(x;w)}=f(x;w)-y$。但仅仅得到这个导数是不够的，我们需要得到 L 关于不同参数 w 的导数。考虑到神经网络的层级结构，下面用 $x_i^{(j)}$ 代表神经网络第 j 层的第 i 个输出。注意到 $f(x;w)$是神经网络最后一层的唯一一个输出，而且我们已经计算出了损失函数对于该层输出的导数$\frac{\partial L}{\partial f(x;w)}$。

假设已经计算出$\frac{\partial L}{\partial x_i^{(l+1)}}$，即损失函数关于第 $l+1$ 层输出的导数，则可以通过图 5.5 所示的反向传播算法计算损失函数关于第 l 层输出的导数$\frac{\partial L}{\partial x_i^l}$。

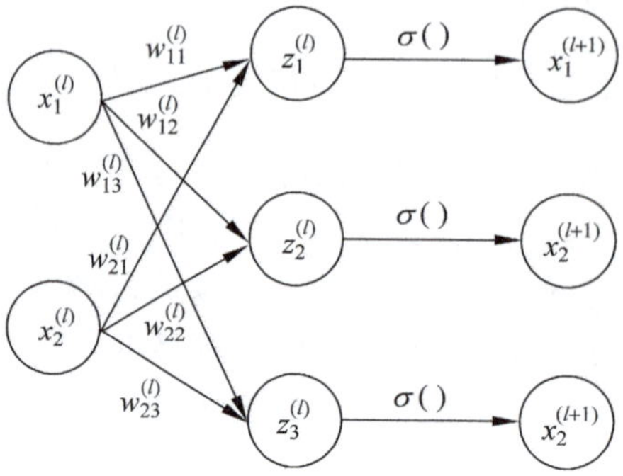

图 5.5 反向传播算法

记 $z_i^{(l)}$ 为没有通过第 l 层激活函数的结果，并首先计算$\frac{\partial L}{\partial z_i^{(l)}}=\frac{\partial L}{\partial x_i^{(l+1)}}\frac{\partial x_i^{(l+1)}}{\partial z_i^{(l)}}$。根据链式法则，它可以被拆分成两项的乘积，即$\frac{\partial L}{\partial x_i^{(l+1)}}\frac{\partial x_i^{(l+1)}}{\partial z_i^{(l)}}$。其中，第一项是已经得到的导数，而第二项是关于激活函数的导数。以 Relu 激活函数为例，它的导数形式十分简洁，如果 $z_i^{(l)}\geqslant 0$，那么导数就等于 1，否则就是 0。将两项得到的结果相乘，便可得到$\frac{\partial L}{\partial z_i^{(l)}}$。接下来，再次使用链式法则，得到$\frac{\partial L}{\partial x_i^{(l)}}=\sum_k \frac{\partial L}{\partial z_k^{(l)}}\frac{\partial z_k^{(l)}}{\partial x_i^{(l)}}$。其中，由于 $z_k^{(l)}=\sum_t w_{tk}^{(l)}x_t^{(l)}$，因此有$\frac{\partial z_k^{(l)}}{\partial x_i^{(l)}}=w_{ik}$。通过这样的方式，便可计算得到$\frac{\partial L}{\partial x_i^{(l)}}$，即损失函数对于第 l 层输出的导数。我们可以重复这个步骤继续向前传播，直到第 1 层(输入层)，便可得到$\frac{\partial L}{\partial x}$。

在向前传播的过程中，还可以使用链式法则计算出损失函数针对参数 w 的导数。仍然以图 5.5 为例，我们可计算得到$\frac{\partial L}{\partial w_{ij}^{(l)}}=\frac{\partial L}{\partial z_j^{(l)}}\frac{\partial z_j^{(l)}}{\partial w_{ij}^{(l)}}$。这里，$\frac{\partial z_j^{(l)}}{\partial w_{ij}^{(l)}}$表示 $z_j^{(l)}$ 对于 $w_{ij}^{(l)}$ 的导数，由于 $z_j^{(l)}=\sum_k w_{kj}^{(l)}x_k^{(l)}$，其值等于 $x_i^{(l)}$。

上述导数的计算是从后向前逐层计算的，所以这个算法称为反向传播。目前，反向传播在主流的神经网络平台中都已经可以自动化实现，因此不需要用户手动实现。

下面来看一个反向传播的具体例子。网络的具体参数如图 5.6 所示。

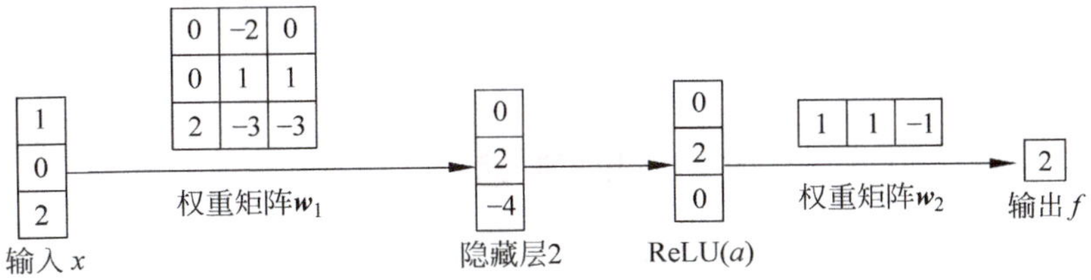

图 5.6 反向传播举例

针对这个例子，如何计算下面的导数$\frac{\partial f}{\partial \boldsymbol{W}_2}$和$\frac{\partial f}{\partial \boldsymbol{W}_1}$呢？

根据之前介绍的反向传播算法，可以得到如下的结果：

$$\frac{\partial f}{\partial \boldsymbol{W}_2}=a^{\mathrm{T}}=(0,2,0)$$

同理，

$$\frac{\partial f}{\partial \boldsymbol{W}_1}=\frac{\partial f}{\partial z}\frac{\partial z}{\partial \boldsymbol{W}_1}=\begin{pmatrix}0&0&0\\1&0&2\\0&0&0\end{pmatrix}$$

为了求得 f 关于 $\boldsymbol{W}_1$ 的导数，我们使用链式法则，先计算$\frac{\partial f}{\partial z}=(0,1,0)^{\mathrm{T}}$，然后计算$\frac{\partial z}{\partial \boldsymbol{W}_1}=(1,0,2)$。这两个向量相乘就可以得到矩阵$\begin{pmatrix}0&0&0\\1&0&2\\0&0&0\end{pmatrix}$。为什么是这样的结果呢？$\frac{\partial f}{\partial z}=(0,1,0)^{\mathrm{T}}$ 比较好理解，因为我们知道把 a 和 $\boldsymbol{W}_2$ 两个向量相乘得到 f，即 $\boldsymbol{W}_2a=f$，所以$\frac{\partial f}{\partial a}$是 $\boldsymbol{W}_2^{\mathrm{T}}=(1,1,-1)^{\mathrm{T}}$。而$\frac{\partial f}{\partial z}=\frac{\partial f}{\partial a}\frac{\partial a}{\partial z}=(1,1,-1)^{\mathrm{T}}*(0,1,0)$，这里的乘号表示按位相乘，而不是向量的内积，所以我们可以得到$(0,1,0)^{\mathrm{T}}$。而 $z=\boldsymbol{W}_1x$，所以$\frac{\partial z}{\partial \boldsymbol{W}_1}=(1,0,2)$，表示在神经网络计算过程中，矩阵中的每一行需要作出什么样的改变，才能够最大限度地影响 z 的取值。把两个向量相乘，得到最后的矩阵。

本章总结

本章从线性网络谈起，说明需要使用激活函数来定义非线性网络。然后，介绍了常用的激活函数，包括 ReLU 函数与 sigmoid 函数等。最后，介绍了反向传播算法，其用于在优化神经网络的过程中计算导数。

历史回顾

神经网络的名称早在 1943 年就被 Warren McCulloch 与 Walter Pitts 提出。但早期的神经网络与现在的很不一样,优化也非常困难。反向传播算法大大改进了神经网络的优化,它是 David Rumelhart 等人在 1986 年提出来的。George Cybenko 在 1989 年证明足够宽的使用 sigmoid 激活函数的两层神经网络可以用以近似任何连续函数。Yann Lecun 等人于 1989 年提出使用反向传播算法与卷积网络学习手写字符,这一方法成为了现代计算机视觉的基本方法。

练习题

1. 现有一神经网络,可根据一位同学的三个特征指标来判断该同学的心理健康程度。若已知网络结构如下。

输入层参数:特征 1,特征 2,特征 3

第一层(线性层)参数:$\boldsymbol{W}_1=\begin{pmatrix}3 & 2 & 0\\1 & 4 & 2\\0 & 2 & -5\end{pmatrix}$

第二层(线性层)参数:$\boldsymbol{W}_2=\begin{pmatrix}1\\-0.5\\2\end{pmatrix}$

小明同学的三个特征指标为 $\boldsymbol{X}=\begin{pmatrix}7\\5\\6\end{pmatrix}$,请计算小明的心理健康程度。

2. 如果习题 1 中,在第一层与第二层计算后附加了 ReLU 激活函数,结果会是怎样的?

3. 小明听说学校人工智能社训练了一个浅层神经网络,通过输入(体重,本月饮食消费,性别)三个特征,就可以预测长胖的概率。

非常具有钻研精神的小明既想看看这个网络的准确性,也因为自己这个月吃了太多而不好意思公开测试,就向该社团团员要来了神经网络的结构和参数,如下。

输入层:体重(kg),本月消费(元),性别(男、女分别用 0 和 1 表示)

第一层参数:$\boldsymbol{W}_1=\begin{pmatrix}4 & 7 & 1\\2 & 5 & 9\\3 & 8 & 6\end{pmatrix}$

第二层参数:$\boldsymbol{W}_2=\begin{pmatrix}0\\-0.0001\\0.0002\end{pmatrix}$

第二层之后的激活函数:sigmoid 函数,即$\dfrac{1}{1-\mathrm{e}^{-x}}$

其中第一层和第二层之间无激活函数。

已知小明体重为 70 kg,本月饮食消费为 2000 元,性别男(即为 0)。让我们来帮小明算一算他会不会变胖吧！

注：公式为 $\mathrm{sigmoid}(\boldsymbol{W}_2^{\mathrm{T}}(\boldsymbol{W}_1^{\mathrm{T}}\boldsymbol{X}))$，$\boldsymbol{X}=\begin{pmatrix}70\\2000\\0\end{pmatrix}$。

4. 请从优化的角度谈谈，为什么在实际应用中，人们会优先选择 ReLU 函数作为激活函数，而不是 sigmoid 函数？

5. 考虑一个已经训练好的神经网络 f，一个图片 x，该图的类别为 y。通过优化以下式子来得到一个 δ

$$\max_{\delta} l(f(x+\delta),y)$$

注意，我们限制 δ 的取值在一个很小的范围，使得图片 $x+\delta$ 与图片 x 在视觉上相差无几，几乎一样。我们不妨定义 $x'=x+\delta$。

这种精心构造的 x'，与 x 十分相像，但是 f 却认为 x' 的 label 不应当是 y，如果认为 x' 的 label 是 y，损失函数很大。你是否认为存在这种精心构造能破坏神经网络准确度的 x' 是神经网络的弊端？谈谈你的理解。

6. 判断题

深度线性网络在表达能力上强于一个线性回归模型。

7. 请简述在什么情况下神经网络会退化成 logistic 回归。

第6章 计算机视觉

引言

视觉是人类智能的一个重要组成部分。我们通过视觉系统可以实时、精确地获取大量的信息。一个人工智能系统也需要具备视觉感知的能力。对于人类而言,视觉仿佛是天生的:从记事开始,我们好像就可以轻易地通过视觉感知周围的世界。但对机器而言,这样的任务是难以完成的。在过去几十年的研究过程中,人们发明了许多方法让计算机去理解图像。在2012年,Alex Krizhevsky提出了一种多层的卷积神经网络,在图像识别任务上取得了长足的进步,后来人们常常将其称为AlexNet。这是深度学习中一个里程碑式的成果。而后,人们不断改进深度学习模型,并且将其用于更广泛的应用中,也在许多任务上取得了很好的效果,例如物体检测、图像分割等。当中很多方法现在已经达到可以广泛实际应用的程度,这也是为什么我们在生活中见到越来越多的计算机视觉应用。

在本章中,将介绍计算机视觉的一些基础知识。首先宏观地介绍什么是计算机视觉,并且列举一些重要的计算机视觉任务。接下来,介绍模拟图像、数字图像的概念,以及图像的获取。我们还将介绍图像的线性滤波,也称为卷积,它是图像处理之中贯穿许多算法的一个核心概念。然后以边缘检测为例,介绍一个具体的图像处理应用。最后,介绍卷积神经网络,它也是深度学习的重要基础知识之一。本章旨在介绍计算机视觉中最基础的概念,同时简述一些重要的计算机视觉任务的定义,供感兴趣的同学自行探索。

6.1 什么是计算机视觉

机器视觉是一个研究如何让计算机理解图像与视频中高层次语义信息的学科。具体来讲,计算机视觉是从现实世界的图像信息中提取数字式或符号式的信息,例如用自然语言表达图像中包含什么样的物体,或是从视频信息中输出自动驾驶的决策。

在进一步介绍计算机视觉之前,我们先来理解一下图像是怎么形成的。

图像是光线与物理世界中的物体作用之后的平面投影。

光线在物理世界中传播的过程中，会与物体产生镜面反射、漫反射、折射等复杂的相互作用。在三维空间中的某个观察点，人眼或者照相机可以将这些光线通过投影显示在一个二维平面上并记录下来，这个记录也就是我们常说的图像。

在上述过程中，我们将图像形成的过程叫做前向模型(forward model)。前向模型包括的内容非常广泛，从刚体的运动，如物体坠落，到人类多关节的行为，如行走和奔跑，再到非牛顿流体的运动，如蜂蜜的流动等。在这些包罗万象的物理过程中，光线将每一个时刻的状态通过光与场景中物体的相互作用通过图像记录下来。所以图像形成的整个过程包括两个相对独立的步骤：一个是场景中物体之间通过物理规律的交互，另一个是光与场景中物体的相互作用。

人类视觉和计算机视觉都是求解这个前向模型的逆：从一个二维的图像观测中，去还原物理世界中物体的位置、运动、相互作用和对应的场景语义信息。以图 6.1 为例，人类可以很轻松地理解这幅图像的内容：图中有一些游客，在沿着一个森林中的小径前行；他们或许是看到了一些有趣的景色，纷纷不约而同地拿起了手机朝着左侧拍照；这些人分成了若干组，离我们最近的两个人仿佛是同伴，再往前有一个背着登山包的家庭带着三个小孩；他们左侧的一位女士靠在栏杆上，仿佛是在等人。在这里，我们识别出了图片中的物体：多个游客、树木和栏杆。我们也仅仅通过一张图片，就能判断出图中人物运动的方式。最后，我们还可以在语义层面上知道他们在这个场景中的行为，猜测出图片外有一些有趣的东西。

图 6.1　从二维图像中理解物理世界

在这个图像理解的过程中，我们尝试用二维的信息去还原三维的场景。我们知道图像是二维的，它包含的信息要少于原有的三维世界，因为前向模型是一个有信息损失的过程，例如物体的三维结构就不直接呈现在二维图像中。这导致了图像理解是需要先验知识的，因为如果没有先验知识，理解一个图像就会有大量的歧义。这好比求解一个带有 100 个变量但却只有 10 个约束条件的线性方程组，我们会得到许多满足条件的解。

我们已经知道了图像理解的输入是一幅图像，但什么是一个图像理解算法的输出呢?对于人类来讲，视觉系统的输出是我们与世界的交互。比如我们看到一个杯子因此拿起了它，或者看到门口有一个障碍物因此绕过它并开门走出去，或者看到一个朋友之后开始与她/他说话。然而，人类这样的反应不仅仅是视觉理解，还包括动作(拿杯子)、语言(与朋友讲话)等一系列因视觉理解而发生的其他行为。一个详尽的视觉理解输出可能包括非常多的信息:整个场景的三维信息、在三维场景中哪些部分构成一个物体、每个物体是何种物体、可以被如何操作、可以用于哪些用途,物体之间的关系是什么,等等。上述每个部分可能都是非常复杂的,比如描述一个物体可以被如何操作,便包含许多信息。

因此,为了准确描述视觉识别算法的输出,人们定义了许多更为具体的视觉识别任务,如图 6.2 所示。

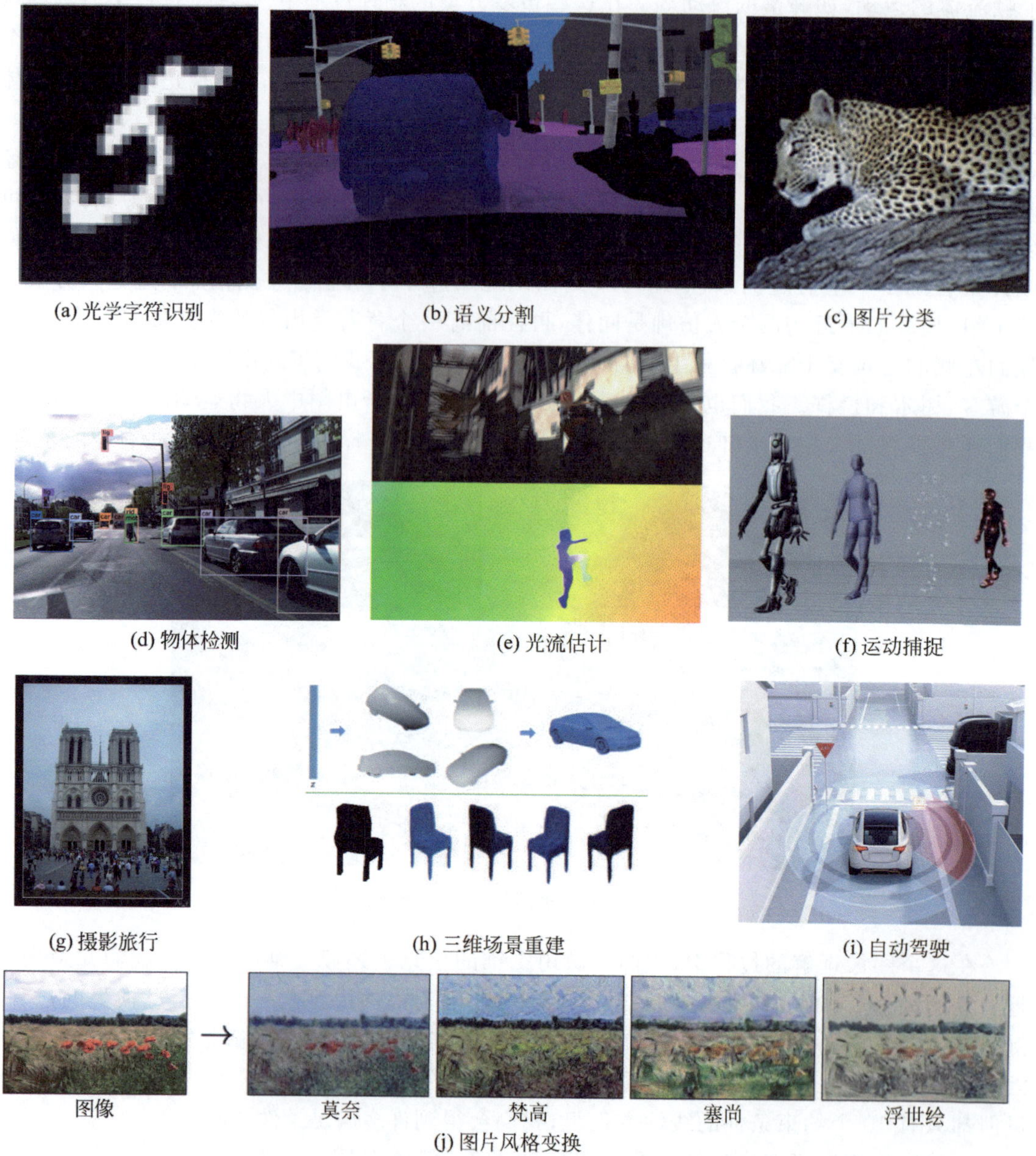

图 6.2　计算机视觉任务

(a) 光学字符识别(optical character recognition, OCR):从图片中识别字符,包括但不限于数字、英文字符、汉字等。

(b) 语义分割 (semantic segmentation)：将图片中每个像素对应的物体标注出来，在右边输出图像中，不同类别对应于不同的颜色。在此例子中，用蓝色代表天空，用深紫色代表车辆，等等。

(c) 图片分类 (object classification)：识别图片中的主体物体。在此例子中，图片中有一匹豹(leopard)。图像分类算法也给出了其他可能的类别，如美洲虎(Jaguar)。

(d) 物体检测(object detection)：识别图片中每个物体，并用长方形框起来。在这幅图中，算法框出交通信号灯和车辆。

(e) 光流估计(optical flow)：通过两帧时间上相邻的图片，估计图像中物体的运动。在这幅图中，上半部分是两张图片的叠加，可以看见一些因为人物移动而产生的重影；下半张图是光流估计算法所估计出来的每个像素的移动方式。不同颜色代表了不同的移动方向。

(f) 运动捕捉(motion capture, MOCAP)：通过在人身上安装传感器等方式，捕捉人的行为，并通过计算机生成虚拟形象对应的动作。

(g) 摄影旅行(photo toursim)：通过一个旅游景点不同角度拍摄的大量照片，三维重建该场景，并在该场景中自由地穿梭。

(h) 三维场景重建 (3D scene reconstruction)：通过照片或者深度相机等传感器，重建场景的三维模型。

(i) 自动驾驶(autonomous driving)：通过大量传感器，如激光雷达、照相机、毫米波雷达、超声波雷达等感知周围场景，并自动地在城市、高速公路上行驶。

(j) 图片风格变换(image stylization)：将一幅图片的风格进行转换。例如图中将照片分别变成莫奈、梵高、塞尚、浮世绘风格的画作。

在本章中，主要介绍计算机视觉中比较基础的概念和方法，例如小孔相机模型、线性滤波、卷积神经网络等。对其他相关应用感兴趣的同学可以参考相应的文献。

6.2 图像的形成

6.2.1 小孔相机模型

我们在生活中随处可以看见二维的平面图像，然而，现实世界是三维的。为了更好地理解计算机视觉算法面临的挑战，我们在本节中介绍三维世界如何映射为二维图像。我们用“相机模型”指代二维图像形成的过程。

这里介绍一个简化的相机模型——小孔相机模型(pinhole camera model)。图6.3展示了小孔相机模型：一支蜡烛通过一个小孔成像。从蜡烛不同部分发射出来的光线射到小孔的部分，通过小孔投影在底片上，形成了一个左右相反，上下颠倒的影像。小孔相机模型是一个理想的模型，小孔是一个无限小的孔洞，物体上每个点发出的所有光线中，只有一条光线可以通过小孔，并且在底片上成像。

这时，建立一个以小孔为原点，垂直相机平面为 Z 轴的三维坐标系，如图6.4所示。那么对于三维空间任何一点 (X,Y,Z)，它投影到相机成像平面的坐标都可以通过相似三角形的知识计算出来：

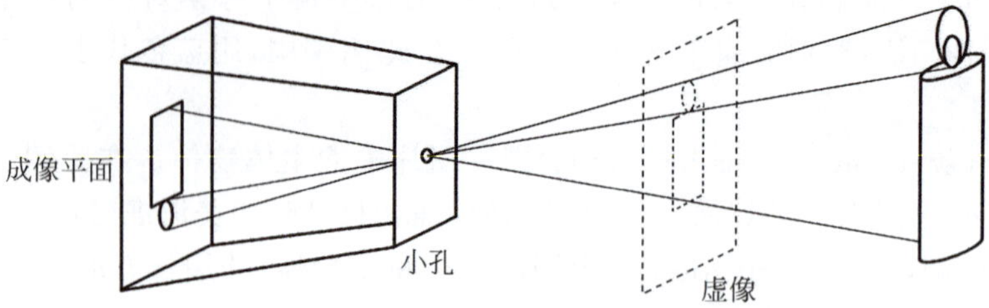

图 6.3　小孔相机模型

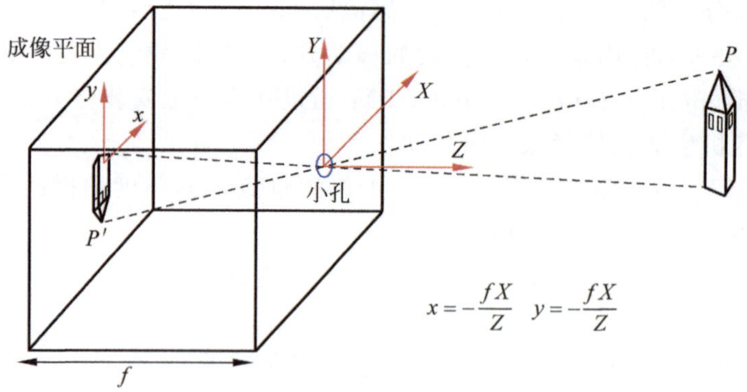

图 6.4　小孔相机成像坐标变换

$$x=-f\,\frac{X}{Z}$$

$$y=-f\,\frac{Y}{Z}$$

其中 f 是小孔到成像平面的距离，也被称为焦距；(x,y)是该三维空间点对应的二维成像平面点坐标。

小孔相机模型可以用来近似人眼和相机系统。开普勒在 1604 年第一次注意到小孔相机模型的成像是上下颠倒、左右互换的。在实际中的相机和人眼的成像并不是这样的，因为相机和人眼会自动地把图片纠正回来。因此，为了方便起见，我们引入了虚拟成像面的概念，其原理如下：想象小孔前面有一个与底片相对的小孔对称的成像平面，在图中用虚线表示(见图 6.3)，光线射过该平面所成的像就是虚拟成像面上的虚拟成像。注意到，在实际中物体与小孔的距离可以小于焦距 f，这时候虚拟成像就是小孔和物体上发光点连线的延长线与虚拟成像面的交点。在虚拟成像面中，物体不再上下颠倒和左右互换。

在现实中，也可以根据小孔成像原理制作一个简易相机。

6.2.2　数字图像

在传统的胶片相机中，底片通常是一片涂满光敏材料的基片，如溴化银。根据光照强度的不同，溴化银被不同程度地分解为银和溴。被曝光过后的底片再经过显影的过程就可以输出为肉眼可见的照片。现代相机大多是数码相机，其原理与传统的胶片相机类似，不过底片从化学的光敏材料被替换为电子感光元件，这些感光元件可以将光子转化为电子。常用的感光元件包括光感应式的电荷耦合器件(CCD)和互补金属氧化物半导体(CMOS)。

图 6.5 展示了数码相机成像的过程。首先底片被划分为若干小格子,每一个格子有一个透镜,将该位置的光转化为平行光;平行光通过一个红、蓝、绿交替排列的二维滤波器,射到最下层的光感原件,将光强度转化为电信号输出;最后,每个格子中的光强会被照相机中的闪存记录下来。这种记录的方式称为相片的 RAW 格式,即原始格式,它完整地记录了感光元件的输出,是一种无损的格式。但由于每个相机滤波器的排布可能不同,并且输出光强度的范围也可能不同,并且 RAW 格式一般数据量比较大,导致在日常使用中 RAW 格式不是特别方便。因此,大多数相机会默认将 RAW 格式转化为一种与设备无关的压缩图片格式输出,例如 JPEG 格式。

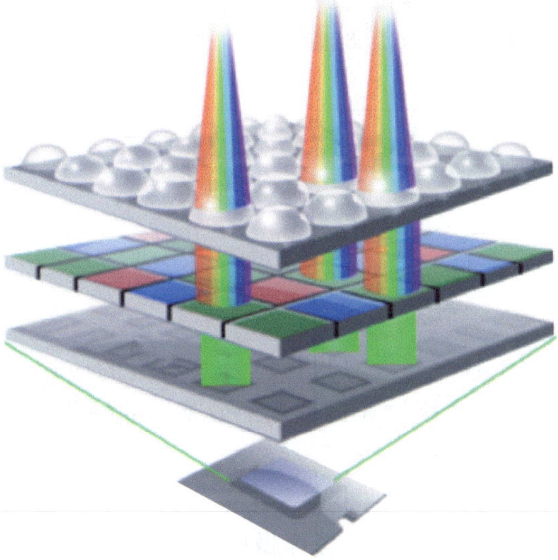

图 6.5 数码相机成像过程

上面讲述了成像的物理过程。从算法角度来讲,数码相机的成像过程包含两个离散化的过程:空间离散化和光强离散化。在物体成像过程中,我们提到感光元件将成像平面划分为许多小格子,这些小格子就是对空间的离散化(见图 6.6)。我们生活中常常听到的 4 K 视频就是指视频每一帧对空间的划分粒度。例如 4 K 指的是每一帧有 3840×2160 个像素,其中 3840 为宽度的像素数目,2160 为高度的像素数目。

在进行了空间的离散化之后,每一个格子会记录一个光强的值,这个值一般是一个连续的量。但由于计算机只能记录离散的值,因此需要将光强的值离散化。在大多数图片中,每个像素都被分成红(R)、绿(G)、蓝(B)三个颜色分量,每个分量的光强值用 0～255 之间的一个整数描述,其数值越大代表光强越大。例如 RGB=(0,0,0)代表黑色,(255, 255, 255)代表白色,(255, 0, 0)代表纯红色。在这种表示下的颜色空间一共有 $256^3=16\ 777\ 216$ 种可能的颜色。在计算机中,一般用一个三维 8 bit 无符号整型数组表示一张图片,这个三维数组的大小是 $H\times W\times 3$,其中 H 和 W 分别表示图片的高度和宽度的像素数目,3 代表了 RGB 三个颜色分量。

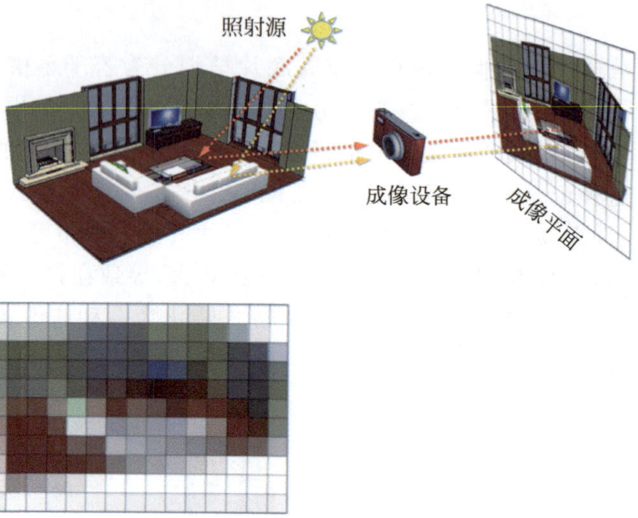

图 6.6　数码相机感光过程

6.3　线性滤波器

在本章开始，我们介绍了什么是计算机视觉及其典型的应用。那么计算机到底是如何完成这些任务的呢？本节将会介绍计算机视觉中最基本的操作之一——线性滤波器。让我们以一个故事开始吧！

小黄人凯文(见图 6.7)长得和其他小黄人几乎一模一样。如果我们想在一个充满小黄人的舞台上(见图 6.8)找到凯文，人类会怎样做呢？人类会拿着凯文的照片从图像一角开始把一个个小黄人去比对，直到找到凯文为止。但是因为图片中有太多小黄人了，这样的工作很枯燥。我们可以设计一个计算机程序来帮我们做这件事情。计算机的做法是类似的：设置一个滑动窗口并依次将其中的图像与要找的凯文图像作比较。这种操作称为滑动窗口模板匹配(sliding window template matching)。这种通过滑动窗口在图像局部做运算的方法在计算机视觉中十分常见，称为滑动窗口滤波(sliding window filtering)。这里滤波是一个信号处理的术语，其本意是移除信号中不想要的部分。在计算机视觉领域中，滤波是一个广义的概念，许多非信息移除的操作也统称为滤波。我们一般会将所有窗口滤波的结果拼接成一个图片，即滑动窗口的输出是一张图片。在接下来的介绍中，将会看到在寻找凯文的例子中，滑动窗口滤波的结果图中每一个点代表原图对应窗口图片与凯文匹配的程度。

图 6.7　小黄人凯文
(Kevin the Minion)

如果在滑动窗口滤波中的计算是一个关于图像线性的操作，则称为线性滤波。线性滤波是图像处理中最基本、用途最广的方法。非线性滤波可以对图像进行更加复杂的操作，也

图 6.8 小黄人们

https://www.geograph.org.uk/photo/3666790

可以在很多任务上获得比线性滤波更好的效果。为了简明起见，本节主要介绍各种线性滤波的方法。

线性滤波器可以用一个尺寸较小的图片来表示。如图 6.9 所示，假设可以用一个大小为 5×5 的图片来表示线性滤波器 F。

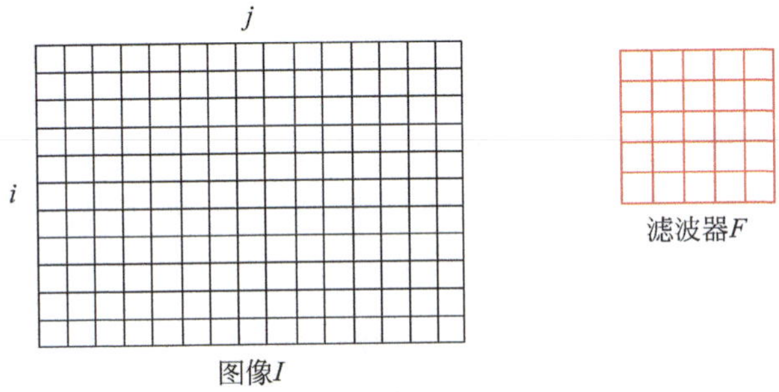

图 6.9 线性滤波器的输入

给定一个输入图像 I（为方便起见，假设该图片为灰度图，即每一个像素只用一个数值代表黑白深浅，而不像一般图像那样用三个数值代表红、绿、蓝三个颜色的强弱。灰度图可以用一个 $H\times W$ 的二维数组表示）和对应的滤波器 F。线性滤波器 F 作用于图片 I 是一个滑动窗口并取向量点积的过程。下面以图 6.10 为例来说明。将滤波器 F 与输入图像中的目标位置一一对齐；然后计算输入图像中对应的 25 个元素与滤波器 25 个元素对应的向量点积，即 $\sum_{i=1}^{25} x_i y_i$，其中 x_i 为输入图像的值，y_i 为滤波器的值；最后将该点积写到输出图像中的对应位置，就完成了滤波的计算。

图中颜色代表输入图像当前窗口和滤波器值的对应关系公式[线性滤波]：

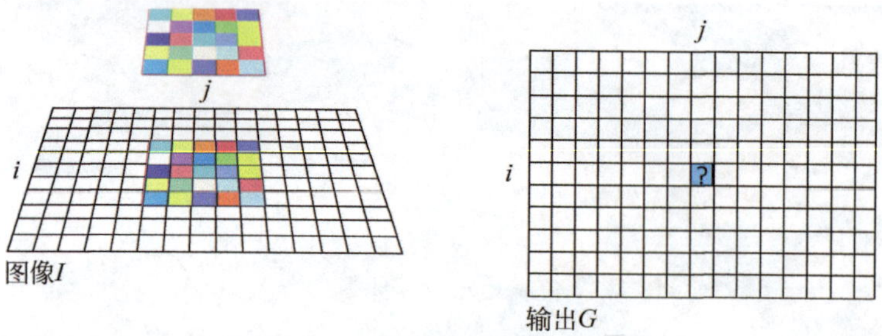

图 6.10 线性滤波的过程

$$G(i,j)=\sum_{u=-k}^{k}\sum_{v=-k}^{k}F(u,v)\cdot I(i+u,j+v)$$

在上面的例子中,边界可以采用填充的方法进行处理。具体来说,在上述流程中,为了计算向量的点积,滤波器对应的原图不能超出原图的边界,因此输出的图像会比原有输入图像要小。但在有些情况下,我们希望输出图像和原图一样大或者尽可能大,以尽量保留原图的信息。为此,可在图像的外界补充一圈 0 元素,这样可以允许在滤波计算的过程中,一部分滤波器不对应于原图。图 6.11 展示了三种填充 0 的方法:①完整填充(full padding):填充最多的 0,使滤波器在与原图计算的过程中覆盖尽量大的范围,同时计算过程中滤波器至少对应一个原图像的元素;②保持图像大小填充(same padding):使得滤波的输出和原图具有相同的大小;③合法填充(valid padding):不填充任何 0,使得滤波器的计算过程中仅与原图的元素计算。举例来说,假设原图的大小是 10×10,滤波器的大小是 3×3,那么完整填充会在图像四个边缘的每一个边界上填充宽度为 2 的 0 元素。使用完整填充会使得最终参与卷积运算图的大小为 14×14,结果的图像大小则为 12×12。保持图像大小填充则会在原始图像每一个边界填充宽度为 1 的 0,这样填充后的图像大小为 12×12,结果图像的大小为 10×10,和原有图像一致。合法填充则不填充任何元素,参与运算的图像就是 10×10 的大小,结果图像的大小为 8×8。

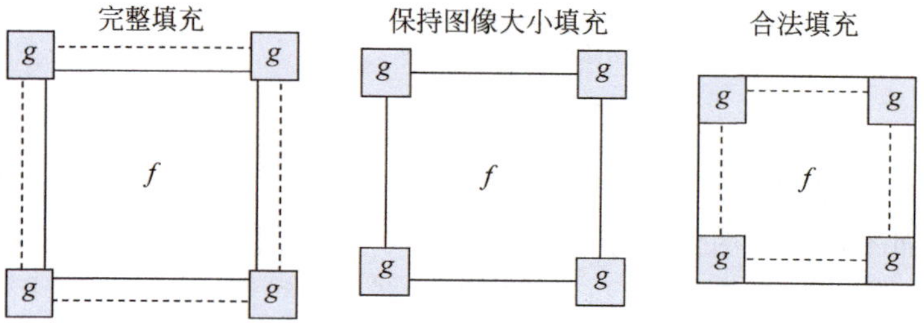

图 6.11 三种图像填充方法(虚线表示输出图像的大小)

在上面的介绍中,滤波器 F 可以根据需要选为不同的 5×5 的矩阵。那么,不同的滤波器 F 对应什么样的图片操作呢?下面通过几个例子来说明。

第一个例子是 $\boldsymbol{F}=\begin{bmatrix}0&0&0\\0&1&0\\0&0&0\end{bmatrix}$。如果将此滤波器应用到图 6.12 中的一只浣熊的眼睛

上，那么输出的图像就和输入的图像一模一样，因为如果将上述的线性滤波公式展开，会发现输出和输入完全相同。因为内积的结果等于该滤波器覆盖的图片中心位置的值。

现在考虑 $\boldsymbol{F}=\begin{bmatrix}0 & 0 & 0\\0 & 0 & 1\\0 & 0 & 0\end{bmatrix}$。因为每次内积的结果等于该滤波器覆盖的图片右边位置的值，这个滤波器会将图像整体向左移动一格。图 6.13 给出了这个滤波器产生的效果，其中最右面一列是因为补零而产生的一列黑条。

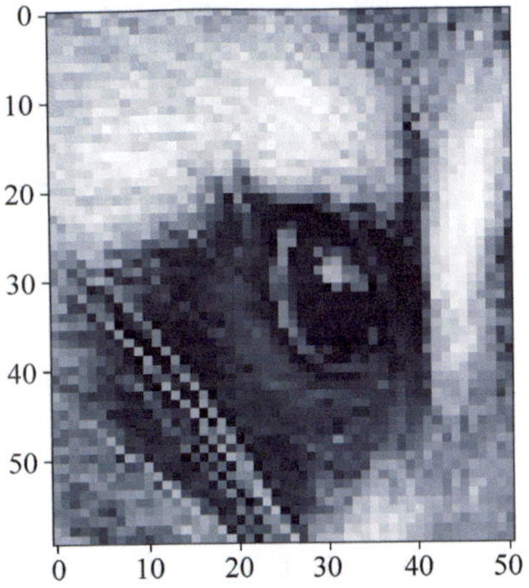

图 6.12　输出图像与输入图像相同

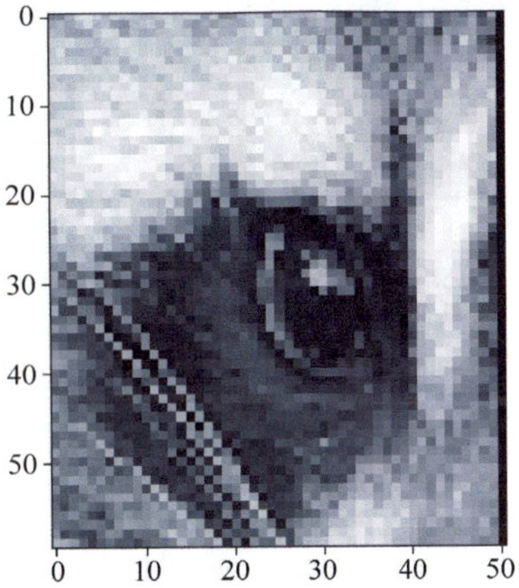

图 6.13　输出图像左移一格

如果 $\boldsymbol{F}=\frac{1}{9}\begin{bmatrix}1 & 1 & 1\\1 & 1 & 1\\1 & 1 & 1\end{bmatrix}$，会发现输出图像的每一个像素都是周围像素的平均值。这个滤波器让输出的图像更加平滑（见图 6.14）。

如果令 $\boldsymbol{F}=\begin{bmatrix}0 & 0 & 0\\0 & 2 & 0\\0 & 0 & 0\end{bmatrix}-\frac{1}{9}\begin{bmatrix}1 & 1 & 1\\1 & 1 & 1\\1 & 1 & 1\end{bmatrix}$，会发现输出的图像（见图 6.15）要比原图像更加锐利。直观来讲，这个滤波器可以理解为将当前像素放大两倍（第一个矩阵），同时减掉周围像素的平均值（第二个矩阵），从而可以放大每个像素的独特的部分。从视觉上来看，整个图像的锐度就增加了。

接下来考虑 $\boldsymbol{F}$ 是一个二维高斯分布的形式，也即

$$\boldsymbol{F}_{\sigma}(i,j)=\frac{1}{\sqrt{(2\pi)^2\sigma^2}}\mathrm{e}^{-\frac{i^2+j^2}{2\sigma^2}}$$

取 $i=-1,0,1,j=-1,0,1$ 和 $\sigma=1.0$，并且将离散化的高斯滤波器归一化，即使 $\boldsymbol{F}$ 中所有元素的和为 1，可以得到 $\boldsymbol{F}=\begin{bmatrix}0.075 & 0.12 & 0.075\\0.12 & 0.204 & 0.12\\0.075 & 0.12 & 0.075\end{bmatrix}$。应用此高斯滤波器，得到输出图像（见图 6.16）由此可以发现该输出与平均滤波器输出大致相同。

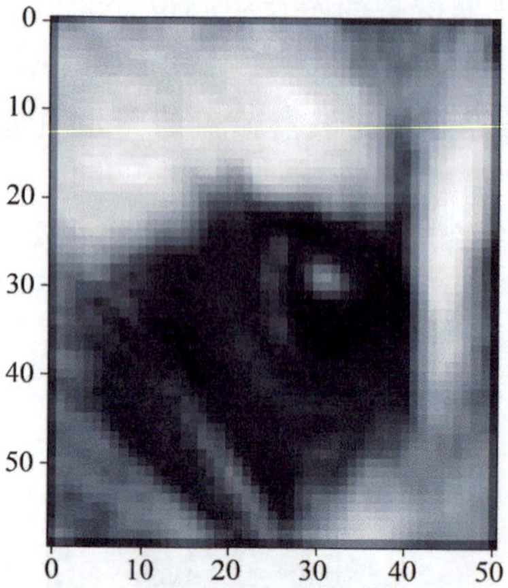

图 6.14 平均滤波器使得输出图像更加平滑

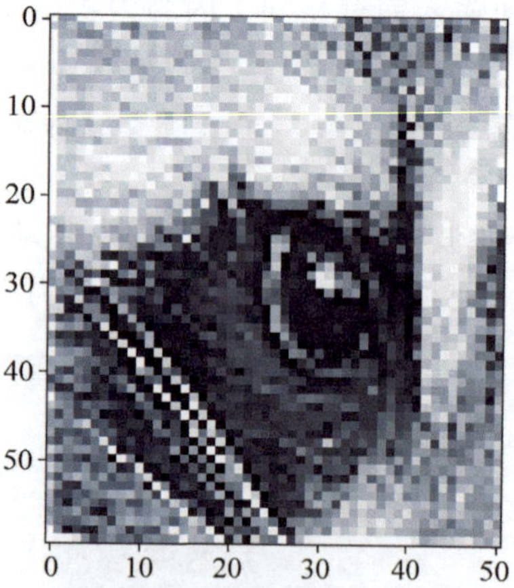

图 6.15 增加图像锐度滤波器的输出

如果将滤波器 F 的大小变为 5×5,输出图像并没有太大变化(见图 6.17),这是因为此时

$$\boldsymbol{F}=\begin{bmatrix}0.003 & 0.013 & 0.022 & 0.013 & 0.003\\ 0.013 & 0.060 & 0.098 & 0.060 & 0.013\\ 0.022 & 0.098 & 0.162 & 0.098 & 0.022\\ 0.013 & 0.060 & 0.098 & 0.060 & 0.013\\ 0.003 & 0.013 & 0.022 & 0.013 & 0.003\end{bmatrix}$$

多增加出来的一圈数字的值都很接近于 0,因此实际上不会产生太大影响。

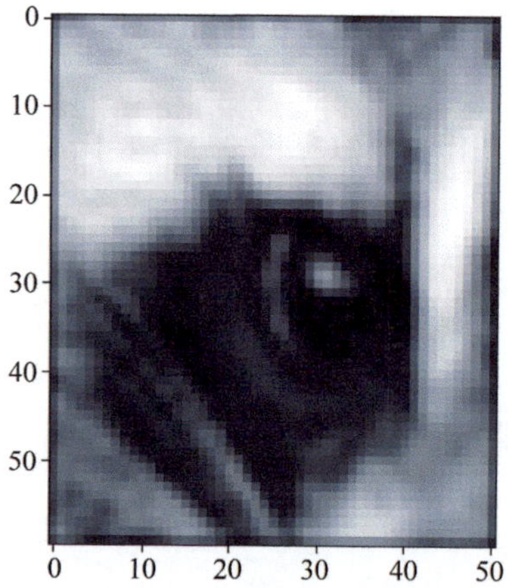

图 6.16 高斯滤波器的输出

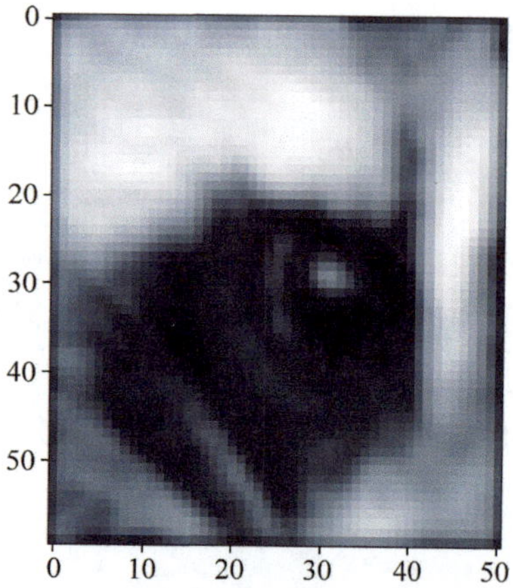

图 6.17 5×5 高斯滤波器的输出

如果仍然使用 5×5 的滤波器,但是将 σ 变成 2.0,会发现输出图像更加平滑(见图 6.18)。这是由于滤波器 F 在更大范围内做平均,使得每个像素的值都与其他像素值更为接近。

高斯滤波可以当作一种基本的图像降噪方式。在图 6.19 中,左图带有许多噪点。在使用高斯滤波处理之后，可以得到右边的图像。右图的噪点没有左图那么明显，不过右图也丢失了一些细节信息。

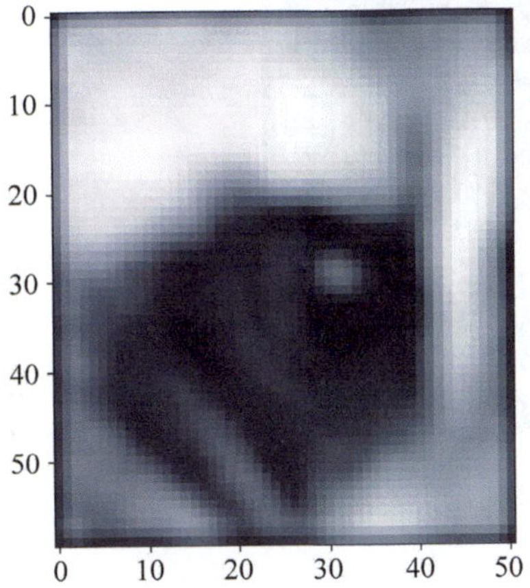

图 6.18 标准差为 2 的高斯滤波器输出

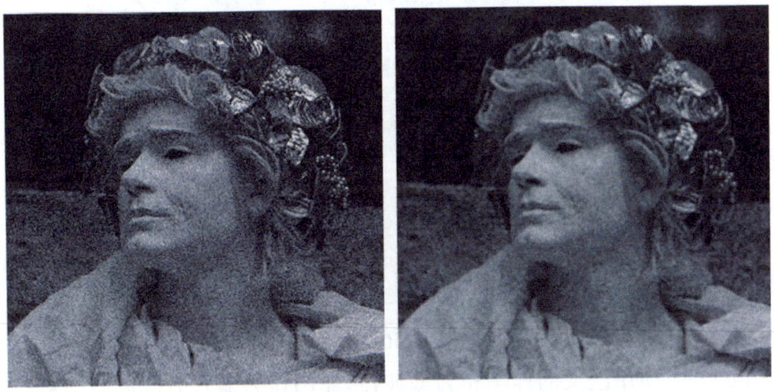

图 6.19 使用高斯滤波器降低图像噪声

左图是有噪声的图像，右图是高斯滤波之后的图像

如果将上述两个滤波器相减，即把 $\boldsymbol{F}_{\sigma=1}-\boldsymbol{F}_{\sigma=2}$ 当作一个新的滤波器，并作用在原图上，就会得到图 6.20。可以发现输出图像大致是原图中的边缘，我们把这个滤波器叫做高斯微分(differential of Gaussians)滤波器。高斯微分滤波器经常用于边缘检测任务。

最后，回到本节开始时寻找小黄人的任务。如果已知图 6.21 中凯文的样子，那可以用这张图本身当做一个滤波器。此时，当输入图片和滤波器完全相同的时候，滤波器会有最大的输出。通过用这个滤波器对原图进行滤波，得到如图 6.22 所示的输出。

在图中可以看到图像中(75,600)附近的亮度最高，即滤波器在该点的输出最大，再回头看原图，就可以确认凯文就在那个位置了。这个任务被称作模板匹配(template matching)。

本节介绍了线性滤波器的定义和常用的线性滤波器。通过上述例子可以看到，依据滤波器设计的不同，可以完成许多不同类型的任务，比如图像降噪、图像边缘增强、图像边缘检测、模板匹配等。

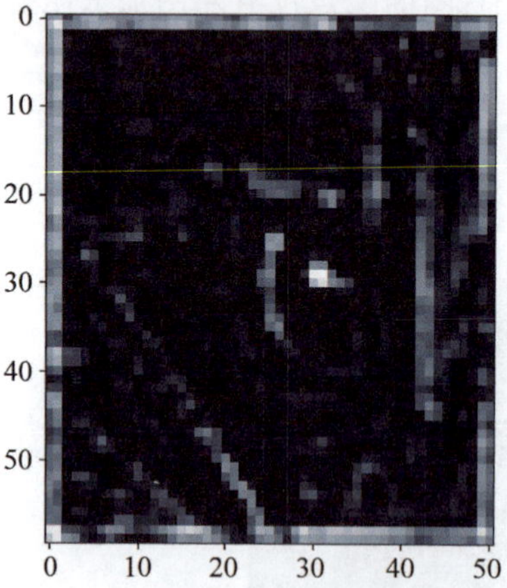

图 6.20　高斯微分滤波器的输出

图 6.21　凯文的样子

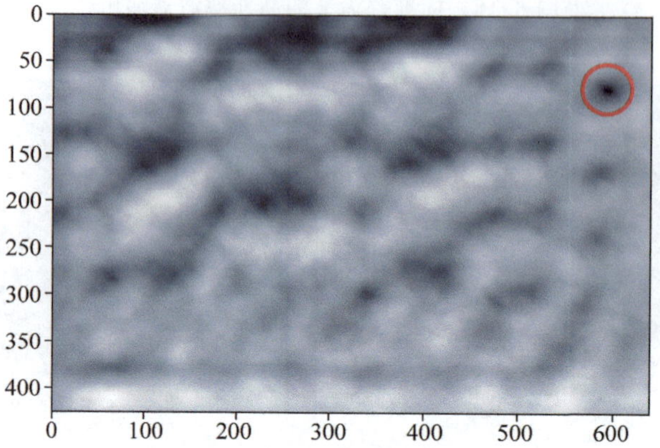

图 6.22　使用凯文的样子作为滤波器,原图作为输入时滤波器的输出
红圈的位置是被检测到的凯文的位置

6.4　边缘检测

一幅图像中可能包括很多信息,而人类对图像的理解很大程度上依赖于图像中比较关键的点和边缘信息。例如人类可以不依赖图像细节,从简笔画中识别出很多种物体。图像边缘是一个对图像更加紧凑的表示方式,在理想情况下图像的边缘不会随着光照、颜色等因素变化。

因此,边缘检测是一个对图片更加精简的表示,有着广泛的应用。例如工业测量中经常需要先检测出物体的边缘,再对物体的大小进行估计。边缘检测也是诸多其他视觉任务的第一步。

在本节中,将会阐述什么是图像的边缘、图像的边缘怎么形成以及如何在一个图像中检测边缘。

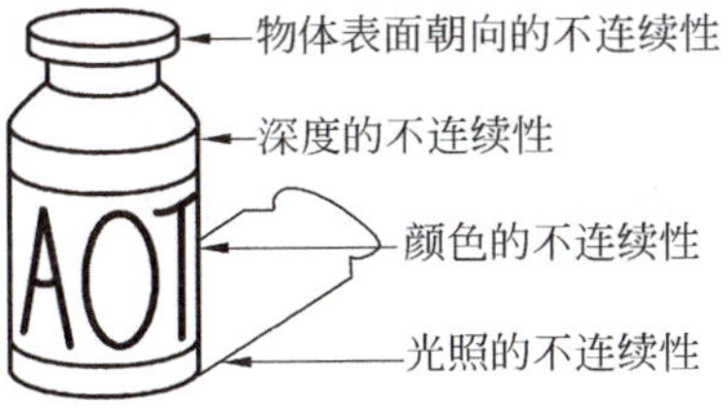

图 6.23 图像边缘形成的原因

图 6.23 展示了图像边缘形成的原因。具体来说，图像边缘是由三维世界中物体表面朝向的不连续性(surface normal discontinuity)、场景深度的不连续性(depth discontinuity)、颜色的不连续性(color discontinuity)以及光照的不连续性(illumination discontinuity)形成。举例来说，图中字母 AOT 的颜色是黑色的，而背景是白色的，在 AOT 字母边缘的颜色从黑色变成了白色，这就是颜色的突变。上述因素共同形成了图像每个像素的光强信息(image intensity)。从数学上讲，图像的边缘是图像光强突变的地方。

那么给定一张图像，如何检测其中的边缘呢？根据定义，图像边缘是光强突变的位置。因此，可以通过计算图像上的导数，并检测其中导数较大的位置来确定图像中边缘的位置。具体来说，我们将图像看做一个二维函数 $f(x,y)$，其中的 x 和 y 是图像的宽度和高度的索引，$f(x,y)$是像素(x,y)的光强值。那么图像对点(x,y)的偏导数为 $\left[\frac{\partial f}{\partial x},\frac{\partial f}{\partial y}\right]^{\mathrm{T}}$。于是可以用这个偏导数的 l_2 范数，也即$\sqrt{\left(\frac{\partial f}{\partial x}\right)^2+\left(\frac{\partial f}{\partial y}\right)^2}$，表示该点的光强突变程度。最后，可以通过设定一个光强突变程度的阈值以及二值化来获得边缘的具体位置。

图 6.24 展示了对两个理想图片进行边缘检测的结果。

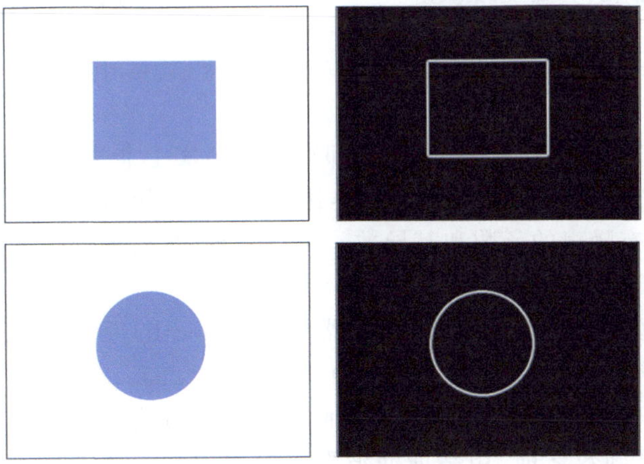

图 6.24 图像边缘检测的结果

从算法上来说，图像边缘的具体计算如下。

算法 11：图像边缘

```
filter_x=np.array([[1,0,-1]])
filter_y=filter_x.T
```

```
3: der_x=signal.corralate2d(image,filter_x,mode='same')
4: der_y=signal.corralate2d(image,filter_y,mode='same')
5: intensity=np.sqrt(np.power(der_x,2)+np.power(der_y,2))
```

上述代码中，第一行定义了一个行向量，代表图片 x 方向求偏导数的滤波器。第二行定义了一个列向量，代表图片 y 方向求偏导数的滤波器。第三行和第四行通过滤波操作，求得 x 和 y 方向的偏导数。最后一行通过计算两个偏导数平方和的平方根，得到图像每一点光强突变的程度。

如果将 6.3 节中的浣熊眼睛图像作为算法输入，可以得到如图 6.25 所示的边缘结果。

这其中有许多值比较低的点。为了得到一个二值化的边缘图像，我们尝试不同阈值，并发现 75 是一个比较合适的值。在二值化之后，得到了如图 6.26 所示的边缘图像。

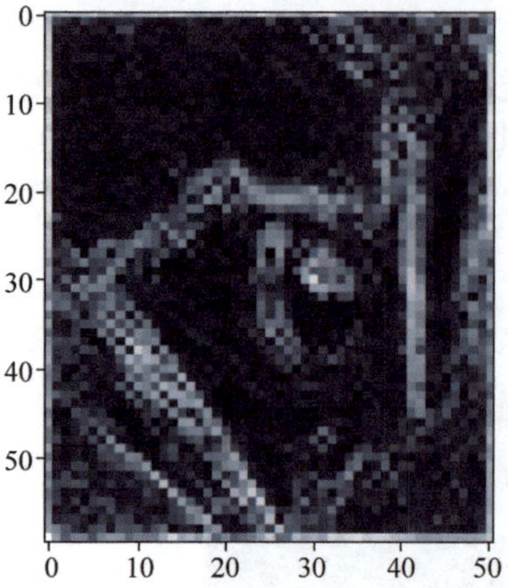

图 6.25　浣熊图像边缘检测的结果

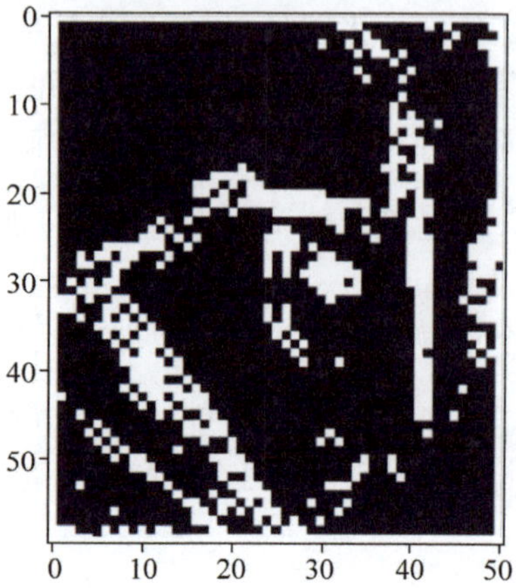

图 6.26　浣熊图像边缘检测加二值化的结果

上述边缘检测的结果有比较多的噪点，即在许多事实上非边缘的位置出现了被检测到的边缘。下面用一个一维数据的例子作为类比，来解释为什么上述算法会导致许多噪点。图 6.27 展示了一个有噪声的函数和其导数。可以看到，尽管原函数大体上是常量，但其导数却常常不为 0。

为解决这个问题，可以首先用高斯滤波器平滑(smooth)原函数，然后在平滑之后的函数上求导。这么一来，函数的导数就基本为 0 了(见图 6.28)。

同样的，由于图像本身也有很多噪声，因此其导数同样有很多噪声。为了将它们去掉，可以在计算图像强度函数之前，用高斯滤波器将其平滑化。图 6.29 是原图经过一个 $\sigma=0.75$ 的高斯滤波器之后的图像强度函数。

我们发现它的噪点少了很多。通过尝试不同阈值，发现采用阈值 30 可以得到如图 6.30 所示的图像边缘。

它比未经高斯滤波的边缘更加连续，也更符合原图中的边缘。

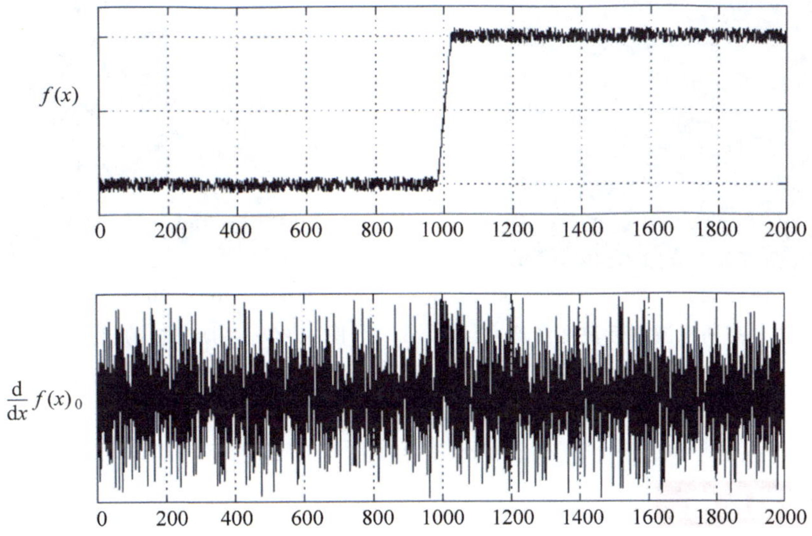

图 6.27 有噪声的函数和其导数

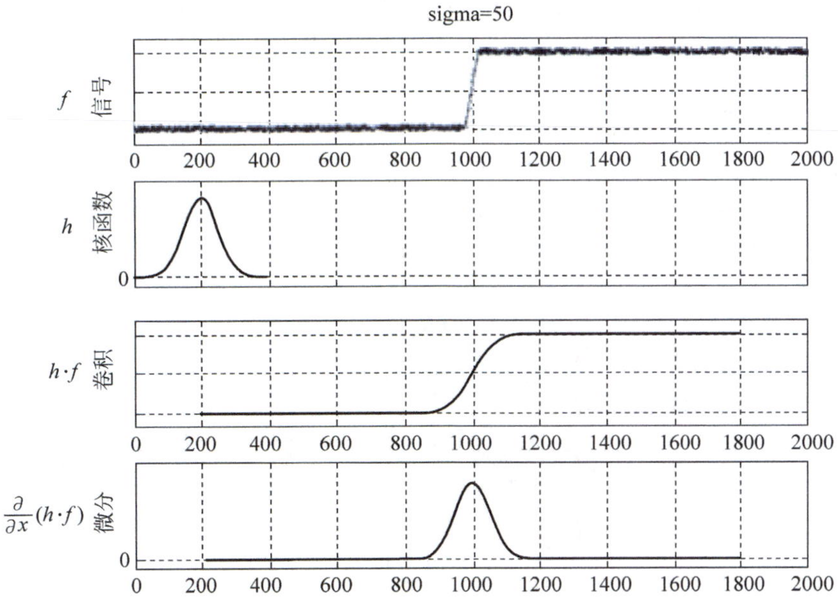

图 6.28 高斯滤波之后的函数和其导数

$h \cdot f$ 是对信号 f 的滤波结果

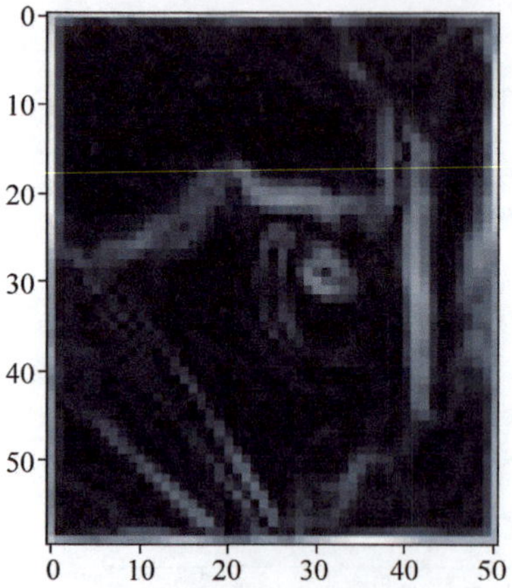

图 6.29 高斯滤波之后浣熊图像被检测出来的边缘

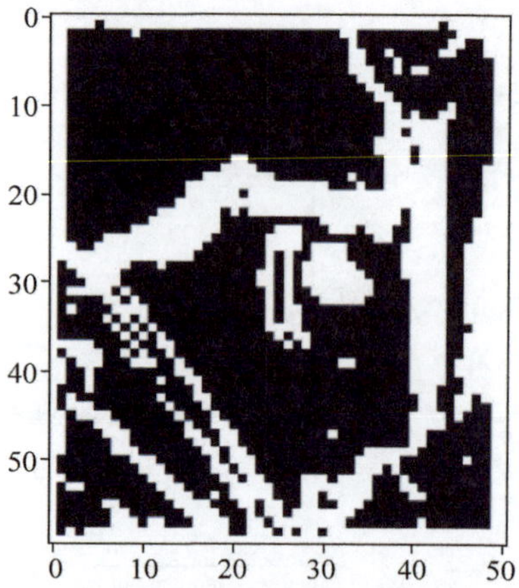

图 6.30 高斯滤波的浣熊图片边缘检测加上二值化的结果

6.5 卷积神经网络

前面介绍了以线性滤波器为基础的一些基本图像操作，如图像降噪、边缘强化、边缘提取等。其中一个核心步骤是设计一个可以完成目标操作的线性滤波器。前面也展示了如何通过手工设计滤波器来完成某些操作。但是，当目标操作更为复杂的时候，例如识别物体等，由于参数过多，难以单纯靠手工设计。

在本节中，将介绍如何将线性滤波器、简单的非线性函数与机器学习结合起来，以完成物体分类和语义分割等更加复杂的图像识别任务。

首先，回顾一下在第 5 章中介绍的神经网络模型。如图 6.31 所示，神经网络将输入的特征通过若干层线性变换和激活函数，将输入映射到输出。

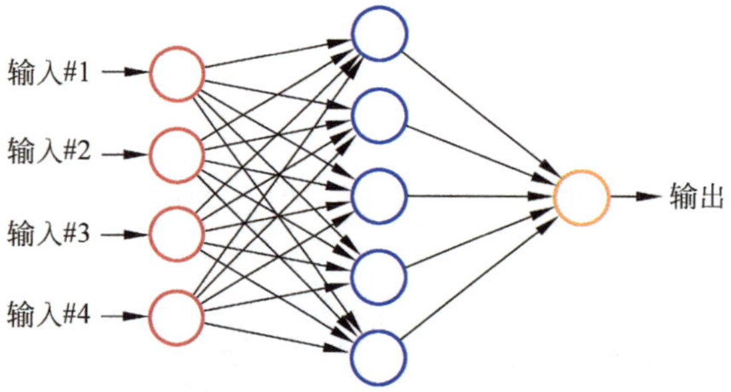

图 6.31 神经网络

由于图像通常包含大量的像素，如果将全连接神经网络用于图像处理，神经网络将需要大量的参数。例如，一张 1080 p 的彩色图像包含 $1920\times1080\times3\approx6.22\times10^6$ 个像素值。如果一个全连接隐藏层包括 1000 个神经元，那么仅这一层便包含 62 亿个参数。如果这些参数用 32 bit 浮点数表示，那么存下来这一层的参数就需要 23 GB 的存储空间。从理论上讲全连接神经网络可以近似任何函数，但从实用角度讲，用全连接神经网络处理图像不能够达到比较好的效果。往往需要根据具体问题，对网络结构进行修改和调整，以取得好的性能。

前面介绍了用线性滤波器对图像进行处理。如果将线性滤波器本身当作一个可以被训练的参数(parameters)，即不人工指定线性滤波器每一个值，而是将其当作一个未知的参数，并从数据中进行学习，那么可以将对于输入特征的线性变换替换为对图像进行线性滤波。

下面，将对灰度图像的线性滤波拓展至彩色图。如果一个彩色图像用 $H\times W\times 3$ 的矩阵表示，那么对应的滤波器的大小为 $H_f\times W_f\times 3$。滤波的过程与灰度图像的处理基本相同，除了在每一个位置上的计算不再是大小为 $H_f\times W_f$ 的向量之间的点积，而是大小为 $H_f\times W_f\times 3$ 的向量之间的点积。与灰度图处理相同的是，彩色图像的滤波输出是一张灰度图，因为点积操作的输出是一个标量值。一个滤波器通常只能对应于一种操作，例如图像平滑或者边缘提取等。为了完成更加复杂的操作，需要同时利用多种滤波器。我们可以同时对一张图片应用 K 个线性滤波器，并且把每个线性滤波器输出的灰度图像在色彩维度上叠加在一起，形成一个形状为 $H_{\text{out}}\times W_{\text{out}}\times K$ 的输出。这个操作称为神经网络中的卷积操作(convolution operator)，如图 6.43 所示。

这里举一个具体的例子。假设输入的图像是一个高度为 3，宽度为 3 的彩色图像：

$$\boldsymbol{I}=\left[\begin{bmatrix}1&2&3\\4&5&6\\7&8&9\end{bmatrix},\begin{bmatrix}1&0&1\\0&1&0\\1&0&1\end{bmatrix},\begin{bmatrix}1&2&1\\2&1&2\\1&2&1\end{bmatrix}\right]$$

这里三个二维的矩阵分别代表这张图像的 RGB 颜色通道。用一个高度为 2，宽度为 1 的滤波器对这张图进行滤波：

$$\boldsymbol{F}=\left[\begin{bmatrix}1\\2\end{bmatrix},\begin{bmatrix}3\\4\end{bmatrix},\begin{bmatrix}5\\6\end{bmatrix}\right]$$

滤波的计算过程如下。首先假设滤波操作使用合法填充，即不在原图周围填充 0 元素。那么这个图像滤波之后的大小为 $2\times3\times1$，即高度为 2，宽度为 3，颜色维度为 1。以输出图像 O 中第一个元素为例，即 $O[1,1,1]$，展示如何进行卷积操作。首先取出来输入图像中左上角大小为滤波器大小，即 $2\times1\times3$ 的子矩阵：

$$\boldsymbol{I}_{0,0}=\left[\begin{bmatrix}1\\4\end{bmatrix},\begin{bmatrix}1\\0\end{bmatrix},\begin{bmatrix}1\\2\end{bmatrix}\right]$$

然后，对 $\boldsymbol{I}_{0,0}$ 和 $\boldsymbol{F}$ 做点积操作，即对应元素相乘，再将结果相加：

$$1\times1+2\times4+3\times1+4\times0+5\times1+6\times2=29$$

这样，便得到了输出图像中的第一个元素 $O[1,1,1]=29$。其余的输出元素可以用类似的方法计算。

更广义的卷积操作可以采用一个形状为 $H_{\text{in}}\times W_{\text{in}}\times K_{\text{in}}$ 的矩阵，通过 K_{out} 个大小为 $H_f\times W_f\times K_{\text{in}}$ 滤波器，输出一个 $H_{\text{in}}\times W_{\text{in}}\times K_{\text{out}}$ 大小的矩阵。K_{out} 个滤波器称为这个卷积操作的滤波器组(filter bank)，或更简单地称为卷积操作的参数，并用一个四维数组 $H_f\times W_f\times K_{\text{in}}\times K_{\text{out}}$ 表示这些参数。输入/输出矩阵中的 K_{in} 和 K_{out} 称为通道(channel)，例如 RGB 图像通道数目是 3。

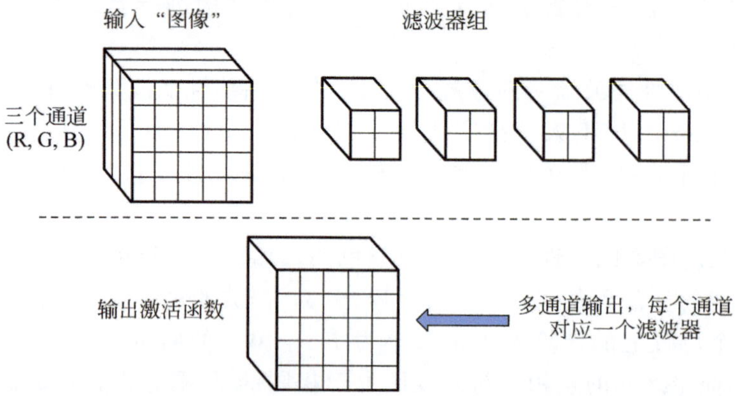

图 6.32　使用滤波器组对一张图片进行滤波

在图 6.32 中，展示了对于一张图片，一组滤波器和对应的输出数组。其中输入图片的大小为 5×5×3，3 代表 3 个颜色通道，即 $H_{\text{in}}=5$；$W_{\text{in}}=5$；$K_{\text{in}}=3$。采用四个滤波器，每个滤波器大小为 2×2×3，即 $H_f=2$；$W_f=2$；$K_{\text{out}}=4$。通过一个保持大小填充(same padding)的卷积，这个操作输出的大小是 5×5×4，其中每一个滤波器对应一个输出的通道。

卷积操作是线性滤波在多输入颜色维度、多滤波器方面的自然扩展。这个操作解决了神经网络线性变换的多个问题。其中重要的一点是卷积操作的参数量与图像大小无关，且通常为较小的值。例如一个 $H_f\times W_f\times K_{\text{in}}\times K_{\text{out}}=3\times3\times512\times512$ 的卷积操作仅有 240 万个参数，要远远少于全连接层需要的参数数量。同时它也保持了图像本来的二维平面结构——卷积操作的输出也可以看做一个广义图像。在实际应用中，我们发现在图像识别领域，卷积神经网络的效果要远好于全连接神经网络。

卷积操作具有平移不变性(translation invariance)。无论一个物体在图像中哪一个地方，同一个卷积操作对于他们的输出都是一样的。这个性质是由卷积操作的定义而自然成立的。这是卷积操作对于二维图像性质的先验(prior)，先验在这里指的是对所有图片都成立的一些准则。正是由于这种先验，卷积神经网络才可以在图像中具有更好的泛化性能(generalization capability)。

卷积操作的输出图像和输入图像在二维尺度 $H\times W$ 上是一样的(假设使用保持图像大小填充)。但如果最后需要将图片分类，例如识别手写数字 0～9，则需要一种方法减小输出图像的二维尺度。一种常用的方法是首先将一个大小为 $H\times W\times K$ 的数组划分为 $\frac{H}{2}\times\frac{W}{2}\times K$ 个 2×2 的格子，然后取 2×2 矩阵中最大元素为输出，从而形成一个 $\frac{H}{2}\times\frac{W}{2}\times K$ 的输出数组。当然划分成 2×2，3×3，4×4 的格子都是可以的，这个大小的选择是一个可以调节的超参数。我们称这个操作为最大池化操作(max pooling)。图 6.33 展示了一个 3×3 的最大池化操作示意。

举个例子，假设有如下图片：

2	3	4	5	6	7
1	0	1	0	1	0
3	3	3	3	3	3
9	8	7	6	5	4
1	3	5	7	9	1
2	4	6	8	0	2

那么通过一个 3×3 的最大池化操作之后，输出的图片是：

4	7
9	9

其中第一个元素是从原图片左上角的子矩阵中取最大值而计算出来的：

2	3	4
1	0	1
3	3	3

通过计算这 9 个数字中的最大值，得到了 4，也即输出中的第一个值。

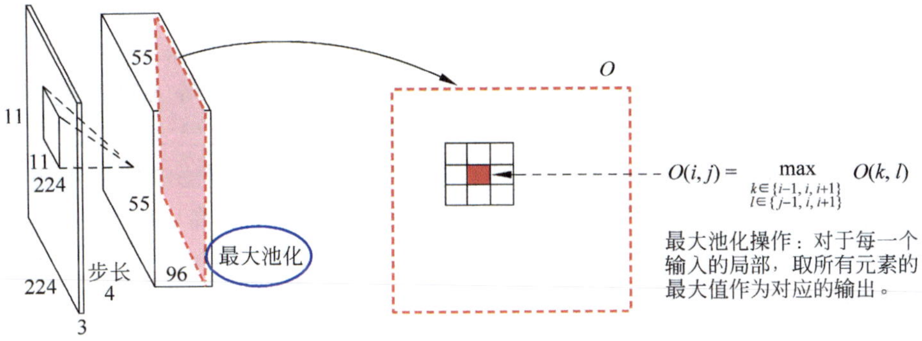

图 6.33　最大池化操作

有了卷积和最大池化操作，就可以交替使用两者构建神经网络。图 6.34 以经典的 LeNet 神经网络为例，展示了神经网络的构造过程。假设输入是一张 32×32 的手写数字图片。首先，通过一个 5×5×1×6 的无填充(valid padding)卷积操作，得到一个 28×28×6 的矩阵，称为特征图(feature map)。接下来，通过一个 2×2 的最大池化操作，得到一个 14×14×6 的特征图。然后，再经过一个 5×5×6×16 的卷积和一个 2×2 的最大池化操作，得到 5×5×16 的特征图。再将其当做一个向量，通过三层全连接，映射到 120，84 和 10 个单元。最后，用 softmax 归一化和交叉熵损失函数(softmax with cross entropy)监督这 10 个输出单元，分别对应于手写数字 0～9。

在 LeNet 中，卷积操作是一个带参数的操作，它起到了自适应的滤波作用，并可用后向传播算法训练(见第 5 章)。最大池化操作令整个网络对手写数字的较小的空间位移不敏感，并逐步降低了图像分辨率，有利于后续的分类操作。第二层卷积由于有了前一层的最大池化操作，每一个 5×5 滤波器对应原图更大的部分，从而可以捕捉图像中更大范围的概念，即有更大的感受野。可以影响到一个神经元的输入区域称为这个神经元的感受野(receptive field)。当经过神经网络第四层池化之后，特征图的空间维度只有 5×5，已经具

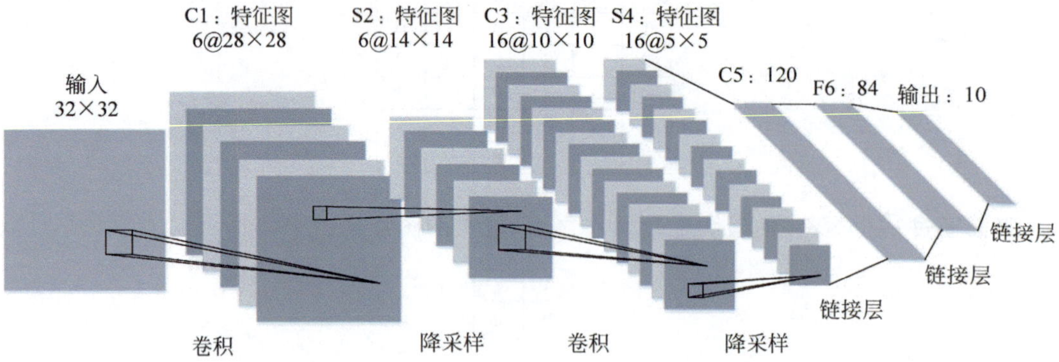

图 6.34　LeNet 网络结构

有比较少的空间信息，因此将其展平(flatten)为一个向量。后面的部分就是一个正常的两个隐层的神经网络了。

LeNet 是一个对于手写数字识别比较成功的卷积神经网络。在 2012 年，Alex Krizhevsky，Ilya Sutskever 和 Geoffrey E. Hinton 将类似的技术应用在 1000 类物体识别的任务上，并取得了高达 62.5%的准确率。这项工作让大家意识到了卷积神经网络的巨大潜力，并引领了后续的深度学习研究工作。Alex 等人的卷积神经网络有七层，它被称为 AlexNet。

为了更好地理解卷积神经网络内部学习到参数的含义，Zeiler 等人可视化了 AlexNet 在 ImageNet 上学习到的内容，允许人们看到卷积神经网络在不同层之间学习到不同的信息(图 6.35)。在较低的层，AlexNet 学习到了各种朝向的边缘检测滤波器和不同颜色的滤波器；在中层则学习到了网状、平行的边缘等稍微复杂的模式；在高层则学习到了鸟类、车轮和蜂巢等高层次概念。这些结果表明，仅仅根据图像物体标签卷积神经网络可以在不同的卷积层上学习到不同语义层的概念。

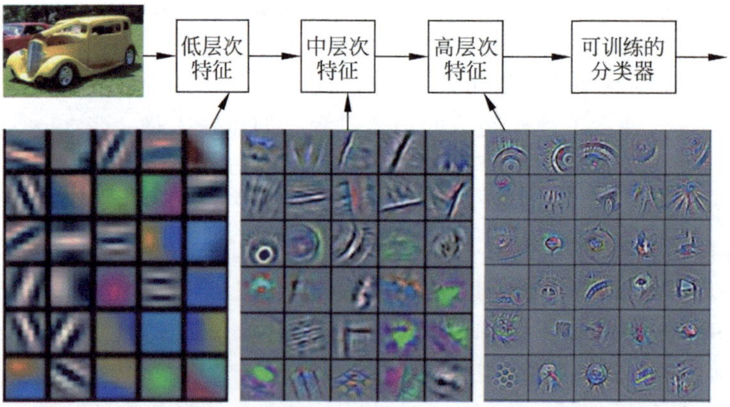

图 6.35　AlexNet 网络中间层可视化

在 AlexNet 之后，人们提出了更深的神经网络，例如 VGG(19 层)，ResNet(152 层)，还提出了图状连接的神经网络，例如 DenseNet。这些更复杂的神经网络已经可以在 1000 类物体分类的基准比赛(即 ImageNet 比赛)上达到 79.2%的准确率，如果允许猜测 5 个结果的话，这个准确率已经达到了94.7%，基本和人类的水平一致（94.9%）。

卷积神经网络不仅在物体识别领域达到了很高的准确率，还在很多其他计算机视觉任务上取得了巨大提升，例如语义分割、物体检测、光流估计、对抗图片生成（generative adversarial image generation）等。

本章总结

本章主要介绍了四个知识点。首先是图像的形成，主要介绍了小孔相机成像原理，数字图像原理。接下来，介绍了线性滤波器，包括它的定义、各种常见的线性滤波器及其用途。然后，学习了边缘检测，讲述了图像边缘的含义、形成原因及检测边缘的方法。最后，介绍了卷积神经网络，包括神经网络卷积层的定义以及卷积神经网络的设计。

历史回顾

计算机视觉最初起源于1966年MIT的一门暑期作业。这次暑期作业试图让学生把相机安装在计算机上，并且让计算机描述相机能看见什么[1,2]。但是显然这样简单的尝试并没有成功。在随后的几十年中，计算机视觉在基础算法如边缘检测、视觉的数学基础、相机校准、三维重建、统计机器学习的应用等方面有着长足的进步。

更多的关于图像的形成、线性滤波器、边缘检测可以参考文献[3]。卷积神经网络第一次在文献[4]中被应用于手写数字识别，在文献[5]中第一次被用于大规模图像分类问题。

参考文献

[1] Papert S. The Summer Vision Project[Z]. MIT AI Memos，1966-07-01. hdl:1721.1/6125.

[2] Margaret A B(2006). Mind as Machine: A History of Cognitive Science[M]. Clarendon Press，2006: 781.

[3] Szeliski R. Computer Vision: Algorithms and Applications[M]. Springer Science & Business Media，2010: 10-16.

[4] Le Cun Y，Bottou L，Bengio Y，et al. Gradient-based learning applied to document recognition[C]. Proceedings of the IEEE 86.11，1998: 2278-2324.

[5] Krizhevsky A，Sutskever I，Hinton G E. Imagenet classification with deep convolutional neural networks[C]. Advances in Neural Information Processing Systems，2012.

练习题

1. 单层卷积神经网络的计算实例

现在有一个矩阵$\begin{pmatrix} 2 & 3 & 1 \\ 0 & 3 & 4 \\ 1 & 2 & 3 \end{pmatrix}$，卷积核为$\begin{pmatrix} 1 & 1 \\ 2 & -3 \end{pmatrix}$，步长为1，试计算该矩阵与该卷积核进行卷积操作的结果，以及该结果用ReLU函数（即$\max(0,x)$）激活的结果。

2. 请填写下列网络空白的部分

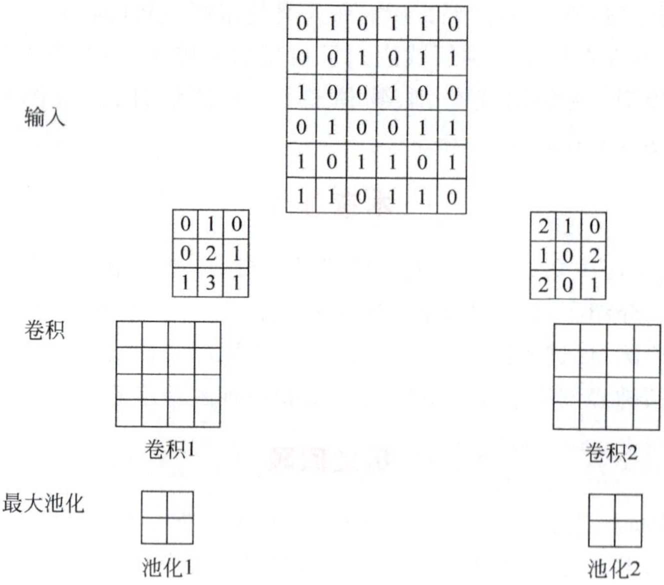

3. 请思考下面这种卷积核会关注什么样的特征?

1	0	−1
1	0	−1
1	0	−1

1	1	1
0	0	0
−1	−1	−1

4. 不定项选择题

在图像处理问题中,下列哪个神经网络最常用?

A. 全连接神经网络

B. 图神经网络

C. 卷积神经网络

D. 循环神经网络

5. 判断题

卷积网络可以被视为全连接网络的一种特殊形式。

6. 对于一个输入大小是 $H_{\text{in}} \times W_{\text{in}} \times K_{\text{in}}$ 的矩阵,和一个大小为 $H_f \times W_f \times K_{\text{in}} \times K_{\text{out}}$ 的滤波器,使用完整填充、保持图像大小填充和合法填充的时候,输出矩阵的大小各是多少?

7. 设计一个卷积操作使得该操作可以将一个输入的 RGB 图像的红色通道和蓝色通道的值对调。例如假设输入图像中某一个输入像素的 RGB 值是(255,128,0),那么其对应输出像素的值是(0,128,255)。

8. 假设焦距为 f,写出虚拟成像的世界坐标(X,Y,Z)到成像平面坐标(x,y)的公式。

9. 根据小孔相机坐标变换,证明为什么一个物体会“近大远小”。

10. 请从数学上推导为什么卷积操作具有平移不变性。

11. 请计算一个输入大小是 $H_{\text{in}} \times W_{\text{in}} \times K_{\text{in}}$ 的矩阵和一个大小为 $H_f \times W_f \times K_{\text{in}} \times K_{\text{out}}$ 的滤波器进行卷积需要多少乘法操作(假设保持输出大小填充)?

12. 如果习题 11 中输出和输入大小不变,但是用一个全连接网络替代卷积层,那么需要多少次乘法操作呢?全连接层和卷积层哪一个需要更多计算呢?

第7章 自然语言处理

引言

理解和使用语言的能力是人类不同于其他动物的一个重要区别，也是人类“智能”的重要特征之一。文字起源于大约7000年前，是人类知识的抽象表达和总结。尽管研究表明，其他动物（如大猩猩、海豚等）也有能力掌握和表达大约几百个符号形式的“语言”，但只有人类可以利用符号来表达任何话题和内容以及其中近乎无限的信息。

尽管人类与动物之间的区别还有很多，如艺术和工具的使用等，但在1950年，人工智能之父阿兰·图灵提出人工智能的概念以及著名的“图灵测试”时，测试的载体正是语言。机器智能需要通过阅读来理解基于文字的问题，并对相应的问题给出正确的回答以通过测试。人类通过文字交流获取知识，表达自己的思想。而真正意义上拥有智能的人工智能体，也应当具有理解和处理自然语言文字的能力。这也是本章的主要内容。

自然语言处理领域最核心的问题是：什么样的符号序列可以称作“语言”？而回答这一核心问题的根本工具叫做语言模型（language model）。本章将围绕语言模型，着重从计算的角度介绍自然语言处理领域的一些基本方法。此外，本章也会利用语言模型实现一些简单的应用，比如诗歌创作、文本改错等。

7.1 语言模型

7.1.1 什么是语言模型

语言是基于文字的表达。我们说的每一句话都是由文字组成的，但并不是文字的任意组合都可以称为自然语言。比如，“清华大学”这个四字短语就是一个常见的语言表达，可以认为是一句自然的话。但同样是这四个字“华学清大”看起来就不是那么自然。虽然我们也无法断定这个罕见的四字短语一定不是自然语言，比如这个短语也可能是一个公司的名字，但我们可以相对确信地说“清华大学”这个短语，比“华学清大”这个短语看上去更像是一个正常的语言。对于一个完整的句子,我们也有同样的评估:“清华大学在北京”就要比“清华北京大学在”或者“北京在清华大学”看起来更像一个自然的句子。

语言模型(language model)就是用于评估一个句子或短语有多“像”一个自然语言的工具。如果一个句子或短语更符合自然语言的表达方式,那么该句子或短语在语言模型下的打分就应该更高;反之,则应该更低。可以说,语言模型是所有自然语言处理任务的核心:有了语言模型,我们才能够区分语言和字符的简单组合,才能让人工智能体进一步理解语言的含义。语言模型也可以直接应用到许多实用场景,如文本改错(改正错别字、语法错误)、翻译、语言生成等。

具体而言,对于一个短语或者句子,我们可以将其抽象表示成一个由离散符号组成的序列 $c_1c_2\cdots c_N$。这里 N 表示该句子或短语共有 N 个字符,其中第 i 个字符为 c_i;每一个字符 c_i 都取自一个预先定义的字典 L 中,即 $c_i\in L$,这里 L 表示所有可能字符的集合。在清华大学的例子中,有 L = 所有的汉字,$N=4$,c_1 = 清,c_2 = 华,c_3 = 大,c_4 = 学。有时也可以用 c_i 来表示一个词语,在这种情况下 L = 所有的汉语词汇,$N=2$,c_1 = 清华,c_2 = 大学,这时 L 也可以被称为词表。

在英文中,称 c_i 为字(character)或者词(word),而 L 称为 lexicon——起源于希腊语中“词汇”(lexikon)一词。在本节的讨论中,我们主要以字为基本单位,即 c_i 为单个汉字。在本节末尾将比较基于字与基于词的模型的差异。

有了字符序列 $c_1c_2\cdots c_N$,语言模型需要为该序列计算一个“是否为合理的语言”的分数。最通用的方法是采用概率模型(probability model),即计算概率 $P(c_1c_2\cdots c_N)$。如果序列更像自然语言,则概率越高,反之则越低。例如,在一个计算好的语言模型下,应当能够得到类似这样的概率:P(清华大学)=0.1,而 P(华学清大)=0.000 001。

7.1.2 *n*-gram 模型

在概率语言模型中,应当如何具体计算一个序列的概率呢?对于任何一个短语或者句子,人们在表述的时候通常都是从前往后表达每一个字符。与此对应,语言模型最常用的计算方法就是采用如下的链式法则进行计算:

$$P(c_1c_2\cdots c_N)=P(c_1)P(c_2\mid c_1)P(c_3\mid c_1c_2)\cdots P(c_N\mid c_1\cdots c_{N-1})$$

其中 $P(c_i\mid c_1\cdots c_{i-1})$ 表示当语句的前 $i-1$ 个字符为 $c_1c_2\cdots c_{i-1}$ 时,第 i 个字符是 c_i 的概率。对于“清华大学”,可以这样计算:

$$P(\text{清华大学})=P(\text{清})P(\text{华}\mid\text{清})P(\text{大}\mid\text{清华})P(\text{学}\mid\text{清华大})$$

链式法则有两个好处:①条件独立性。把一个完整序列的概率计算归约为单个字符的条件概率的乘积,简化计算。②无后效性。每个字符对应的条件概率,仅取决于其之前的字符,与后续的内容无关,方便序列按语言的表达顺序进行处理。

这里每个字各自的条件概率计算也很容易。以 P(学|清华大)为例,它等于“所有以‘清华大’开头的四字短语中,第四个字是‘学’的概率”。而一个词的概率就是在所有可能的汉语中,该词出现的频率。这个频率可以通过上网搜索足够的文章,然后统计这些文章中这个词出现的次数得到。这里,我们将这些文章的集合称为语料(corpus)。

不过,尽管通过将一个序列转化为一系列字符的条件概率的乘积简化了计算,但当序列很长时,计算序列中位置靠后的字符的条件概率依然非常复杂。第 i 个字符的条件概率,取

决于长度 $i-1$ 的子序列。而长度越长的子序列，在一个文章中出现的概率也就越低，于是也需要收集更多的文本才能准确估算这个子序列的出现频率。试想一下，我们需要在互联网上搜索多少文章才能找到“清华大学在北京海淀区四环到五环之间”这样一段文字？更何况还需要统计频率！

因此，就具体计算而言，人们往往使用一些近似(approximation)。其中一个常见的方法是假设一个字符在句子中的条件概率仅取决于其前方的 $k-1$ 个字符，即：

$$P(c_i \mid c_1 c_2 \cdots c_{i-1}) \approx P(c_i \mid c_{i-k+1} \cdots c_{i-1})$$

我们称这种 k 个字符近似的语言模型为 k-gram 模型。这里 gram 对应希腊语中“字符”的含义。一般而言，我们称这种将语言模型近似表达为每个字符基于其前方若干字符条件概率乘积的方法为 n-gram 模型。注意，n-gram 是这个方法的一般称谓。在本章中我们也用 N 表达一个特定字符序列的长度，请不要混淆。特别的，当 $k=2$ 时，有

$$P(c_1 c_2 \cdots c_N) \approx P(c_1)P(c_2 \mid c_1)P(c_3 \mid c_2)\cdots P(c_N \mid c_{N-1})$$

在这种情况下，每一个字符的条件概率仅与其之前的一个字符有关。以“清华大学”为例，有如下近似计算：

$$P(\text{清华大学}) = P(\text{清})P(\text{华} \mid \text{清})P(\text{大} \mid \text{华})P(\text{学} \mid \text{大})$$

我们称这种语言模型为马尔可夫模型(Markov model)(将在第 8 章中详细介绍)，也叫 bigram 模型，bi 对应英文中“两个”的意思。

当 $k=1$ 时，有

$$P(c_1 c_2 \cdots c_N) = P(c_1)P(c_2)\cdots P(c_N)$$

即假设序列中的每个字符均互相独立。在此模型下，即使改变字符在序列中的顺序，整个序列的概率也是不变的。我们称之为 unigram 模型，uni 对应英文中“一个”的意思。对于“清华大学”这个例子来说，即：

$$P(\text{清华大学}) = P(\text{清})P(\text{华})P(\text{大})P(\text{学})$$

Unigram 模型是计算最简单的语言模型，也是相对最不精确的模型。类似的，我们称 $k=3$ 的模型为 trigram 模型，$k=4$ 的模型为 4-gram 模型，依次类推。在实际情况中一般 k 不会很大。假设我们的字典中有 1000 个字符，即 $|L|=1000$(实际上会使用的字或者词的数目远超过这个数量)，那么对于特定的 k，需要计算的条件概率会有 1000^k 种不同的组合。因此，k 的取值通常不超过 4。

7.1.3 n-gram 的计算

7.1.3.1 最大似然估计

为方便叙述，我们只考虑 bigram 的情况，即 $k=2$。这里首先介绍如何计算条件概率 $P(c_i|c_{i-1})$。在上文中提到，一种直观的做法是首先搜集足够的语料，然后统计在语料中特定字符组合出现的频率，即对于所有长度为 2 并且以 c_{i-1} 开头的序列中，第二个字符为 c_i 的频率。用 $O(c_1 c_2 \cdots c_N)$[①] 表示在搜集的所有语料中，字符序列 $c_1 c_2 \cdots c_N$ 出现的次数，则

① 在本章中 $O(w)$ 特别用于表示词 w 在语料中出现的频次(occurrence)，请勿与其他表示混淆。

$$P(c_i \mid c_{i-1}) = \frac{O(c_{i-1}c_i)}{\sum_{c \in L} O(c_{i-1}c)} = \frac{O(c_{i-1}c_i)}{O(c_{i-1})}$$

在“清华大学”的例子中，假设在一段语料中，“清”这个字一共出现了 100 次，而“清华”这个词出现了 10 次，那么有

$$P(\text{华} \mid \text{清}) = \frac{O(\text{清华})}{O(\text{清})} = \frac{10}{100} = 0.1$$

这里用语料中的频率来近似概率。显然，搜集的语料越多，得到的概率估计就会越准确。从统计学角度可以证明，当语料有限时，这种用频率估计条件概率的方法是最精确的概率估计方法。一般地，这种概率估计方法也叫最大似然估计(maximum likelihood estimate, MLE)，有兴趣的读者可以自行进一步研究。

7.1.3.2 平滑方法

在实际应用中，我们不可能拥有无限多的语料，因此对条件概率的估计不可能完全准确。例如，有限的语料不可能覆盖所有可能的文本组合。于是，对一些语料没有包含的罕见词汇组合，频率估计会直接给出 0 的概率。以“清华附中”为例子，如果语料中出现过“清华”，也出现过“附中”，但恰好没有出现“清华附中”这个完整的组合，按照之前提到的频率计算方式，有 $P(\text{附} \mid \text{华}) = 0$。如此一来，

$$P(\text{清华附中}) = P(\text{清})P(\text{华} \mid \text{清})P(\text{附} \mid \text{华})P(\text{中} \mid \text{附}) = 0$$

也即根据计算结果，无论“清华”与“附中”这对字符组合出现的频率多高，我们都会认为“清华附中”完全不可能是一个合理的自然语言表达。这显然是不合理的。

解决这种罕见词汇导致的归零问题，最简单的方法是认为任何字的组合都是可能的，以避免 0 概率。上文我们采用语料中特定组合出现的次数 $O(c_{i-1}c_i)$ 估计条件概率 $P(c_i \mid c_{i-1})$，而正是由于次数统计 $O(c_{i-1}c_i)$ 可能为 0 导致了计算结果 0。一个简单的修正方法就是，在统计一个特定序列的出现次数时，直接从 1 开始统计，修正之后得到的概率就不会出现 0 了。具体来说，用 $\hat{P}(c_i \mid c_{i-1})$ 表示修正之后得到的概率估计，则

$$\hat{P}(c_i \mid c_{i-1}) = \frac{O(c_{i-1}c_i) + 1}{\sum_{c \in L} (O(c_{i-1}, c) + 1)}$$

假设字典中的字符数量为 V，即 $|L| = V$，则有

$$\hat{P}(c_i \mid c_{i-1}) = \frac{O(c_{i-1}c_i) + 1}{O(c_{i-1}) + V}$$

这种通过修改字符次数统计避免概率为 0 的修正计算方法称为平滑方法(smoothing)。特别的，这种将任意频次统计增加 1 的平滑方法叫拉普拉斯平滑(Laplace smoothing)。对于语料中没有出现的序列 $c_{i-1}c_i$，拉普拉斯平滑会将概率估计从 0 提升到$\frac{1}{O(c_{i-1}) + V}$。注意到，前一个字符 c_{i-1} 出现的次数越多，条件概率 $\hat{P}(c_i \mid c_{i-1})$ 的修正量越小。

另一方面，对于在语料中出现过的字符组合，拉普拉斯平滑会带来多大的修改呢？可以代入具体的数值来计算。假设字典中一共有 $V = 10\,000$ 个字符。下面，我们考虑两种比较极端的情况。

第一种情况，假设我们拥有足够大的文本，并得到统计数据 O(清)$=10^{10}$，O(清华)$=10^9$。则未修正的概率估计为 P(华|清)$=0.1$，而修正之后的概率估计为

$$\hat{P}(\text{华} \mid \text{清})=\frac{10^9+1}{10^{10}+10^4}\approx 0.0999999\approx P(\text{华} \mid \text{清})$$

在这种情况下，修正的概率估计与未修正的概率估计并没有什么差别。也即拉普拉斯平滑在语料足够多的情况下，对最大似然估计的修改量是可以忽略不计的。

第二种情况，假设文本的数量并不够多，比如 O(清)$=100$，O(清华)$=10$。这时未修正的概率依然是 0.1，而修正之后的概率为

$$\hat{P}(\text{华} \mid \text{清})=\frac{10+1}{100+10^4}\approx 0.001$$

在这种情况下，修正之后的概率出现了巨大的偏差——变小了 100 倍！

从上面两个例子可以看出，当语料充足，频次统计足够多的情况下，拉普拉斯平滑可以在避免概率为 0 的同时，对原本非零的概率估计值几乎不产生影响。但是这种方法在语料不够充足的情况下，则并不是特别适用。

对这个问题，一个简单的改进方法是在语料不足时，增加一个比 1 小的修正 δ，即

$$\hat{P}(c_i \mid c_{i-1})=\frac{O(c_{i-1}c_i)+\delta}{O(c_{i-1})+\delta V}$$

其中 δ 的取值可以视具体情况设为 0.5，0.1，0.01 等。一般语料规模越小，则选取的 δ 越小。这种平滑方法称为增 δ 平滑(add-δ smoothing)。拉普拉斯平滑可以认为是增 δ 平滑的特例，即增 1 平滑。

拉普拉斯平滑是最简单的平滑方法。尽管增 δ 平滑通过额外的参数 δ 改善了拉普拉斯平滑的局限性，但由于增加的 δ 还是会对一些频次较少的字符组合产生相对较大的修正误差，因此在实际中表现的并不是特别理想。

这里再介绍一个在实际应用中表现更佳的平滑方法——线性平滑(linear interpolation smoothing)。我们举一个 trigram 的例子，条件概率 $P(c_i \mid c_{i-2}c_{i-1})$。线性平滑的形式如下

$$\hat{P}(c_i \mid c_{i-2}c_{i-1})=\lambda_1 P(c_i \mid c_{i-2}c_i)+\lambda_2 P(c_i \mid c_{i-1})+\lambda_3 P(c_i)$$

这里需要满足 $\lambda_1,\lambda_2,\lambda_3\geqslant 0$ 且 $\lambda_1+\lambda_2+\lambda_3=1$。即对于一个 k-gram 模型，我们将字符 c_i 的条件概率修正为原 1-gram 到 k-gram 这 k 项条件概率的线性组合。λ_i 的值可以根据语料的特点来选取，也可以根据频次的大小来决定，比如频次比较高的序列对应的 λ_i 值就可以高一些，或者当 k-gram 的频次在语料中为 0 时，线性平滑会将对应 λ_k 设置为 0。

7.1.4 模型评估与困惑度

7.1.3 节中介绍了如何计算与修正一个语言模型，那如何评估一个语言模型的好坏呢？与第 3 章监督学习的做法类似，本章也会采用训练集和测试集的方法。

首先准备两个分开的语料集合，训练语料(training corpus)和测试语料(test corpus)。在训练语料上我们统计不同字符组合的频次并估计对应的条件概率，然后将计算得到的语言模型放到测试语料上进行测试。一个好的语言模型应该对任何自然语句都能准确评估。由于测试集与训练集均为自然语言语料，我们希望得到的语言模型对于测试集的

句子能够输出尽量高的概率。要说明的是,为避免语言模型对测试语料过拟合,在计算语言模型的过程中,应该避免在测试语料上进行训练或者利用测试语料的结果进行参数选择。在实际中为了更好地选择参数,往往会选择另一个与训练语料和测试语料都不同的开发语料(development corpus/dev corpus),并根据模型在开发语料上的表现进行参数选择。

由于一个语言模型对于一个文字序列输出的概率往往非常小,如果直接使用概率作为评估标准,大部分场景下都非常不便。因此,在实际操作中,我们使用一个基于概率的简单变种作为评价标准,称为困惑度(perplexity)。对一个测试集中的字符序列 $c_1c_2\cdots c_N$,其困惑度记作 $PP(c_1c_2\cdots c_N)$,具体定义如下:

$$PP(c_1c_2\cdots c_N)=P(c_1c_2\cdots c_N)^{-\frac{1}{N}}=\sqrt[N]{\frac{1}{P(c_1c_2\cdots c_N)}}$$

对于一个 bigram 语言模型来说,字符序列 $c_1c_2\cdots c_N$ 的困惑度可以写作:

$$PP(c_1c_2\cdots c_N)=(P(c_1)P(c_2\mid c_1)\cdots P(c_N\mid c_{N-1}))^{-\frac{1}{N}}=\sqrt[N]{\frac{1}{P(c_1)\prod_{i=2}^{N}P(c_i\mid c_{i-1})}}$$

另一方面,也可以将困惑度理解成一个自然语言可能的分叉数的加权平均值(average branching factor)。这里"可能的分叉数"指对于给定字符序列的每一个前缀,可能是随后出现的字符的数量。考虑一个最简单的例子,假设需要处理的语言由 0~9 这 10 个数字组成,并且每个数字出现的概率完全均等,都是 10%。在这种情况下,任何前缀之后都可能概率均等地出现任意一个数字。因此这个语言的平均分叉数为 10。对应的,对于任意一个长度为 N 的由 0~9 这 10 个数字组成序列的困惑度为:

$$PP(c_1c_2\cdots c_N)=\sqrt[N]{\frac{1}{\left(\frac{1}{10}\right)^N}}=10$$

如果规定在这个语言中 0 之后只能出现 0 或者 1,即当出现 0 的时候可能的分叉数只有 2,那么对于一个包含 0 的字符序列,其困惑度则会比 10 要小。

困惑度起源于信息论中的一个重要概念——熵(entropy),它其实是语言模型中一个字符序列的交叉熵(cross entropy)取指数后的值。因此,在一些自然语言处理研究中,也会对困惑度取对数,并以对数困惑度(log perplexity)作为语言模型的评估值。对熵和困惑度的关系有兴趣的读者可以自行深入研究。

7.1.5 实用技巧

在实际训练中,有两个需要特别注意的地方。首先是未知字符(unknown character),或叫字典外字符(out-of-vocabulary character,OOV)。由于测试语料和训练语料并不完全一致,在模型训练完毕需要应用到具体的实用场景中时,往往会遇到没有在字典 L 中出现的字符。为解决这一问题,在训练语言模型时,会引入一个特殊的"未知"字符"<unk>"表示所有非常罕见的字符。在具体操作时,可以将训练集中出现频次特别少的字符全部替换为"<unk>";如果在测试语料中遇到了训练中没有出现的或者出现很少的字符,也对应地替换成"<unk>"。

另一个需要注意的是，对于序列 $c_1c_2\cdots c_N$ 中计算的起始字符 c_1，由于其之前没有任何字符，在之前的讨论中我们直接使用 $P(c_1)$ 作为其条件概率。在许多应用中，例如对完整的一句话进行建模时，仅使用 unigram 中的概率 $P(c_1)$ 是不准确的。实际上，往往还要求 c_1 对应的条件概率是 c_1 恰好作为一句话第一个字符出现的概率。同样，对于字符序列最后一个字符 c_N 也有类似的要求，其条件概率也应当是其作为最后一个字符对应的概率。因此，在实际对句子建模时，会增加两个特殊字符“<start>”和“<end>”，分别表示一句话的开头和结尾，并将序列 $c_1c_2\cdots c_N$ 改写为 <start>$c_1c_2\cdots c_N$<end> 在语言模型中进行计算。以 bigram 为例，即

$$P(<\text{start}>c_1c_2\cdots c_N<\text{end}>)=P(c_1\mid<\text{start}>)P(<\text{end}>\mid c_N)\prod_{i=2}^{N}P(c_i\mid c_{i-1})$$

7.1.6 实例

7.1.6.1 N-gram 模型的计算

下面以李白的《将进酒》为语料，详细介绍 n-gram 模型的计算。

将进酒

君不见，黄河之水天上来，奔流到海不复回。
君不见，高堂明镜悲白发，朝如青丝暮成雪。
人生得意须尽欢，莫使金樽空对月。
天生我材必有用，千金散尽还复来。
烹羊宰牛且为乐，会须一饮三百杯。
岑夫子，丹丘生，将进酒，杯莫停。
与君歌一曲，请君为我倾耳听。
钟鼓馔玉不足贵，但愿长醉不复醒。
古来圣贤皆寂寞，惟有饮者留其名。
陈王昔时宴平乐，斗酒十千恣欢谑。
主人何为言少钱，径须沽取对君酌。
五花马，千金裘，呼儿将出换美酒，与尔同销万古愁。

这里统一将每个由句号或者逗号分隔开的短句都视为一个完整的句子，并在开头结尾处加上“<start>”和“<end>”。我们仅考虑这个语料中出现的字符作为字典 L。于是，总共有 $V=138$ 个字符以及 28 个句子。

下面通过 bigram 和 trigram 的情况，看看两个模型的差异。在 bigram 中，$P(\text{君}\mid<\text{start}>)=\frac{2}{28}$，这也正是语料中句子以“君”字开头的频率。接着计算“君”的下一个字的概率：

$$P(\text{不}\mid\text{君})=\frac{O(\text{君不})}{O(\text{君})}=\frac{2}{5}$$

$$P(\text{歌}\mid\text{君})=\frac{O(\text{君歌})}{O(\text{君})}=\frac{1}{5}$$

在 trigram 中，$P(君|\lt start\gt)$仍然是$\frac{2}{28}$。但在计算“君”的下一个字的概率时，还需考虑到“君”前面的字，

$$P(不\mid \lt start \gt 君)=\frac{O(\lt start \gt 君不)}{O(\lt start \gt 君)}=\frac{2}{2}$$

$$P(不\mid 与君)=\frac{O(与君不)}{O(与君)}=0$$

$$P(歌\mid \lt start \gt 君)=\frac{O(\lt start \gt 君歌)}{O(\lt start \gt 君)}=0$$

$$P(歌\mid 与君)=\frac{O(与君歌)}{O(与君)}=\frac{1}{1}$$

可以看到，与 bigram 相比，在 trigram 中前一个词也起到了重要的作用。当“君”前面是“<start>”时，trigram 更认为“君”后面唯一的可能性是“不”；而当“君”前面是“与”时，trigram 确信“君”后面应该是“歌”，而 bigram 仍认为“君”后面是“不”的概率更大。

7.1.6.2 平滑

我们接下来看看平滑的计算。首先将语料扩大一些，将李白除去《将进酒》之外的 767 首诗作为训练语料，并以《将进酒》作为测试语料。经统计，李白的所有诗词中一共出现了 $V=3377$ 个不同的字符与 13 534 个句子。

我们具体考虑 bigram 模型采用增 δ 平滑，在 δ 取不同值时的预测效果。以《将进酒》中“人生得意”四个字为例。在训练语料中，有

$$O(人生)=14,\quad O(生得)=0,\quad O(得意)=8,$$

$$O(人)=646,\quad O(生)=243,\quad O(得)=160,\quad O(意)=97$$

在完全不使用平滑的情况下，根据语料的统计可以得到

$$P(生\mid 人)=\frac{14}{646}=0.0217$$

$$P(得\mid 生)=\frac{0}{160}=0$$

$$P(意\mid 得)=\frac{8}{97}=0.05$$

因此，$P(人生得意)=0$。现在考虑使用增 δ 平滑，并考虑下面三个 δ 的取值。

(1) $\delta=1$ 时，

$$P(生\mid 人)=\frac{14+1}{646+V}=0.003\,73$$

$$P(得\mid 生)=\frac{0+1}{160+V}=0.000\,276$$

$$P(意\mid 得)=\frac{8+1}{97+V}=0.002\,54$$

(2) $\delta = 0.1$ 时，

$$P(生\mid 人)=\frac{14+0.1}{646+0.1V}=0.0143$$

$$P(\text{得}\mid\text{生})=\frac{0+0.1}{160+0.1V}=0.000\,172$$

$$P(\text{意}\mid\text{得})=\frac{8+0.1}{97+0.1V}=0.0163$$

(3) $\delta=0.01$ 时，

$$P(\text{生}\mid\text{人})=\frac{14+0.01}{646+0.01V}=0.0206$$

$$P(\text{得}\mid\text{生})=\frac{0+0.01}{160+0.01V}=0.000\,036\,1$$

$$P(\text{意}\mid\text{得})=\frac{8+0.01}{97+0.01V}=0.0413$$

可以发现，使用平滑之后，P(人生得意)均为非零值；且使用的 δ 值越小，对原概率估计的修正越小。在这三种 δ 的取值中，$\delta=0.1$ 可以让 P(人生得意)的概率最大。因此，如果将《将进酒》中的“人生得意”这个四字短语作为开发语料进行参数选择的话，$\delta=0.1$ 是这三种参数中最佳的选择。

7.1.7 语言模型的应用

介绍完语言模型及其计算之后，下面将介绍两个语言模型最经典也是最常见的应用——文本生成(text generation)和文本改错(text editing)。

第一个应用是文本生成。具体来说，给定任意一个前缀，利用语言模型可以计算出下一个字符对应的概率。例如，在 bigram 中，通过学习李白的诗词，给定前缀“白”，可以知道概率最高的若干个字符的概率分别为

“日”：0.109

“云”：0.075

“玉”：0.057

“<end>”：0.041

可以根据这个概率随机选择下一个字符，并不断循环，直到终止符“<end>”被选中为止。

下面我们看看学习李白的诗歌后，通过 unigram，bigram 和 trigram 模型分别能够写出怎样的诗句。

(1) 不给任何前缀(即只给定“<start>”)，三个模型表现如下。

unigram：

“<start>”“轻”“谁”“沉”“<start>”“我”“夺”“网”“若”“<end>”

“<start>”“毫”“千”“物”“观”“闲”“日”“烧”“<start>”“<end>”

由于 unigram 模型不考虑词的相互关系，且<start>的比例较大，因此即使在句子中间也可能会出现<start>

bigram：

“<start>”“惆”“怅”“落”“飞”“而”“今”“日”“见”“<end>”

“<start>”“故”“人”“<end>”

“<start>”“风”“任”“公”“见”“客”“<end>”

trigram：

“<start>”“忽”“闻”“悲”“风”“四”“边”“来”“<end>”

"<start>" "起""立""明""灯""前""<end>"

"<start>" "故""山""有""松""月""<end>"

"<start>""白""犬""离""村""吠""<end>"

(2) 给定第一个字是"君",三个模型表现如下。

unigram:

"<start>""君""半" "<start>""昔""吹""无""方""嵘""<end>"

"<start>""君" "极""人""<start>""欲""里""青""<end>"

bigram:

"<start>""君""青""条""脱""宝""鞭""从""广""陵""绕""床""<end>"

"<start>""君""留""人""如""飘""若""未""穷""<end>"

"<start>""君""糠""养""之""可""掇""仙""人""间""<end>"

trigram:

"<start>""君""为""进""士""不""得""意""<end>"

"<start>""君","夸""通""塘""好""<end>"

"<start>""君""莫""驯""<end>"

"<start>""君""从""此""谢""情""人""<end>"

可以发现,在 k-gram 模型中,k 越大,生成的文字质量越高。一般来说,困惑度越低的语言模型,生成的语言的质量也越高。当然 k 越大,所需的训练语料也就越多,也越难得到质量更高的语言模型。

我们也可以利用语言模型对句子进行改写。对于一个语句,如果替换某一个字符可以显著降低对应句子的困惑度,那么该字符很大概率就应该被改写。比如这样一个短句,有人在输入时误将"艺术"输入成了"医术",从而产生了"文学""是""一种""医术""形式" 的句子。

接着我们利用中文维基百科作为语料训练 n-gram 语言模型,可以计算得到这句话的困惑度为 1484.5。而如果修正为"文学""是""一种""艺术""形式",则困惑度可以降为 234.5。

7.2 字模型与词模型

7.2.1 字模型与词模型的比较

前面我们假定语言模型中所处理的字符均以字为单位,即 L=所有汉字。但在许多情况下,以汉字为基本单位并不是一个特别好的选择。比如下面这个句子

"深度神经网络是人工智能研究的热点"

如果以字为单位,这句话需要用比较复杂的语言模型计算才能得出对应模型下的概率。但这句话从结构上分析其实并不复杂,"深度神经网络"是一个固定搭配名词,"人工智能"也是一个固定组合。因此,这句话如果用词作为分析的基本单元,可以得到一个长度为 6 的序列

"深度神经网络" "是" "人工智能" "研究" "的" "热点"

所以,以词为基本单位,需要处理的序列长度大大减小了,语言模型也能进行更准确的计算。

不过这个方法带来的问题是字典 L 的大小陡然增加了。汉语中常见汉字约有 2500 个,但常见词语可以达到万或者十万级别。因此在使用 n-gram 语言模型时,可能出现的词

频为 0 的序列也会大大增加,我们也需要更大规模的语料才能更好地建模。所以,在实际应用中,应根据具体应用的需要及训练语料的大小,适时选择以词还是字为基本单位,或两者混合。对较短的语句或短语建模,可以以字为单位;对较长的语句或专业术语较多的场合,则应当考虑以词为单位。

下面我们看一个例子。这个例子使用中文维基百科的 64 个页面作为语料,分别学习以字和词为单位的 4-gram 模型,并进行文本生成。

(1) 词模型,以“电影”开头:

“电影”“或是”“由”“上”“千名”“演员”“临时演员”“及”“剧组”“及”“许多”“道具”“及”“设备”“组成”

“电影”“评论”“的”“主要”“内容”“是”“剧情”“概要”“及”“对”“电影”“的”“印象”

(2) 字模型,以“电影”开头:

“电”“影”“评”“论”“的”“影”“响”“社”“会”“被”“看”“做”“是”“一”“个”“民”“族”“的”“时”“候”

“电”“影”“发”“展”“中”“国”“著”“名”“的”“儿”“科”“巨”“著”“《”“本”“草”“纲”“目”“》”

(3) 词模型,以“音乐”开头:

“音乐”“理论”“在”“全世界”“的”“音乐界”“占有”“主导地位”

“音乐”“是”“自从”“人类”“出现”“后”“就”“伴随”“着”“人类”“的”“进化”“而”“发展”“的”

(4) 字模型,以“音乐”开头:

“音”,“乐”“家”“不”“认”“同”“颉”“利”“可”“汗”“的”“政”“令”“与”“改”“革”

“音”“乐”“学”“是”“一”“种”“起”“源”“于”“三”“皇”“五”“帝”“的”“传”“说”

可以观察到,使用词为基本单位生成的语句相对较长,意思也相对更丰富。

7.2.2 中文分词

通过上面的介绍可以知道,当语料相对丰富的情况下,使用词作为基本单位可以得到更好的语言模型。然而,汉语的基本组成单位为汉字。那么,对任意一句话应当如何将其转化为词语组成的序列呢?

将给定的一句汉语分割成若干个连贯的词是中文自然语言处理中的一个重要任务,叫分词(word segmentation)。对于一个分词算法,输入是一个连续的汉字序列,输出则是原句子分割而成的汉语词汇的序列。这里介绍一个非常简单,但是实用效果很不错的分词算法——MaxMatch。MaxMatch 的基本原理基于贪心规则,该算法需要一个预先定制的词表,然后从输入句子的开头开始,向后寻找最长的在词表中出现的子串,并以此作为一个词分割;如果找不到任何一个词表中出现的词汇,则将这单独的一个字作为一个词。如此重复直到分割完整个句子。

算法的伪代码如下:

算法 12:MaxMatch 算法

输入:字符序列 $c_1c_2\cdots c_N$,词表 L

输出:词序列 $w_1w_2\cdots w_m$

$i\leftarrow 1, m\leftarrow 0$;

```
while i<N do
    found_word=False
    for j←N downto i
        if(c_i…c_j)∈W then
            m←m+1; w_m=(c_i…c_j);
            i←j+1; found_word=True;
            break;
    if not found_word then
        m←m+1; w_m=(c_i); i←i+1
Return w_1 w_2 … w_m
```

以“深度神经网络是人工智能研究的热点”为例。通常来说,在词表中会有“深度神经网络”“人工智能”“研究”“热点”。

这时,MaxMatch 算法的计算步骤如下。

(1) 首先找出词汇 w_1=深度神经网络,$i \leftarrow 7$;

(2) 接着没能找到任何词表中的词汇,因而 $i \leftarrow 8$,w_2=是;

(3) 找到词汇 w_3=人工智能,因而 $i \leftarrow 12$;

(4) 然后到词汇 w_4=研究,并且 $i \leftarrow 14$;

(5) 最后依次找到词汇 w_5=的,词汇 w_6=热点。

MaxMatch 算法也有缺陷。首先是它非常依赖词表,如果出现了一个没在词表中的词,这个算法就无能为力;其次,它使用的贪心策略也并非最优,在许多场景下这种贪心策略会产生歧义,比如“中关村北大街”“北京大学生前来应聘”“研究生活质量”,等等。在中文语境下这样的例子并不罕见。现代的分词算法大多采用机器学习算法,根据整个序列的信息进行全局分割,有兴趣的读者可以进一步深入研究。

7.2.3 中文与英文的差别

在本章中,均基于中文进行探讨和讲解。但自然语言处理技术并不局限于特定的语种,同样的算法也可应用到其他语言。不同语种处理起来会有不同的技巧,这里重点讨论英语和中文处理的差别。这些讨论也同样适用于其他以字母为基本单位的语言,如德语、法语、西班牙语等。

在英语中,一个句子由 26 个字母和分隔符组成,比如“深度神经网络是人工智能研究的热点”翻译成英语为“deep neural network is a hot topic in artificial intelligence”。与汉语最显著的不同是,英语中字符的数量非常少,因此使用字母作为基本处理单位会使模型变得异常复杂;而分隔符的存在,使得以词作为语言的基本单位显得非常自然。相比汉字分词的艰难程度,英语则几乎不存在这样的问题。当然某种程度上,英文也存在与中文分词类似的任务。比如对于“artificial intelligence”来说,由于这是固定搭配,所以应当将这两个词当作一个整体来看待,而不能简单地将“artificial”看作一个形容词。总体而言,英文更需要关注的是词性的问题。我们将这个任务称为词性分割,英文称为 part-of-speech tagging,简称

POS tagging。比如“We talk about artificial intelligence”和“He gave a talk on artificial intelligence”。这里尽管都使用了“talk”这个词，但是在前一句话中，“talk”是作为动词存在，而第二句话中“talk”是作为名词存在。再比如“United States”作为一个专属名词，并不能把“United”看作一个形容词，而应该把“United States”视为一个名词整体。当然中文也存在词性分割，不过其重要程度在实际中要小很多。

尽管没有分词的问题，英文和其他西方语种的语言特性也有很多其他困扰。这里列举一些英文与中文的主要区别。

(1) 英文中有大量的特定名词。比如英文中最长的单词为“pneumonoultramicroscopicsilicovolcanoconiosis”，表示一种肺病。尽管英文中常用词汇并不多，但在许多特定领域，英文有大量拼写复杂的专有名词。为了对各类文本都能准确建模，往往需要建立非常庞大的词表，这对于医学、化学、生物、法律等专有名词特别多的领域尤其重要。很多情况下，如果简单地将文本中的所有专有名词都直接转换成＜unk＞来处理，容易造成比较严重的信息丢失。

(2) 英语中存在缩写与连写，所以不能单纯以空格或者分割符作为划分单词的绝对依据。比如“U. S. A”，不能因为使用了分隔符“. ”就将3个字母看做三个不同的单词；再比如“This is a 21-year-old student”中的“21-year-old”。很显然，如果把连写和缩写的字符序列看成一个完整的词，那这个词在语料中的出现频率会非常低，概率语言模型也很难对其准确建模。因此，对于“21-year-old”，应当将其分割为“21”“year”“old”三个部分；而对于“U. S. A. ”则应该视作一个整体。这个将连续的英文序列分割为词单元的过程称为词条化(tokenization)。某种程度上词条化算是英文版本的“分词”，不过它与中文的分词侧重点和目标完全不同。此外词条化对于英文自然语言处理是一个必要的关键步骤；而中文即使不进行分词，也可以字为单位进行建模，并取得不错的效果。

(3) 英语有不同的词性变化。同样的单词有单数和复数的区别，例如“man”和“men”，“apple”和“apples”；有人称变化，比如“I have”和“he has”；有时态变化“I am happy”和“I was happy”；有词性变化，“I want to see you”和“I look forward to seeing you”；还有大小写变化等。在不同语境下，同样的单词会有不同的表现形式。因此在传统英文自然语言处理中，首先需要将这些不同形式的单词变成相同形式，比如将“apples”都变成“apple”，这称为词干化(stemming)。

对于其他语言，如拉丁语系的西班牙语以及法语等，还有特定的处理技巧。比如，西班牙语词性存在阴性和阳性的不同表达。与汉语比较接近的语种，如日语，也存在分词的问题。不过总体来说，在进行了这些特定的预处理之后，对于语料中的文字序列进行语言模型计算的方式都是相同的。

随着自然语言处理技术的发展，也得益于深度学习技术和数据的累积，现在可以在英语中直接使用字母进行建模(character-level language model)。在汉字处理中，亦能利用汉字的象形性，将其看做图片，利用计算机视觉技术进行处理。有兴趣的读者可以进一步深入研究。

7.3 向量语义

7.3.1 语义

上面我们学习了不同的语言模型，接下来将学习语义的分析。为方便讨论，下面我们均将词(word)作为建模的基本单位，即处理的语言为词序列 $w_1w_2\cdots w_N$，其中 w_i 取自于词表 L，而词表大小为 V。

在前面的语言模型介绍中，我们仅仅把自然语言中的词看作词表中的元素，并不关心词的拼写或字符组成。事实上，即使将所有的词均替换成其在词表中的编号，也不会对 n-gram 语言模型造成影响。但是，如果将"清华大学"替换成拼音"qing hua da xue"或者转换成数字形式的标准中文电码"3237 5478 1129 1331"，这显然会对正常人的阅读产生很大的障碍，我们会感觉原本文字所包含的有一些重要信息丢失了。

人在理解文本时，最重要的是理解每一个词的语义(semantic)。例如看到"大学"，可以知道"大学"和"中学""小学""教育"有相关的含义；看到"优秀""好"，可以知道这是个褒义词，与"差""坏"是相反的；再如，"苹果"和"梨"都是水果，"猪肉"和"牛肉"都是肉类食物，等等。这些词背后的语义，是语言的核心。那应当怎样让计算机处理这些背后的语义信息呢？

统计自然语言处理有一个基础性的假设，叫分布假设(distributional hypothesis)。分布假设认为，两个词的语义越相似，则它们在自然语言中出现的分布就会越接近。换言之，两个意思相近的词，所处位置的上下文(context)所表达的意思也应该越接近。比如"青菜"和"白菜"一般都会出现在有关吃饭、菜谱或者与蔬菜相关的句子中。假设你突然看到了一个陌生词"茼蒿"，虽然你不知道"茼蒿"的含义，但是如果看到这样的句子：

"今天吃饭吃了茼蒿炒肉"

"餐厅里的茼蒿不是很新鲜"

"蒜蓉茼蒿非常下饭"

那你也可以大致知道"茼蒿"应该是一种和"青菜"或者"白菜"差不多的可以吃的蔬菜。

从分布假设出发，如果想表达一个词的意义，可以利用其上下文的分布作为该词的特征。

7.3.2 词向量

如何才能表达出一个词的语义信息呢？这里介绍一个在实际应用中最成功的模型，向量语义(vector semantics)，即利用一个高维向量 $\boldsymbol{w}=(w_1,w_2,\cdots,w_d)\in\mathbb{R}^d$ 来表示一个词，其中 d 为维度。向量语义的本质是将一个抽象的词，映射到 d 维空间中的一个点。每一个空间的维度对应着某个相应的含义，而该点的具体坐标表达了这个词的语义，即在各个不同维度下的意义。因此也将这个 d 维空间的向量称为词向量(word vector)。从线性代数的角度来看，词向量将一个词嵌入到了一个特定的向量空间(vector space)中，因此更多时候也称这个表示为词嵌入(word embedding)。图 7.1 展示了一些词向量在二维平面上投影的例子。

从图中看到，语义相近的词在词向量空间中的位置都比较靠近。我们会在后文对相似性具体定义并进行更加深入的讨论。

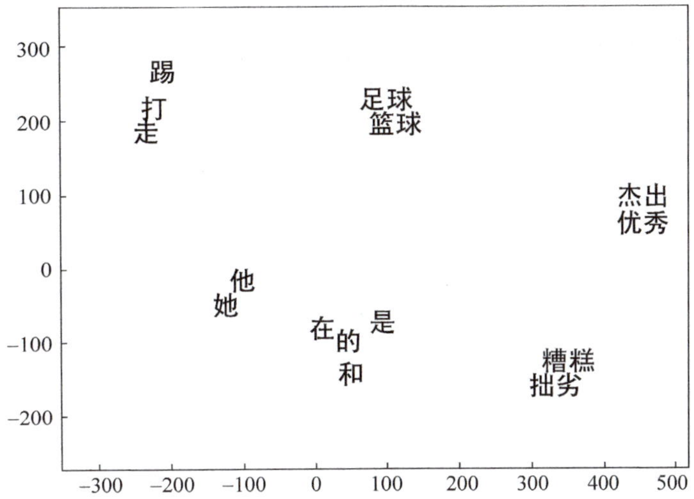

图 7.1 词向量在二维平面投影的实例

7.3.2.1 共现向量

基于分布假设,最直接的语义计算方法是统计上下文中词与词同时出现的频次。假设训练语料中有 M 个短文,对任意两个词表中的词 w 和 v,可以统计 w 和 v 在语料中共同出现的次数,记作 count(w,v),即有多少篇文章中同时包含词 w 和 v。于是,对于一个包含 V 个词的词表,可以得到一个 $V\times V$ 大小的共现矩阵(co-occurrence matrix)。

这里举一个简单的例子说明共现矩阵。考虑如下三句话:

“红色”“的”“衣服”

“白色”“的”“衣服”

“白色”“的”“裙子”

假设整个字典中只有 5 个词,可以得到如表 7.1 所示的共现矩阵。

表 7.1 共现矩阵

	的	红色	衣服	白色	裙子
的	0	1	2	2	1
红色	1	0	1	0	0
衣服	2	1	0	1	0
白色	2	0	1	0	1
裙子	1	0	0	1	0

对于两个语义相近的词,根据分布假设,它们的分布也应当接近。如例子中的“红色的”和“白色的”。

我们可以简单地把共现矩阵的一行表示作为这个词的词向量。如此一来,对每个词典中的词 w,都可以得到一个 V 维向量作为词向量,称为共现向量(co-occurrence vector)。这是一个最简单的词向量的计算方式。在这个方法中,由于大部分词对都不会出现在同一个文章中,所以每个词向量中都有大量的 0 存在。而此 V 通常非常大,所以单纯基于共现矩阵的词向量计算方法会得到一个高维的稀疏(sparse)表示。

图7.2给出了基于共现矩阵计算的词向量的二维投影。词向量的计算选取了中文维基百科中的100个词条作为语料,然后统计不同的词在同一个词条中是否出现来构建共现矩阵。在语料中,V超过了40 000,也即词向量的维度超过了40 000。

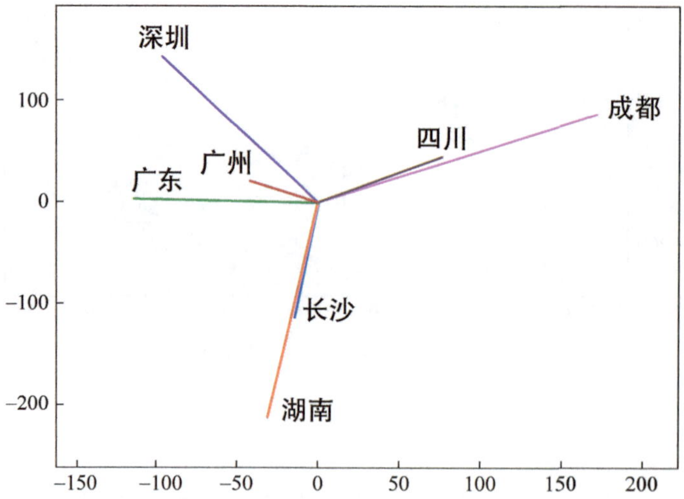

图7.2 基于共现矩阵计算的词向量的二维投影

此外,与前面的语言模型不同,在共现矩阵的计算中我们并不关心词在文章中出现的先后顺序。所以,即使将语料中每篇文章中的词的顺序全部打乱,也不影响词向量的最终计算。从某种角度上来看,我们可以将一篇文章看成一个口袋,而词就像装入口袋中的物品。模型仅关心口袋中有哪些物品,并不关心它们如何摆放。这种忽略文章中词序的建模方法称为词袋模型(bag-of-word model)。由于计算简单,效果也不错,在实际中,如处理文章级别的长文本或在相对粗糙且无须对语句详细建模的任务中,如信息提取(information retrieval),词袋模型都有比较广泛的应用。

最后,在共现矩阵的计算中,由于忽略了词的相互顺序,如果语料中的文本比较长,那么即使距离非常远的两个词也会被模型包含。例如一篇短文中的第一个词和最后一个词,尽管它们大概率在语义上没有任何关系,但依然会被统计到共现矩阵中。一般而言,我们认为词的相互影响是有局部性的,即两个词如果有关,那么它们在文本中往往距离也比较近。因此,在实际应用中统计共现矩阵时,往往只考虑一个词前后距离不超过k的词。以"我""生活""在""北京"这句话为例。当$k=1$时,对于"生活",只有"我"和"在"会被统计到共现矩阵中,而"北京"则不会。形象地说,这个方法好比为每一个词打开了以这个词为中心的窗户,只有被这个窗户包含的词汇才会被模型考虑在内;如果从左到右依次处理每一个词,则好像这个窗户从左向右不停滑动,所以也称这个方法为滑窗(sliding window)方法。

7.3.2.2 相似度

在词的向量表示下,我们知道如果两个词w和v词义越接近,那它们的词向量$\boldsymbol{w}$与$\boldsymbol{v}$就应该越像。那如何定量地表示这个相似程度呢?一个最常用的定量表示是采用两个词向量夹角$<\boldsymbol{w},\boldsymbol{v}>$的余弦值$\cos<\boldsymbol{w},\boldsymbol{v}>$。这个值可以通过如下方法计算:

$$\cos < \boldsymbol{w},\boldsymbol{v} > = \frac{\boldsymbol{w} \cdot \boldsymbol{v}}{|\boldsymbol{w}||\boldsymbol{v}|}$$

这里 $\boldsymbol{w} \cdot \boldsymbol{v}$ 表示向量的内积，$|\boldsymbol{w}|$ 表示向量 $\boldsymbol{w}$ 的模长。其中内积的计算如下：

$$\boldsymbol{w} \cdot \boldsymbol{v} = \sum_{i=1}^{d} w_i v_i$$

而模长也即向量长度的计算如下：

$$|\boldsymbol{w}| = \sqrt{\sum_{i=1}^{d} w_i^2}$$

这些计算由如下关于向量内积的恒等式变换而来：

$$\boldsymbol{w} \cdot \boldsymbol{v} = |\boldsymbol{w}||\boldsymbol{v}| \cos < \boldsymbol{w},\boldsymbol{v} >$$

这个恒等式也描述了向量内积的性质：当两个向量比较接近的时候(即夹角较小时)，内积的值比较大；当向量差距比较大的时候(即夹角接近 π 时)，内积的值较小；当向量垂直的时候，内积为 0。

我们用上面共现向量的例子来说明向量的内积。在该例子中，有

"红色""的""衣服"

"白色""的""衣服"

"白色""的""裙子"

根据共现矩阵，

"红色"的词向量为[1，0，1，0，0]

"白色"的词向量为[2，0，1，0，1]

"的"的词向量为[0，1，2，2，1]

"衣服"的词向量为[2，1，0，1，0]

"裙子"的词向量为[1，0，0，1，0]

以"红色"和"白色"为例，计算出两个词向量的内积为

$$1 \times 2 + 0 \times 0 + 1 \times 1 + 0 \times 0 + 0 \times 1 = 3$$

"红色"的模长为

$$(1 \times 1 + 1 \times 1)^{\frac{1}{2}} = \sqrt{2}$$

"白色"的模长为

$$(2 \times 2 + 1 \times 1 + 1 \times 1)^{\frac{1}{2}} = \sqrt{6}$$

因此它们的相似度为

$$\frac{3}{\sqrt{6} \times \sqrt{2}} = 0.866$$

同理可计算以上几个词两两之间的相似度如表 7.2 所示。

表 7.2 词向量相似度

	的	红色	衣服	白色	裙子
的	1	0.447	0.387	0.387	0.447
红色	0.447	1	0.577	0.866	0.500

续表

	的	红色	衣服	白色	裙子
衣服	0.387	0.577	1	0.667	0.866
白色	0.387	0.866	0.667	1	0.577
裙子	0.447	0.500	0.866	0.577	1

注意到夹角的余弦值本质上是内积的正则化之后的结果,即将两个向量都缩放成模长为 1 的单位向量之后做内积的结果。而在基于共现矩阵的词向量计算方法下,不同词向量的模长可以差距非常大。例如对于最常见的词"的",几乎会出现在每一个语料的短文中,因此模长会非常大;而一些比较少见的词汇,则会得到一个非常稀疏的词向量,对应的模长也会非常小。在实际操作中,往往会先将词向量进行归一化(normalization),以保证词向量的模长均是 1 或均非常接近 1,以简化相似度或其他类似词向量度量的计算。

7.3.2.3 词向量的应用

除了计算词义相似度,或根据词义将词投影到平面来展示不同词的意思,词向量也是现代自然语言处理领域几乎最核心的技术。

自然语言处理与第 3 章中讨论的机器学习中的回归和分类问题,以及第 6 章计算机视觉中的图片处理的最大不同在于,大部分现代统计机器学习和深度学习方法处理的数据都是连续数据,而自然语言需要处理离散数据,简言之就是"实数"和"整数"的区别。对于实数我们可以做加减乘除等线性运算。例如在线性分类中,可以对数据做线性变换,然后根据输出的结果进行分类。但对于自然语言而言,一个离散数据做线性运算之后并不能得到离散数据。比如"北京"这个词无法进行加减乘除,"我在北京"这句话也无法做线性回归或者分类。这些基于实数的加减乘除运算对于离散的字符完全没有意义,因此也不能直接使用经典的机器学习技术来处理离散的自然语言文本。

然而有了词向量之后则完全不一样了:一个离散的词变成了一个连续的向量。从另一个角度来看,对于词 w 的 d 维词向量 $\boldsymbol{w}$,也可以认为这 d 个实数 $w_1 w_2 \cdots w_d$ 就是词 w 的 d 个特征。我们甚至可以计算句子或短文的特征:对于句子 $w_1 w_2 \cdots w_N$,最简单的特征计算方法就是取所有句子中词向量的平均值作为句子的特征,即 $\frac{1}{N}\sum_{i}^{N} w_l$。我们知道,数据和特征是机器学习的关键。因此,有了词向量之后就可以将所有机器学习的技术应用到自然语言处理领域中。

最简单的例子是文本分类(text classification)。例如,如果希望区分一个文章是关于政治的、体育的,还是娱乐的,只需要首先计算出所有词语对应的词向量;根据词袋模型对每一篇文章中所有词的词向量取平均值作为该文章的特征;然后利用 SVM 或者任何一个机器学习分类算法,在训练语料上进行训练,就可以得到一个文本分类器了。

最后,词向量还是所有基于深度学习的自然语言处理技术的基石。7.3.3 节将会进一步介绍。

7.3.3 word2vec

前面介绍了如何利用共现矩阵得到一个高维度的稀疏词向量。由于词向量的维度比较高(实际应用中词表大小可达万甚至十万级别),在实际应用中会有许多困难,例如计算量大、存储空间大等。而且,在几乎所有的自然语言处理任务中,相对低维度的(50～500维)的稠密向量都会比高维度的稀疏向量的表现要好很多。因此,一个很自然的问题是我们能否直接计算得到这样的低维度稠密向量,而不是通过采用一些降维的算法(如主成分分析(PCA)算法,本书中不做介绍,感兴趣的读者可以进一步学习)?

语言学家早在20世纪50年代就开始低维度的稠密词向量的相关研究了。例如,在一个特定领域中,可以定义一些属性,然后通过对属性进行打分得到描述每个词的词向量。例如对于水果,可以定义酸度、甜度、大小、种类等,最后得到一个水果的词性表示。但这样的手动分类的方式需要大量的专业知识与人工标注,很难广泛应用到现实生活中。

为解决这一难题,这里将介绍一个基于机器学习的方法——word2vec(word to vector)。Word2vec算法的核心是将词向量的计算转化成机器学习的分类问题,并把每个词的词向量看作机器学习模型的参数,以及把训练语料看成训练数据;然后定义一个分类损失函数,并通过梯度下降算法进行优化;最后,分类模型训练收敛后得到的参数就是最终的词向量。

7.3.3.1 连续词袋模型

Word2vec考虑这样一个分类问题:给定词上下文(contex)"$c_{-k}\cdots c_{-1}$? $c_1\cdots c_k$",判断一个词w是否应该出现在"?"的位置。根据分布假设,可以知道一个词的词义与上下文,即该词在句子中的前后$2k$个词语紧密相关。对于这个分类问题,可以用机器学习的方法得到一个分类器,输出每个词w出现在中间位置的概率。训练完成后,对于一个语料中原本的词w和一个与其不相关的词w',w出现在"?"位置的概率应该比w'要高。举个例子,考虑"我 在 北京 上 大 学"这个句子。我们希望训练一个分类器,能给出一个目标词出现在"我 在 ? 上 大学"中"?"位置的概率。原词"北京"在训练文本中出现过,应当概率较高;与其意义相近的词,如"上海",填入该位置应当也比较通顺。但一个与其毫无干系的词,如"西瓜"或"跑步",在此上下文条件下能让整个句子显然通顺的概率应当比较小。一个好的词向量选择,应当在某种计算模型下满足这个分类问题的优化目标。

这里要强调的是,word2vec算法关注的只是最终得到的词向量,而不是分类问题最后得到的分类器的表现。这里考虑的分类问题的设定只是为了方便应用机器学习求解词向量而特殊构选的优化目标。在此框架中,人工设定的分类问题的输入是一个去掉中间词的上下文,输出是一个词填入文中的概率。这种分类建模方法也被word2vec的作者称为连续词袋模型(continuous bag-of-word model,CBOW)。

7.3.3.2 二分类问题

在7.3.3.1节中,连续词袋模型考虑了一个对于整个词表的多分类问题。在实践中,由于词表往往很大,这样的多分类问题给具体计算带来了很多困难。为了简化计算,在这一节中将考虑一个形式上大幅简化的二分类问题:给定上下文"$c_{-k}\cdots c_{-1}$? $c_1\cdots c_k$"和特定词w,w是否"合适"出现在"?"的位置?如果我们可以解决这个二分类问题,那么对于任意上下文,只需要对词表中的每一个词都计算其对应的"合适"度,并选择最合适的词作为原本连续词袋模型的输出。而将一个复杂多分类问题简化为一个等价的二分类问题的技巧,正是

word2vec 算法的核心思想。

我们用 $P(+|w,c_i)$表示 word2vec 考虑的二分类问题中，词 w 和一个特定的上下文词 c_i 适合一起出现在文本中的概率，并用 $P(-|w,c_i)$表示词 w 和词 c_i 不适合一起出现的概率。这里 $P(+|w,c_i)+P(-|w,c_i)=1$。

那如何表示“适合同时出现”的概率呢？我们希望定义某种可通过词向量计算的实数来表示两个词的“适合度”。如果词 w 与上下文 c_i 的适合度比较高，即“适合度(w,c_i)”比较大，则它们一起出现的概率也应该比较大；否则它们适合一起出现的概率应该比较小。我们希望该适合度可通过词向量运算得到。一个最简单的度量函数便是向量的内积。

具体来说，word2vec 对于每个词定义两个向量，一个是词本身的词向量，另一个是其作为其他词上下文时使用的上下文向量。Word2vec 定义，如果词 w 的词向量 $\boldsymbol{w}$ 与上下文词 c_i 的上下文向量 $\boldsymbol{c}_i$ 的内积比较大，则该两个词的适合度高，即：

$$\text{适合度}(w,c_i) \approx \boldsymbol{w} \cdot \boldsymbol{c}_i$$

由于不同词向量的模长会有差别，理论上应该使用向量夹角的余弦作为适合度值。Word2vec 算法为了简化计算，直接采用没有归一化的内积值代替余弦值。在实际应用中，如果优化算法应用得当，最终得到的每个词向量的模长一般相差无几。

有了适合度的定义，我们接下来采用与第 3 章监督学习中所讲的 0-1 分类问题同样的方法定义概率 $P(+|w,c_i)$与 $P(-|w,c_i)$。具体来说，可以采用逻辑函数(logistic function)，即 sigmoid 函数，将 w 和 c_i 适合同时出现的概率 $P(+|w,c_i)$定义如下：

$$P(+|\ w,c_i)=\frac{1}{1+\mathrm{e}^{-\boldsymbol{w}\cdot\boldsymbol{c}_i}}$$

同理，定义 w 和 c_i 不适合同时出现的概率 $P(-|w,c_i)$为

$$P(-|\ w,c_i)=1-P(+|\ w,c_i)=\frac{\mathrm{e}^{-\boldsymbol{w}\cdot\boldsymbol{c}_i}}{1+\mathrm{e}^{-\boldsymbol{w}\cdot\boldsymbol{c}_i}}$$

这样我们得到了词 w 和一个特定的上下文词 c_i 适合同时出现的概率表示。在分类问题中，还需要计算词 w 与 $2k$ 个上下文词 $c_{-k}\cdots c_{-1}$ 与 $c_1\cdots c_k$ 都适合一起出现的概率。对此 word2vec 采用了最简单的处理方式，也即词袋模型的思想：假设该 $2k$ 个上下文词与词 w 相互独立。于是我们把 w 与每一个 c_i 合适出现的概率直接相乘，得到它与整个上下文一起出现的概率：

$$P(+|\ w,c_{-k}\cdots c_k)=\prod_{1\leqslant|i|\leqslant k}P(+|\ w,c_i)$$

在实际操作时，由于计算精度的限制，一般考虑对数概率，即

$$\log P(+|\ w,c_{-k}\cdots c_k)=\sum_{1\leqslant|i|\leqslant k}\log P(+|\ w,c_i)$$

我们希望经过训练，最后得到的词向量能够使得上述概率对于适合一起出现的文本尽量大。这样，便得到了我们需要优化的目标函数的完整数学表达。

那什么样的文本适合一起出现呢？一个自然的选择便是训练语料。我们认为训练语料提供的每一个句子中的文字都是适合出现在一起的。然而，仅有适合一起出现的文本是不够的。在训练中，由于语料中的句子仅提供了这个二分类问题的正例，因此我们无法按照机器学习的一般处理方法直接优化上述损失函数，因为一个二分类问题不仅仅需要正例，还应

当有足够的负例。例如,如果我们希望训练一个机器学习模型判断一张图片是不是苹果,那么,只提供苹果的图片是不够的,因为一个将任意图片都判断为苹果的模型便可在训练数据上得到100%的正确率。对应到word2vec,则只要让词向量都相同,便可最大化上述概率。

那如何得到负例呢?由于词表很大,适合出现在一起的词对远没有不适合出现在一起的词对多。因此,可以随机从词表中选择在当前句子中没有出现的词作为负例,并希望对于随机选择的负例 n_i,有 w 和 n_i"不适合"一同出现的概率 $P(-|w,n_i)$ 尽量大。假设一共随机选取了 m 个负例,分别为 $n_1,n_2,\cdots,n_m$。则对于训练语料中的一个句子 $c_{-k}\cdots c_{-1}wc_1\cdots c_k$,有 $2k$ 个正例 $(w,c_{-k})\cdots(w,c_k)$ 与 m 个负例 $(w,n_1)\cdots(w,n_m)$。此时,用 θ 表示模型的参数(即每个词的词向量及上下文向量),就可以得到关于词 w 的完整目标函数:

$$L(w,\theta)=\sum_{1\leqslant|i|\leqslant k}\log P(+|\ w,c_i)+\sum_{1\leqslant i\leqslant m}\log P(-|\ w,n_i)$$

现在将语料中全部的正例表示为 D^+,把所有随机产生的负例表示为 D^-,则word2vec的完整二分类目标函数为

$$L(\theta)=\sum_{(w,c_i)\in D^+}\log P(+|\ w,c_i)+\sum_{(w,n_i)\in D^-}\log P(-|\ w,n_i)$$

训练的目标是优化参数 θ,使得目标函数最大化①。

训练的过程与一般的机器学习优化类似。首先随机初始化所有的参数,即随机初始化所有的词向量和上下文向量;然后应用梯度下降算法直到收敛。注意到,最后对于每个词会得到两个不同的向量,一个是这个词本身的词向量,另一个是其作为上下文时使用的上下文向量。我们可以直接将上下文向量丢弃只保留词向量,也可以把两个向量连接到一起,得到维度为原本模型维度两倍的新向量作为最终的词向量。这两个方法在实际中都很常用。最后,在skip-gram模型中,上下文的区间长度 k 是word2vec算法中相对重要的参数。k 的取值都会在开发集中进行测试,并根据语料的不同进行选取。通常而言 k 不会超过10。

图7.3展示了word2vec算法的具体实现流程。

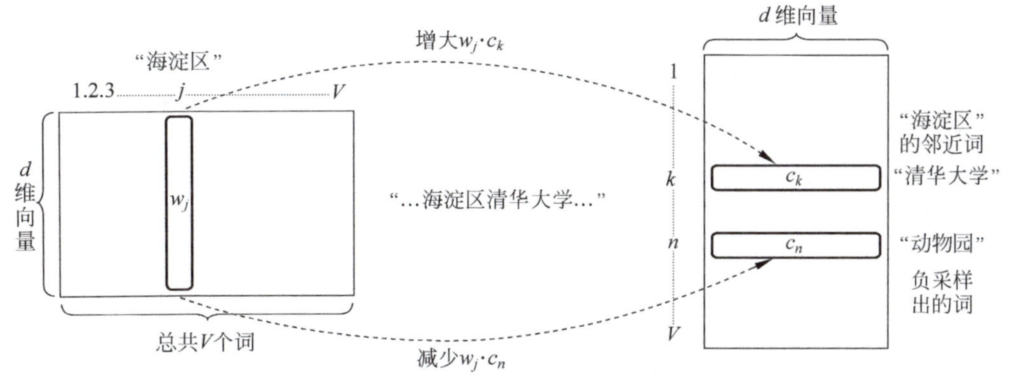

图7.3 word2vec算法的实现流程

① 在机器学习中,一般假设需要最小化损失函数,只需把目标函数取负号即可得到需要最小化的损失函数。

7.3.4 可视化示例

在本节中,将展示一些具体的词向量的示例。我们使用维基百科上的中文词条作为语料训练,使用 word2vec 得到训练词向量,并从训练好的词向量中挑出一些常见的词投影到二维平面作为展示。图 7.4 展示了 7 个计算好的词向量在平面的投影与对应的词。

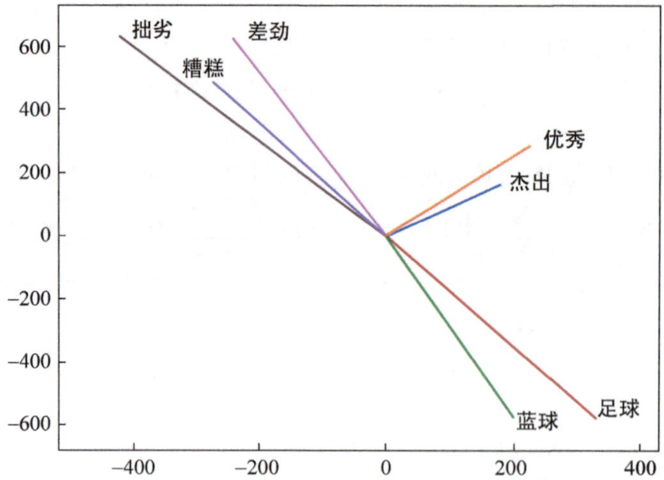

图 7.4 基于 word2vec 的词向量的二维投影

不难看到,同类型的词之间夹角较小,不同类型的词之间夹角较大。同样的,同义词之间(例如"优秀"和"杰出")的夹角较小(即夹角的余弦值较高),而反义词之间(例如"优秀"和"拙劣")的夹角则会较大。表 7.3 展示了各个词之间的相似度。

表 7.3 词汇之间的相似度

	优秀	杰出	拙劣	足球
优秀	1	0.701	0.424	0.288
杰出	0.701	1	0.381	0.270
拙劣	0.424	0.381	1	0.224
足球	0.288	0.270	0.224	1

此外,通过 word2vec 计算得到的词向量,还会有一些有趣的现象,例如,我们发现通过词向量的运算可以得到一些特定的近似等式。在 word2vec 最早的论文中,研究人员发现在使用大量英文语料训练词向量后,词 queen(女王)和 king(国王)的词向量做差得到的向量,与 woman(女人)与 man(男人)做差得到的向量几乎一样(见图 7.5)。于是就得到了这样的等式

$$\text{queen}-\text{king}+\text{man}=\text{woman}$$

注意到 queen 是女性的国王,从某种角度上说是女人加上了国王的属性。这说明词向量的线性运算有时可以表现词的类比(analogy)关系。类似的例子还有 Paris－France＋Italy＝Rome 以及 cars－car＋apple＝apples 等。同样的,在中文中,通过用大量新闻语料进行训练,也可以得到类似的结果,比如(图 7.6 给出了等式的图示)

$$\text{湖南}-\text{湖北}+\text{武汉}=\text{长沙}$$

感兴趣的同学可以上网查找相关资料并自己动手实践相关的结果。

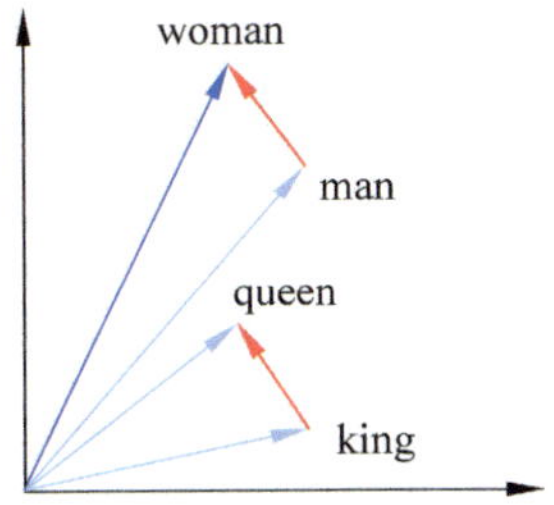

图 7.5 著名的"国王与女王"的例子

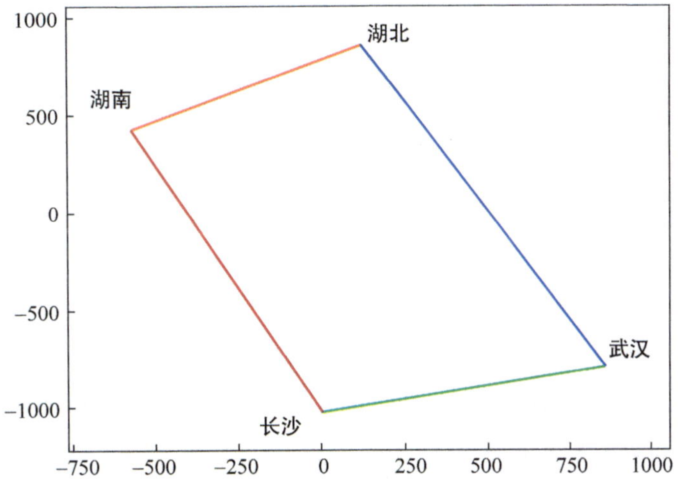

图 7.6 word2vec 在中文语料上训练后，得到的部分"省份与省会"的词向量在二维平面的投影

7.4 基于神经网络的自然语言处理

在 7.1 节的 n-gram 语言模型里，对于一个词序列 $w_1 w_2 \cdots w_N$，模型的核心目标是对每个序列中的词 w_i 计算条件概率

$$P(w_i \mid w_{i-k+1} \cdots w_{i-1})$$

以 bigram 为例，在之前的论述中，我们通过统计训练语料的频率来计算这个条件概率，即

$$P(w_i \mid w_{i-1}) = \frac{O(w_{i-1} w_i)}{\sum_{w \in L} O(w_{i-1} w)} = \frac{O(w_{i-1} w)}{O(w_{i-1})}$$

为了解决罕见词条概率为 0 的问题，我们提出了多种平滑的方法。但当词表大小不断增加，同时在使用 trigram 或者 4-gram 等考虑较长上下文的模型的时候，由于词的不同组合数呈指数增长，仅使用平滑来避免 0 概率在实际应用中往往效果不佳。

不过，由于每个词有其背后的语义，除了词频统计，我们还可以通过词义得到许多额外的信息。例如"我 住 在 [*]" 这个句子，假设在语料中，"在" 这个字出现了 100 次，"在北京"这个短语出现了 30 次，而"在上海"这样的搭配中则从来没有出现过。若直接使用频率

计算 n-gram 模型则有的方法有

$$P(\text{北京} \mid \text{在})=\frac{P(\text{在北京})}{P(\text{在})}=\frac{30}{100}=0.3$$

而

$$P(\text{上海} \mid \text{在})=0$$

但我们知道,“北京”的词义与“上海”非常相似(均为中国的城市)。即使“在上海”这个短语在语料中没有出现,基于对语义的理解,“我住在上海”也应该是一个自然的表述。N-gram 模型由于在计算过程中完全没有利用语义信息,因此很容易出现这种与语言直觉不符的例子。

如何能够在计算条件概率时将每个词的语义信息考虑进去呢?从 7.3 节可以知道,词向量可以很好地表示语义信息。本节将介绍一个可以高效利用语义信息的模型——神经网络语言模型(neural language model)。

7.4.1 基于神经网络的 bigram 模型

本节将以 bigram 为例介绍神经网络语言模型。假设词表 W 的大小为 V。我们希望用神经网络表示条件概率 $P(w_i \mid w_{i-1})$,即当前词为 w_{i-1} 时,词表中的每个词 w 出现在 w_{i-1}后的概率。用数学语言来描述这个问题,则是希望寻找一个函数 f,给定词表 $L=\{w^1,w^2,\cdots,w^V\}$,及当前词 w_{i-1} 作为输入,输出一个长度为 V 的向量 $\boldsymbol{o}=(o_1,o_2,\cdots,o_V)$,其中 o_i 表示词表中第 i 个词出现在 w_{i-1} 之后的概率。

下面具体说明如何利用神经网络表示这个函数:

首先,由于神经网络只能处理连续输入,需要把词表中的所有词及当前词 w_{i-1} 都转变为词向量即$\{\boldsymbol{w}^1,\boldsymbol{w}^2,\cdots,\boldsymbol{w}^V\}$以及 $\boldsymbol{w}_{i-1}$;

由于输入的是当前词 w_{i-1},可以根据 $\boldsymbol{w}_{i-1}$ 计算隐藏层 $\boldsymbol{h}$

$$\boldsymbol{h}=\sigma(\boldsymbol{W}\boldsymbol{w}_{i-1}+\boldsymbol{b})$$

其中矩阵 $\boldsymbol{W}$ 和向量 $\boldsymbol{b}$ 为神经网络的参数,$\sigma(\cdot)$表示激活函数,常见的激活函数有 sigmoid 函数、tanh 函数以及 ReLU 函数等。这里仅考虑一层隐藏层。在实际应用中,可以采用更多的隐藏层以提高神经网络的表达能力。

有了隐藏层 $\boldsymbol{h}$ 之后,需要为词表中的每个词 w^i 计算其对应的概率。这里的计算目标与第 2 章中的多分类问题类似,均是输出一个概率分布。因此,我们将当前的计算视作一个 V 类的分类问题,并采用 softmax 函数进行最后概率值的计算。具体来说,对于词表中的词 w^i,首先根据隐藏层 $\boldsymbol{h}$ 及其词向量 $\boldsymbol{w}^i$ 计算该词对应的逻辑值β_i

$$\beta_i=\boldsymbol{h}^{\mathrm{T}}\boldsymbol{U}\boldsymbol{w}^i$$

其中矩阵 $\boldsymbol{U}$ 是神经网络的参数。然后对 β_i 套用 softmax 函数得到最后的概率 α_i,即

$$P(w^i \mid w_{i-1})=\alpha_i=\mathrm{softmax}(\beta_i)=\frac{\mathrm{e}^{\beta_i}}{\sum_{j=1}^{V}\mathrm{e}^{\beta_j}}$$

在计算中我们共引入了三个神经网络参数：W,b 和 U。这些参数需要从训练数据中学习得到。

7.4.2 训练神经网络

有了神经网络的表示，接下来定义训练数据。与 word2vec 模型一样，在 bigram 模型下，我们认为语料中所有连续出现的词序列(w_{i-1},w_i)都是一个训练数据，即当神经网络的输入是 w_{i-1} 的时候，神经网络的分类输出应该是 w_i。根据多分类问题的损失函数，可以类似地定义在神经网络语言模型下数据(w_{i-1},w_i)的损失函数，即

$$L(w_{i-1},w_i) = -\log P(w_i \mid w_{i-1}) = \log\left(\sum_{j=1}^{V} e^{\beta_j}\right) - \beta_i$$

定义了损失函数之后，只需用梯度下降算法优化神经网络的参数即可。注意到，与 word2vec 中的二分类问题不同，由于这里使用多分类问题进行建模，并采用了 softmax 函数，因此无需利用负采样生成额外的负例。

7.4.3 基于神经网络的 *n*-gram 模型

神经网络语言模型可以很容易地推广到 trigram、4-gram 或者任意 k-gram。以 trigram 模型为例。在 trigram 中，需要计算的条件概率为 $P(w_i|w_{i-2}w_{i-1})$，在对应的神经网络中也同样需要计算一个隐藏层 $\boldsymbol{h}$。与 bigram 不同的是，此时 $\boldsymbol{h}$ 的输入有两个词向量 $\boldsymbol{w}_{i-2}$ 和 $\boldsymbol{w}_{i-1}$。只需将这两个词向量拼接在一起输入隐藏层即可。具体来说，假设 $\boldsymbol{w}_{i-2}$ 和 $\boldsymbol{w}_{i-1}$ 为两个 d 维的词向量，则可将其拼接成长度为 $2d$ 的向量$[\boldsymbol{w}_{i-2},\boldsymbol{w}_{i-1}]$来计算 $\boldsymbol{h}$，即

$$\boldsymbol{h} = \sigma(W[\boldsymbol{w}_{i-2},\boldsymbol{w}_{i-1}] + b)$$

其余部分的计算不需要做任何改变。

类似的，对于任意 k-gram 只需将 $k-1$ 个词向量拼接之后计算隐藏层即可。k 越大，神经网络的表达能力就越强。当然，神经网络的参数量也更多，训练需要的数据也越多，优化目标函数也更困难。

图 7.7 展示了神经网络语言模型的具体计算流程。

最后，本章介绍的神经网络语言模型只能应用于特定 k 值下的 k-gram 模型。而通过之前的介绍我们知道，n-gram 模型其实是真实条件概率 $P(w_i|w_1w_2\cdots w_{i-1})$的近似。那是否能利用神经网络对整个序列进行建模呢？答案是肯定的。在前沿研究中，有两种广泛用于对文本建模的神经网络结构——循环神经网络(recurrent neural network)和基于注意力机制的神经网络(attention-based neural network)。基于这两种相对复杂的神经网络模型，可以开发出许多实际生活中的自然语言应用，包括人机对话系统(如苹果手机的 Siri 助手)、翻译系统(如谷歌翻译与微信翻译)、摘要和标题生成(如今日头条的新闻标题辅助创作系统)以及搜索引擎的关键词匹配等。限于篇幅和深度，本教材不对此深入介绍，感兴趣的同学可以自行研究。

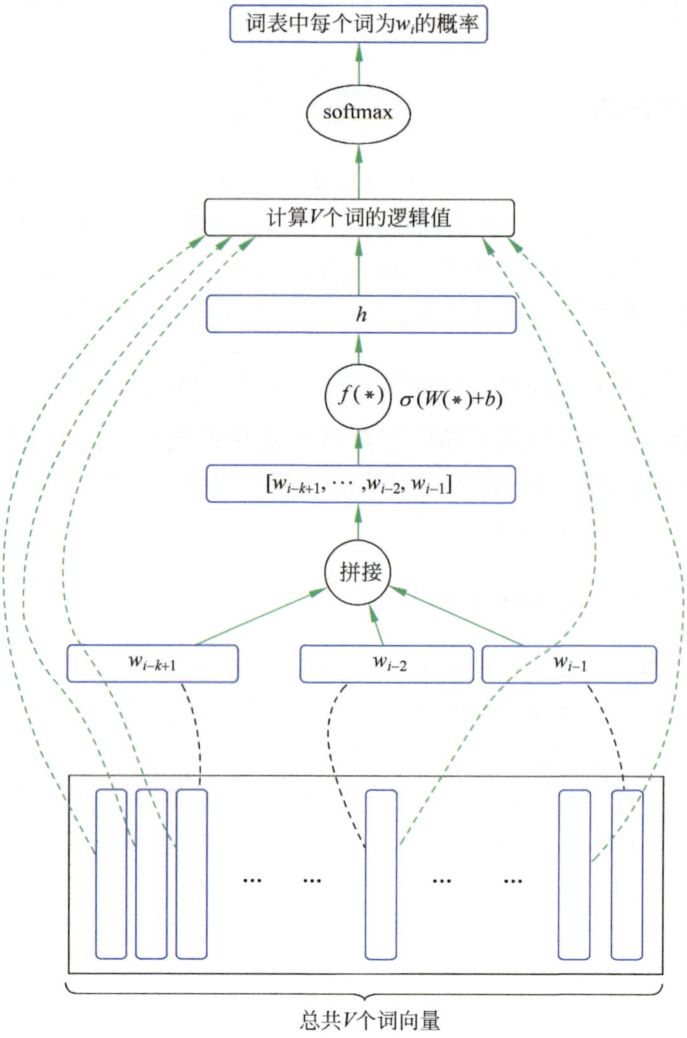

图 7.7　神经网络语言模型的计算图

本章总结

本章围绕语言模型介绍了经典的 n-gram 模型及其计算问题。接着从字模型延伸到词模型,介绍了基本的语义计算方法。最后基于词向量,介绍了更强大的神经网络语言模型。

语言模型和词向量是自然语言处理领域的核心模块,利用这两个基本组成部分可以解决大量的自然语言处理问题。希望读者通过本章了解自然语言处理的基本原理,并对复杂语言处理问题的探究产生热情,在未来真正解决实际生活中的自然语言处理难题。

历史回顾

N-gram 模型的雏形由俄国数学家安德雷·马尔可夫(Andrey Markov,俄文 Андрéй Мáрков)在 1913 年首次提出。马尔可夫在其论文中第一次使用了 bigram 和 trigram 对普希金的小说《叶甫盖尼・奥涅金》进行建模。这些模型现在也称为马尔可夫链(Markov chain)。1948,信息论之父——美国数学家克劳德・香农(Claude Shannon)在其论文中第一次使用 n-gram 模型对英文文本进行近似计算,从此 n-gram 模型等马尔可夫模型开始被各个领域广泛应用于对词序列的建模。

向量语义,即一个词的词义可以用高维空间中的一个坐标来表示。1957 年,向量语义由 Osgood C. E. ,Suci G. J. 和 Tannenbaum P. H. 在其心理学著作《The Measurement of Meaning》中首次提出。基于神经网络的语言模型(neural language model)是深度学习时代下自然语言处理最基本的工具。2000 年,最早的神经网络语言模型由 Yoshua Bengio 在其经典论文 A neural probabilistic language model 中首次提出。2018 年,Yoshua Bengio 因为在深度学习领域的诸多奠基性工作,与 Geoffrey Hinton(深度学习领域奠基人)和 Yann LeCun(卷积神经网络发明人)共同荣获计算机科学领域最高荣誉——图灵奖(Turing Award)。

Word2vec 于 2013 年由来自谷歌(Google)的研究者提出。算法发表的同时谷歌也在网上发布了 word2vec 的工具包。由于简单高效,word2vec 成为了现在使用最广泛的词向量计算工具。

练 习 题

1. 请以 0～9 这 10 个数字作为字典,将全体自然数视作训练语料建立语言模型。

(1) 完成下列填空

$$P(0)=\underline{\qquad\qquad}$$
$$P(1)=\underline{\qquad\qquad}$$
$$P(0\mid 9)=\underline{\qquad\qquad}$$
$$P(7\mid 977)=\underline{\qquad\qquad}$$

(2) 如果此时把全体不包含 0 这个数字的自然数作为训练语料建立语言模型,那么上面的答案会出现什么变化?

2. 假设以 A,B 这两个字符作为字典,对于某种语料得到的语言模型条件概率如下:

$P(A)=0.2,\quad P(B)=0.8,$

$P(A\mid A)=0.1,\quad P(A\mid B)=0.9,$

$P(A\mid AA)=P(A\mid AB)=0.5,\quad P(A\mid BB)=0.3,\quad P(A\mid BA)=0.8$

(1) 计算以下条件概率

$$P(B\mid A)=\underline{\qquad\qquad}$$
$$P(B\mid B)=\underline{\qquad\qquad}$$
$$P(B\mid AA)=\underline{\qquad\qquad}$$
$$P(B\mid BB)=\underline{\qquad\qquad}$$

(2) 根据给出的语言模型,在训练语料中出现最频繁的三字短语是什么?出现的频率是多少?

(3) 给定测试语料 ABB,请计算上述语言模型的困惑度 $PP(ABB)$。

(4) 假设使用另一个训练语料得到了一个新的语言模型。这里将(1)～(3)中使用的语言模型称为1号模型，现在新得到的语言模型称为2号模型。在2号模型中，有 $P(A)=0.6$，并且其余条件概率取值和1号模型完全一致。假定唯一的测试语料为 ABB，那么这两个语言模型哪个更好？为什么？

3. 根据下面给定语料，以字为基本单元，计算 unigram，bigram 和 trigram 语言模型下使用不同平滑策略所对应的条件概率的值。

语料："你不知道我知道你知道我不知道你知不知道。"

(包括句号"。"共20个字符)

unigram		
	无平滑	拉普拉斯平滑
P(你)		
P(知)		
P(他)		

bigram			
	无平滑	拉普拉斯平滑	增 δ 平滑 $\delta=0.01$
P(不|你)			
P(知|我)			
P(知|你)			
P(道|不)			

trigram			
	无平滑	增 δ 平滑 $\delta=0.01$	线性平滑 $\lambda_1=0.2,\lambda_2=\lambda_3=0.4$
P(道|你知)			
P(我|知道)			

4. 根据练习题3中的语料完成下面的题。

(1) 找出频率最高的三字短语。

(2) 为了方便起见，不考虑起始字符"<start>"，不采用任何平滑，利用 n-gram 模型对长度为3的字符序列 $c_1c_2c_3$ 按照如下方式建模：

$$P(c_1c_2c_3)=P(c_1)P(c_2 \mid c_1)P(c_3 \mid c_1c_2)$$

根据所得到的语言模型，按照贪心规则，按顺序生成三字短语。贪心规则即每一步总选择基于当前上下文条件概率最大的字生成。

(3) 贪心规则得到的三字短语是语料中频率最高的吗？这是根据语言模型生成的概率最高的短语吗？如果是，那么贪心策略总能够找到概率最高的文本吗？如果不是，请给出改进方案。

5. 用 A,B,C,D 来表示 4 个不同的中文词，请根据下面各小题中的描述完成推测，并说明作出对应推测的理由。

（1）若使用高中语文课本中的部分文章作为训练语料并得到如下共现矩阵（co-occurrence matrix）

	A	B	C	D
A	0	1	79	50
B	1	0	138	90
C	79	138	0	3
D	50	90	3	0

那么 A,B,C,D 可能是哪 4 个词？给出一种合理的猜测并说明为什么？

（2）假设经过 word2vec 计算后得到如下的词向量

$$\boldsymbol{A}=[-1,0.5,0.75]$$
$$\boldsymbol{B}=[1,-0.5,-0.75]$$
$$\boldsymbol{C}=[-0.25,-2,1]$$
$$\boldsymbol{D}=[-0.24,-2.1,0.99]$$

如果 $\boldsymbol{A}$ 代表词“优异”，$\boldsymbol{C}$ 代表“庆祝”。那么 $\boldsymbol{B}$ 和 $\boldsymbol{D}$ 可能分别代表什么词？为什么？

6. 有一个经典的英文猜词游戏规则如下：

一个同学心中想好一个秘密英文单词 w，然后在黑板上画出 w 中字母数目个空格。接下来有若干回合，每一个回合中班级里其他同学可以选择①向台上的同学提问该单词是否含有某一个字母；②猜测该单词是什么。如果同学选①并且秘密单词中确实含有对应的字母，那么台上的同学就要把这个字母写到对应的空格位置里。如果在若干回合内有同学猜对单词是什么，则台下同学获胜，否则台上同学获胜。

现在，Alice 和 Bob 就进行了一场这样的游戏，过程如下。

Alice 在黑板上写下了 5 个空格 [] [] [] [] []，表示秘密单词有 5 个字母；

Bob 问，单词中是否含有 e？Alice 回答，有，并且把 e 写到了对应空格里 [] [] [] [] e

Bob 问，单词中是否含有 a？Alice 在黑板上继续写下了 a，现在黑板上是 a [] [] [] e

Bob 问，单词中是否含有 p？Alice 把 p 也写上了黑板，a p p [] e

Bob 说，我知道了，你的秘密单词是 apple！于是 Bob 获胜。

根据 Bob 的表现、你至今所学习的 AI 知识以及语言模型的知识，Bob 在这个游戏中的表现如何？他的策略合理吗？为什么？

7. 利用实验教材中的诗词语料以及相关代码，动手实践使用语言模型生成文本，并对不同模型进行评价。

8. 利用实验教材中的相关代码，动手实践利用 word2vec 计算词向量，你还能找到其他的类似“湖北－湖南＋长沙＝武汉”的例子吗？

9. 编程题，国际信息学奥林匹克竞赛 IOI2010 Day1 Task 4，Language.

https://ioi2010.org/Tasks/Day1/Language.shtml。

10. 对于 word2vec 问题，可以将优化问题定义成多分类问题吗？相应地，可以将任意多分类问题都利用负采样技术简化成二分类问题吗？将一个分类问题定义成多分类问题或者二分类问题各有什么优缺点？

11. 可以使用神经网络语言模型(neural language model)的方法学习词向量(word vector)吗？如果可以，和 word2vec 相比有什么优缺点？在实际操作中你会如何选择呢？

第 8 章 马尔可夫决策过程与强化学习

引言

马尔可夫决策过程与强化学习在人工智能领域发挥着极为重要的作用，特别是对复杂系统的控制与优化。其具体的应用包括机器人、自动驾驶汽车、计算机游戏、推荐系统、金融交易、计算与通信系统优化以及交通调度等。谷歌在 AlphaGo 系统之后，于 2017 年推出了基于强化学习的 AlphaGo Zero，其在与 AlphaGo 的博弈中取得了 100：0 的战绩。在 2018 年，谷歌进一步推出了基于强化学习的 AlphaZero 并将其应用至国际象棋、日本将棋与围棋比赛，分别击败了各自领域当时最强的程序（见图 8.1）。这向人们展示了强化学习的巨大潜力。

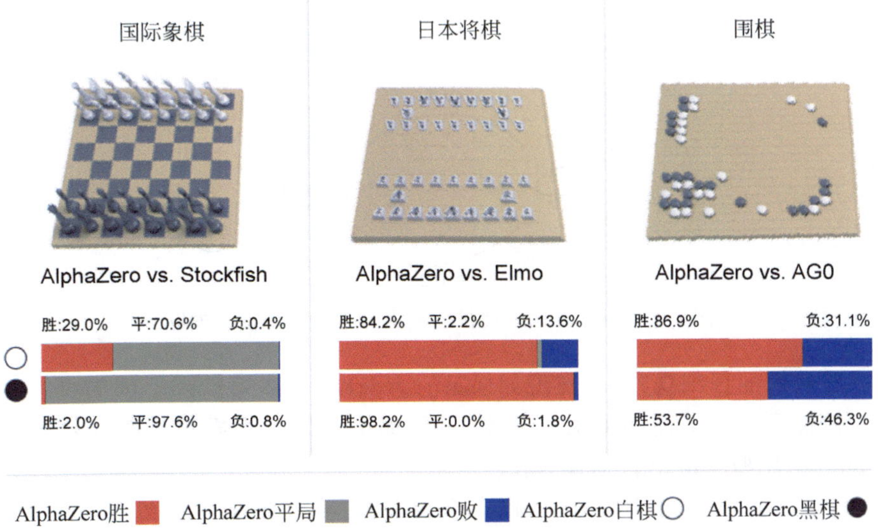

图 8.1　2018 年 AlphaZero 在国际象棋、将棋与围棋中分别击败当时最强的程序

马尔可夫决策过程与强化学习为 AlphaZero 提供了一个系统的学习机制，使其能根据

过往的对弈信息对棋局进行学习，根据棋面预判局面的走势，并计算最佳的落子位置。那么，马尔可夫决策过程与强化学习如何将纷繁复杂的棋局信息转换成落子的决策？或者更普遍的，它们如何高效地为复杂系统的不同状态计算最优的控制策略？完整地回答这个问题需要对马尔可夫决策过程及具体的应用场景有深入的了解。

在本章中，将介绍马尔可夫决策过程与强化学习的基本原理。首先介绍马尔可夫链，包括它的定义以及重要的数学性质，这是学习马尔可夫决策过程与强化学习的基础；接下来，将学习马尔可夫决策过程及其求解算法；最后，介绍强化学习算法以及深度强化学习。本章基于简单的例子进行介绍，并讲述核心原理，然后给出严格的数学定义以及普遍适用的理论。我们希望读者们通过本章的学习能够了解马尔可夫决策过程与强化学习的核心基础和原理。注意到，实际中的强化学习与深度强化学习系统均基于同样的基础理论，但它们的算法与具体实现还需要大量工程上的优化与经验(如 AlphaZero 等)。本书对此不作进一步的介绍，感兴趣的读者可以参考本章的参考文献进行学习。

8.1 马尔可夫链

马尔可夫链(Markov chain)是一个应用非常广泛的数学模型，它被广泛应用于多个领域，包括统计、机器学习、网络科学、信号处理等。马尔可夫链的一个最大的特征是马尔可夫性质，即给定当前的状态，未来的状态与过去的状态无关。下面，来看一个简单的例子。

8.1.1 例子

假设你希望对所在城市的下雨频率做一个统计，于是采用了图 8.2 中的简单模型来描述天气的变化。在这个模型中，每天的天气有两种可能，“下雨”或者“不下雨”，左边的状态表示“下雨”，右边的状态表示“不下雨”。每一个箭头表示从一个状态转换到另一个状态，相应的数字表示该转换发生的概率。

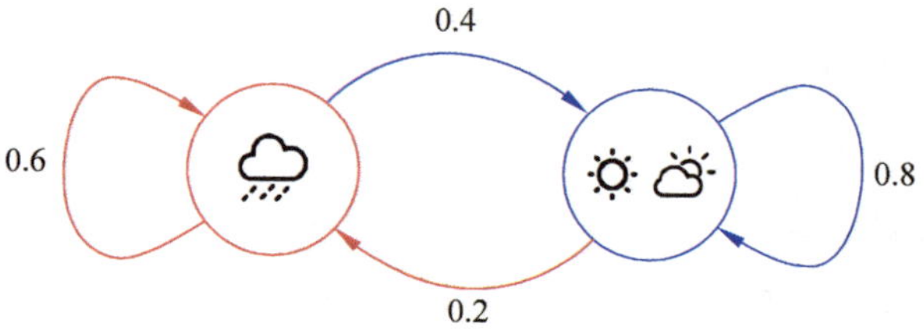

图 8.2 用以表示天气状态变化的两状态马尔可夫链

通过一段时间的仔细观察，你发现如果某一天下雨，那么第二天下雨的可能性是 60%，不下雨的可能性是 40%；而如果某一天不下雨，那第二天不下雨的可能性是 80%，下雨的可能性是 20%。用概率的语言描述，有

$$P(\text{明天下雨} \mid \text{今天下雨}) = 0.6$$

$$P(\text{明天不下雨} \mid \text{今天下雨}) = 0.4$$

这里，符号“$A|B$”表示“{给定事件 B，事件 A 发生}”。因此“P(明天下雨|今天下雨)”表示给定今天下雨，明天也下雨的概率。同理，给定今天不下雨，有

$$P(\text{明天下雨} \mid \text{今天不下雨})=0.2$$
$$P(\text{明天不下雨} \mid \text{今天不下雨})=0.8$$

不仅如此，你还观察到第二天是否下雨只与今天的天气有关，也即

$$\begin{aligned}&P(\text{明天下雨} \mid \text{今天下雨、昨天不下雨、前天下雨}, \cdots)\\ =&P(\text{明天下雨} \mid \text{今天下雨})\\ =&0.6\end{aligned}$$

这个性质即马尔可夫性质，它在数学上非常便利，但同时也不失一般性①。

在这个例子里，所有可能状态的集合、状态间的转移概率及马尔可夫性质，构成了图8.2中马尔可夫链的全部描述。

8.1.2 马尔可夫链定义

下面，给出马尔可夫链的严格定义②。

定义[马尔可夫链]：考虑离散的时间序列 $t=0,1,2,\cdots$。一个离散时间马尔可夫链由以下两个部分组成：

- 系统状态：$\mathcal{S}=\{1,2,\cdots,N\}$表示整个状态空间，即所有可能状态的合集，其中 N 为状态个数；$s(t)\in\mathcal{S}$表示在 t 时刻系统所处的状态；
- 转移概率：P_{ij} 表示从状态 i 跳转到状态 j 的概率，即 $P_{ij}=\Pr\{s(t+1)=j \mid s(t)=i, s(t-1)=k,\cdots\}=\Pr\{s(t+1)=j \mid s(t)=i\}$。通过矩阵形式，整体的转移概率可以方便地记为 $\boldsymbol{P}=\begin{bmatrix}P_{11} & \cdots & P_{1N}\\ P_{21} & \vdots & \vdots\\ \cdots & \cdots & P_{NN}\end{bmatrix}$。

回到天气的例子，我们可以得到$\mathcal{S}=\{\text{下雨},\text{不下雨}\}$。通过采用状态“1”表示“下雨”，状态“2”表示“不下雨”，图8.2中马尔可夫链的转移概率矩阵可以记为

$$\boldsymbol{\mathcal{P}}=\begin{bmatrix}P_{11} & P_{12}\\ P_{21} & P_{22}\end{bmatrix}=\begin{bmatrix}0.6 & 0.4\\ 0.2 & 0.8\end{bmatrix}$$

马尔可夫链中状态的定义非常重要。总的来说，系统状态需要能够包含所有用以准确刻画后续演化的系统信息。举个例子，如果要描述一个小球的飞行轨迹，需要其在任何一个时刻所处的位置、速度与加速度等信息。缺少其中任何一样，都无法完整地描述其后续的轨迹。

另一方面，马尔可夫性质是马尔可夫链最重要的性质。它意味着系统在跳转到一个新的状态之后“重启”了。因此，每次马尔可夫链进入到同一个状态，都可以认为系统后续的演化遵循同样的规律(分布)(见图8.3)。在天气的例子里，这意味着从每一个下雨天开始，后续的天气演化过程从统计上来说是一样的。

由图8.3和马尔可夫性质可知，从某个状态 i 开始的系统演化，与系统重新进入状态 i

---

① 如果每天的天气变化与前几天的天气状态相关，可以定义一个“组合状态”，然后按照上述方式对马尔可夫链进行描述。

② 严格来说，这是离散时间马尔可夫链的定义。马尔可夫链也可以定义在连续时间上，称为连续时间马尔可夫链。感兴趣的读者可以阅读文献[1]，本书中不做介绍。

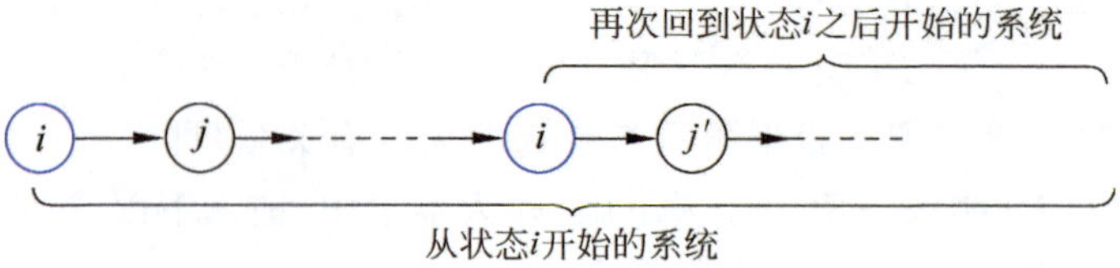

图 8.3　马尔可夫性质的表示

之后的演化服从一样的分布,可视为系统“重启”了。

马尔可夫性质非常有用,它允许人们对马尔可夫链的许多有趣指标进行分析(见课后练习题),它也是马尔可夫决策过程的重要基础。

8.2　马尔可夫决策过程

在学习了马尔可夫链的定义之后,我们在本节中学习马尔可夫决策过程及其求解方法。为了便于介绍,下面通过一个简单的路线规划例子说明马尔可夫决策过程的定义及其策略优化。

8.2.1　确定性路线规划

考虑图 8.4(a)所示的一个确定性路线规划的例子。在这个例子中,有一个 6 节点的图。在任何一个节点都可以选择移动到相邻的节点(双向箭头表示两个方向均可移动)。我们的目标是找到一个移动的策略,从左下角的起点——节点 1(灰色)出发,尽快走到终点——节点 5(橙色)。

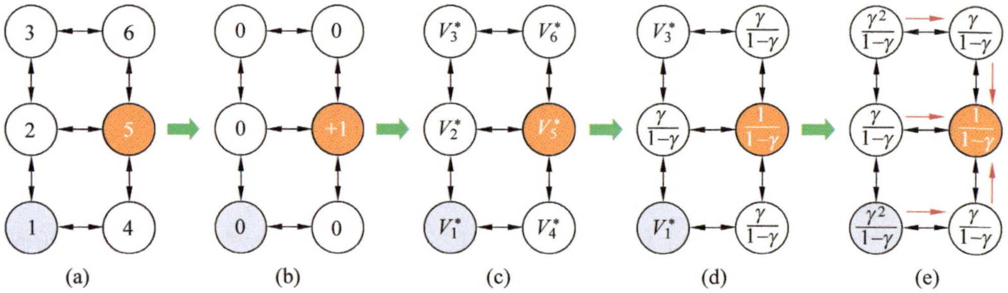

图 8.4　确定性路线规划例子

(a) 起点和终点示意图;(b) 节点的奖励值;(c) 节点的最优总奖励值;

(d) 终点与相邻节点的最优总奖励值;(e) 所有节点的最优总奖励值

这个任务对于我们来说非常容易。但对机器与算法而言不同,它们得到的输入仅仅是事先规范好的数据而不是对图的理解。因此,如果希望它们和我们一样高效准确地得到最佳方案,需要事先制定好规则,使算法能自行将最优移动路线学习出来。

为了完成这一目标,下面用马尔可夫决策过程的数学范式来对问题进行描述并完成推导。对于这个简单的例子,大家或许会觉得我们的描述稍显复杂。不过后面大家会看到,这个范式具有很强的普适性,应用非常广泛。细心的读者会发现这个简单的例子也属于第 1 章介绍的搜索的范畴,不过马尔可夫决策过程的解决方法与搜索不同。后面会将这个例子扩展至带随机性的场景，届时大家便能看出马尔可夫决策过程与搜索的区别。

首先，假设时间 $t=0,1,2,\cdots$，且 $t=0$ 时我们在节点 1。然后，假定走到节点 5 之后，后续的每一步都是回到节点 5，即一直停留在终点。

接下来，为每个节点赋予一个奖励(reward)，表示从该节点出发将会得到的嘉奖。我们规定从节点 5 出发的奖励为“+1”，而从任何其他节点出发的奖励均为“0”。我们用 r_i 表示节点 i 的奖励。同时，我们规定每过一步，后续的奖励值会以系数 $0<\gamma<1$ 衰减，即在 t 时刻得到的奖励为 $\gamma^t r(t)$。这里 $r(t)=r_{i(t)}$，其中 $i(t)$ 为 t 时刻所在的节点，γ 称为折扣系数(discount factor)。引入折扣系数有两个主要的原因：第一，折扣系数在许多领域被广泛用以刻画用户对未来收益延迟性的期望，γ 的大小反映了用户在短期收益与长期回报间的取舍(γ 越小说明用户越注重短期回报，而 γ 越接近 1 说明用户越注重长期回报)；第二，引入 γ 使得马尔可夫决策过程的数学推导与分析在不失一般性的情况下更为便利①。

现在，我们来看可行的移动策略 π。具体来说，这个例子中的策略均可表示为一系列走过的节点的序列。比如一个策略是先移动到节点 4，然后移动到节点 5。那么它对应的节点序列为{1,4,5,5,5,…}；又比如另一个策略是一直向上，然后再一直向下，那么它对应的节点序列为{1,2,3,2,1,2,3,…}。当然，策略也可以是随机的，比如每一步均移动到随机选择的一个邻居节点。这时，由于随机性的存在，这个策略包含许多可能节点的序列，比如{1,2,3,6,3,…}，{1,4,1,2,5,5,5,…}等。

现在，定义 V_i^π 为从节点 i 出发，按照一个给定策略 π 移动所能得到的总奖励的期望，即

$$V_i^\pi=\mathbb{E}\left\{\sum_{t=0}^{\infty}\gamma^t r^\pi(t)\mid s(0)=i,\pi\right\}$$

这里，$\mathbb{E}\{\}$ 表示期望，$r^\pi(t)$ 表示在策略 π 下，t 时刻得到的收益(在这个例子中，即第 t 时刻所在的节点的奖励)。这里采用期望是考虑到策略可能是随机的。

接下来，定义 $V_i^*=\max\limits_\pi V_i^\pi$，表示从节点 i 出发能得到的最大奖励值的期望。最后，将目标设置为最大化 $V_1^*=\max\limits_\pi V_1^\pi$。可以看到，最大化 V_1^* 等同于寻找最快走到终点的移动策略。

这个例子的一个重要的性质是当移动到一个节点之后，后续的移动动作与之前访问过的节点之间是相互独立的，也即它满足 8.1 节中介绍的马尔可夫性质。

至此，我们完成了用马尔可夫决策过程的范式对路线规划问题的描述。如前所述，对于这个简单例子而言，这个描述稍显累赘。但在这个简单的问题上说明这个普适的范式，有利于后面大家更好地理解马尔可夫决策过程的理论框架。

下面，我们对上述问题进行求解。总的来说，求解马尔可夫决策过程的核心思想为贝尔曼(Bellman)方程，即

最优的总奖励=最优的{当前奖励+最优后续总奖励}

贝尔曼方程非常直观，其严格数学定义见 8.3 节。它告诉我们如果希望优化总奖励，需要同时考虑当前动作的奖励(短期)以及在该动作影响下后续可能获得的总奖励(长期)。马尔可夫性质告诉我们，从任何一个状态 j 出发的“最优后续总奖励”，与直接从该状态出发的“最优总奖励”是一样的。这是因为再次到达状态 j 之后，如果希望获得最优的后续总奖励，

① 科学家们对不带折扣系数的马尔可夫决策过程也有广泛的研究。感兴趣的读者可以阅读文献[2]。

那么系统应该按照从状态 j 出发获得最优总奖励的策略进行移动。这一点非常重要，它允许我们采用递归的方法对问题进行分析与求解。

下面首先从终点节点 5 开始进行推导。很显然，$V_5^*=\frac{1}{1-\gamma}$，这是因为从终点节点 5 出发，我们将一直停留在终点，且相应的总奖励值为

$$V_5^*=1+\gamma+\gamma^2+\gamma^3+\cdots=\sum_{t=0}^{\infty}\gamma^t=\frac{1}{1-\gamma}$$

我们也容易根据定义观察到，对所有的其他节点 $i\neq5$，有 $V_5^*\geqslant V_i^*$。

接下来，计算终点附近节点的 V_i^* 值。例如对节点 6，可行的移动动作有两个，一个是移动到节点 5，另一个是移动到节点 3。通过贝尔曼方程，有：

$$V_6^*=r_6+\max\{\gamma V_5^*,\gamma V_3^*\}=\gamma V_5^*$$

其中，第一项 r_6 是当前移动动作的奖励，第二项 $\max\{\gamma V_5^*,\gamma V_3^*\}$是移动到邻居节点 5 或者节点 3 之后能获得的总奖励值(折扣值)，其中 $\max\{x,y\}$表示在 x,y 中取最大的值。第二个等式成立是因为根据定义有 $r_6=0$，以及 $V_5^*\geqslant V_3^*$。由此，可以得到 $V_6^*=\frac{\gamma}{1-\gamma}$；并且从节点 6 出发，最优的走法是直接移动到节点 5。

同理，对节点 2 和节点 4，有以下的公式：

$$V_2^*=r_2+\max\{\gamma V_5^*,\gamma V_3^*,\gamma V_1^*\}=\gamma V_5^*$$

$$V_4^*=r_4+\max\{\gamma V_5^*,\gamma V_1^*\}=\gamma V_5^*$$

这里 V_2^* 公式中，max 运算符里的三项分别对应移动到节点 5(γV_5^* 项)、移动到节点 3 (γV_3^* 项)与移动到节点 1(γV_1^* 项)。类似的，V_4^* 公式中 max 运算符里的两项分别对应移动到节点 5 (γV_5^* 项)与移动到节点 1(γV_1^* 项)。我们由此得到 $V_2^*=\frac{\gamma}{1-\gamma}$，$V_4^*=\frac{\gamma}{1-\gamma}$，以及相应的最优走法均为直接移动到节点 5。

同理，可以得到

$$V_3^*=r_3+\max\{\gamma V_6^*,\gamma V_2^*\}=\gamma V_6^*=\gamma V_2^*$$

$$V_1^*=r_1+\max\{\gamma V_2^*,\gamma V_4^*\}=\gamma V_4^*=\gamma V_2^*$$

并推出 $V_3^*=\frac{\gamma^2}{1-\gamma}$，$V_1^*=\frac{\gamma^2}{1-\gamma}$。这里两个公式中后两个等号是因为 $\gamma V_6^*=\gamma V_2^*=\gamma V_4^*$。

至此，我们得到对所有节点最大奖励的刻画(及相应的动作)。这一过程也相应地在图 8.4 中展示出来。从图 8.4(e)可以看到，需要的最少步数为 2，并且可以通过以下两个走法达到：1→2→5 和 1→4→5。

通过这个简单的例子，可以看到如何通过贝尔曼方程求解 V_i^*。更重要的是注意到 V_i^* 扮演了至关重要的角色：它不仅刻画了从不同节点出发所能得到的最大总奖励值(与最小需要步数)，同时还决定了在不同节点下的最优移动策略，即取得最大化奖励的动作。因此，学到所有的 V_i^* 值，也就学到了系统的最优控制策略。在马尔可夫决策过程中，V_i^* 被称为值函数(value function)，它是求解马尔可夫决策过程的关键。事实上，在 AlphaZero 系统中值函数便被用于刻画不同棋盘局面的形势(见图 8.5)，并用于计算落子策略。

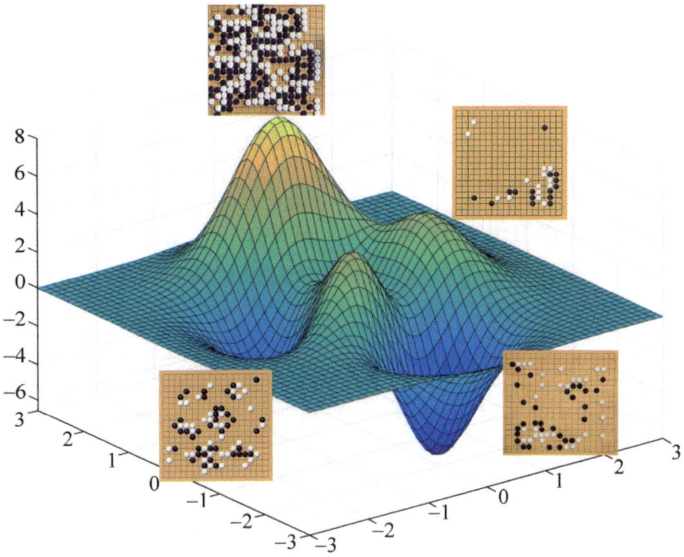

图 8.5 围棋中的值函数可刻画不同局面的形势

8.2.2 不确定性路线规划

上述路线规划的例子展示了在一个确定性系统中马尔可夫决策过程如何工作。下面，将这一例子扩展至一个带不确定性的场景。通过这个扩展能看到搜索与马尔可夫决策过程的核心区别。这个扩展会让值函数的计算变得不那么显然，不过这将有助于后续介绍马尔可夫决策过程的普适范式。

在这个扩展中，假设从节点 1 和节点 2 向右移动的时候成功的概率为 $0<p<1$，即每次向右移动均独立地只以 p 的概率成功。如果移动不成功的话，则仍停留在原来的节点。我们看看此时的最大奖励值以及值函数会发生怎样的变化。

首先可以看到 $V_5^*=\dfrac{1}{1-\gamma}$ 保持不变，且仍然有 $V_6^*=\dfrac{\gamma}{1-\gamma}$ 与 $V_4^*=\dfrac{\gamma}{1-\gamma}$，这是由于从它们跳转到节点 5 的动作并不受影响。同时，由于

$$V_3^*=r_3+\max\{\gamma V_6^*,\gamma V_2^*\}=\gamma V_6^*$$

可以得到 $V_3^*=\dfrac{\gamma^2}{1-\gamma}$。这里第二个等式是因为从节点 3 出发至少需要两步才能走到终点，而所有两步到达策略的最大奖励为 $\dfrac{\gamma^2}{1-\gamma}$（经由 3→6→5 仅需两步）。

如此一来，仅需求解剩下的 V_1^* 与 V_2^* 两项。根据贝尔曼方程，有

$$V_2^*=r_2+\max\{p\gamma V_5^*+(1-p)\gamma V_2^*,\gamma V_3^*,\gamma V_1^*\} \tag{8.1}$$

$$V_1^*=r_1+\max\{\gamma V_2^*,p\gamma V_4^*+(1-p)\gamma V_1^*\} \tag{8.2}$$

这时，注意到 V_2^* 和 V_1^* 中向右移动的选项变得很复杂。具体来说，在节点 2 时如果选择向右移动，会出现两种可能的结果：①以 p 的概率该动作成功，则后续的最大奖励值为 γV_5^*；②以 $1-p$ 的概率该移动不成功，则仍停留在节点 2，且后续的最大奖励值为 γV_2^*（由马尔

可夫性质决定)。这两种可能性构成了式(8.1)中 max 算子里的第一项。后面两项 γV_1^*，γV_3^* 分别对应了向上移动与向下移动的点奖励。同理可得到 V_1^* 的式(8.2)。

在这个例子里，V_2^* 和 V_1^* 的计算不像原来这么直观。这其实并不意外，因为哪一个移动动作更好取决于右转的成功概率。此时，无法直接推导出 V_2^* 和 V_1^* 的理论表达式。这种情况在马尔可夫决策过程与强化学习中非常常见。在这种情况下，可以采用数值求解的方法，即通过特定的算法对值函数的数值进行计算。由于值函数的计算问题往往非常复杂，绝大部分已有的算法都需要进行迭代，即通过重复计算步骤对目标变量进行反复更新，直至它们的值收敛。

对上面的具体例子，可通过以下的迭代算法进行求解。

算法 13：迭代算法

1：设 $t=0,1,2,\cdots$；

2：给定 V_3^*,V_4^*,V_5^*,V_6^*，从 $V_2^{(0)}=0$ 和 $V_1^{(0)}=0$ 的初始值开始；

3：给定 $V_2^{(t-1)}$ 和 $V_1^{(t-1)}$，通过式(8.1)和式(8.2)对 $V_2^{(t)}$ 和 $V_1^{(t)}$ 的值进行迭代直到收敛。

上述算法非常简单和直观，而且十分有效(在练习题中会要求对其进行 Python 实现)。图 8.6 给出了当 $p=0.6$ 与 $\gamma=0.8$ 时算法迭代过程中的 $V_2^{(t)}$ 和 $V_1^{(t)}$ 的值。它们很快便收敛到了准确的值。与第一个例子相同，此时 V_i^* 的值同时决定了从节点 i 出发的最大奖励以及最优动作。在这个例子中，节点 1 和节点 2 的最优的移动动作均为向右移动。

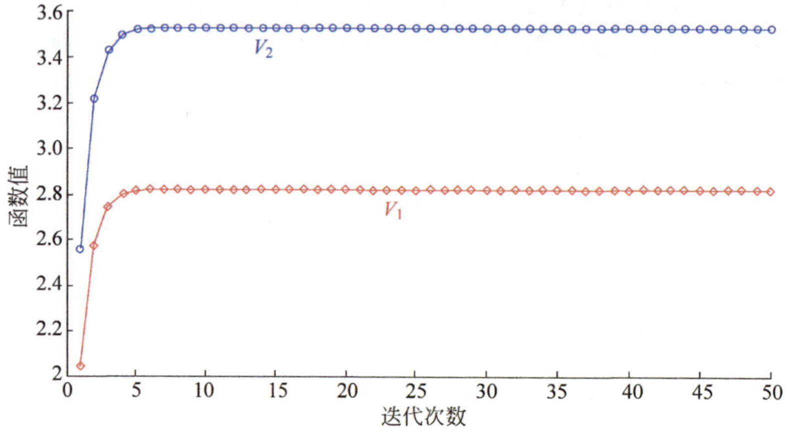

图 8.6 $V_2^{(t)}$ 和 $V_1^{(t)}$ 的收敛($p=0.6,\gamma=0.8$)

通过上述两个路线规划的例子，我们希望让大家对马尔可夫决策过程的定义与求解有具体的认识。注意到，在前面的例子中，系统的状态自然的等同于所处的节点位置。但实际上，只要一个系统满足马尔可夫性质，即当前系统状态足以完全决定未来的系统演化，均可以用马尔可夫决策过程对系统进行建模(从理论上来说，所有的马尔可夫系统均能用马尔可夫决策过程进行优化)。

以图 8.7 中的吃豆人(Pac-man)游戏为例，如果希望用马尔可夫决策过程来描述吃豆人游戏，可将状态定义为地图的格局、当前精灵和鬼魂的位置，鬼魂移动的方向以及豆子的分布。当然，由于这些变量的可能的取值非常多，系统的状态空间会特别庞大。如此一来，求解相应的马尔可夫决策过程具有很高的计算复杂度。

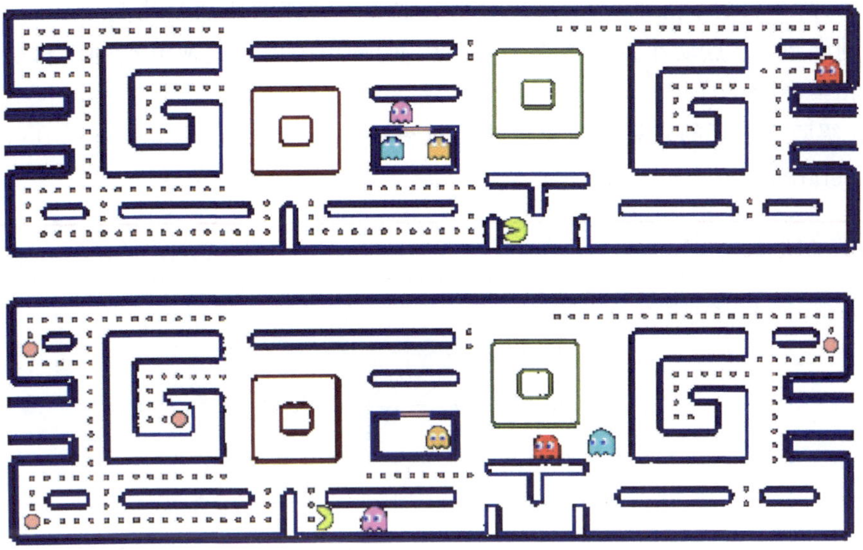

图 8.7 吃豆人(Pac-man)游戏

在介绍完具体例子之后，现在给出普适的马尔可夫决策过程的严格定义。

定义[马尔可夫决策过程]：考虑离散的时间序列，$t=0,1,2,\cdots$。一个离散时间马尔可夫决策过程由以下部分组成：

- 系统状态：$\mathcal{S}=\{1,2,\cdots,N\}$表示整个系统的状态空间，即所有可能状态的合集；$s(t)\in\mathcal{S}$表示在$t$时刻系统所处的状态；
- 控制动作：在状态$s(t)=i,i\in\mathcal{S}$下，系统的动作集合用$\mathcal{A}(i)$表示；每个时刻t，系统会从中选择一个动作$a(t)=a,a\in\mathcal{A}(i)$；
- 转移概率：在状态i和动作a下，系统以概率$P_{ij}(a)$从状态i跳转到状态j，即$P_{ij}(a)=\Pr\{s(t+1)=j\mid s(t)=i,a(t)=a\}$，通过用策略$\pi$来表示系统的控制选择策略，即以$\pi(i,a)=\Pr\{a(t)=a\mid s(t)=i\}$表示在状态$i$下选择控制动作$a$的概率，可以便利地将整体的转移概率记为：$\boldsymbol{P}(\pi)=\begin{bmatrix} P_{11}(\pi) & \cdots & P_{1N}(\pi) \\ \cdots & \cdots & \cdots \\ \cdots & \cdots & P_{NN}(\pi) \end{bmatrix}$，这里$P_{ij}(\pi)=\sum_{a}\pi(i,a)P_{ij}(a)$；
- 奖励函数：在状态$s(t)$与动作$a(t)$下，系统获得一个奖励$r(s(t),a(t))$；
- 折扣系数：$0<\gamma<1$表示系统对下一时刻奖励延迟性的期望值。

在马尔可夫决策过程中，系统的目标是选择一个控制策略π^*，最大化下述折扣奖励：

$$J^*=\max_{\pi}\mathbb{E}\left\{\sum_{t=0}^{\infty}\gamma^t r(s(t),a(t))\mid s(0),\pi\right\}$$

回顾前面介绍的带不确定性的路线规划例子，有

- 系统状态$\mathcal{S}$：所有节点的集合$\{1,2,3,4,5,6\}$；
- 控制动作：在每个节点允许的移动方向；

- 转移概率：节点 1 和节点 2 执行向右移动的动作时，转移到节点 4 和节点 5 的概率为 p，留在当前节点的概率为 $1-p$；其他节点动作的成功率均为 1；
- 奖励函数：节点动作带来的奖励，节点 5 的动作为 +1，其他节点的动作奖励均为 0；
- 折扣系数为 γ。

下面介绍两个重要的求解马尔可夫决策过程的方法：值迭代(value iteration)与策略迭代(policy iteration)。

算法 14：值迭代

1. 初始化：系统首先初始化所有状态下的值函数 $V_i^{(0)}$。
2. 步骤：通过贝尔曼方程进行迭代直到所有的值函数收敛，即

$$V_i^{(k+1)}=\max_a\left\{r(i,a)+\gamma\sum_j P_{ij}(a)V_j^{(k)}\right\}$$

其中 $r(i,a)$ 为状态 i 下采用动作 a 的奖励值，$P_{ij}(a)$ 为跳转至状态 j 的概率。

细心的读者会注意到 8.2 节的例子中提出的算法其实就是值迭代算法。值迭代的关注点为值函数。通过计算出值函数，便能相应得到不同状态下的最优控制动作：在状态 s 下，最优的动作为 $a\in\underset{a}{\operatorname{argmax}}\left\{r(s,a)+\gamma\sum_j P_{ij}(a)V_j^{(k)}\right\}$，这里 argmax 算子表示取得最大值的动作 a 的集合。

策略迭代与值迭代不同，它直接对控制策略进行优化。算法的具体步骤如下。

算法 15：策略迭代

1. 初始化：初始化控制策略 $\pi^{(0)}$。
2. 步骤：进行如下迭代直到收敛：

在第 k 次迭代中，首先通过计算或仿真得到策略 $\pi^{(k)}$ 下的值函数 $V_i^{(k)}, i=1,2,\cdots,S$。然后，通过以下迭代得到新策略 $\pi^{(k+1)}$：在每个状态 i 下，选择

$$a\in\underset{a}{\operatorname{argmax}}\left\{r(s,a)+\gamma\sum_j P_{ij}(a)V_j^{(k)}\right\}$$

3. 重复第 2 步直到策略 $\pi^{(k)}$ 收敛。

可以严格证明，值迭代算法与策略迭代算法都能最终收敛到最优的值函数与策略；并且每次迭代之后，值函数都距离最优点更近。由于两个方法都需要转移概率矩阵 $\boldsymbol{P}(\pi)$ 的信息(体现在贝尔曼方程中的 $\sum_j P_{ij}(a)V_j^{(k)}$ 项)，因此它们也被称为基于模型(model-based)的方法。

虽然在前面介绍中采用了两个有限时间的路线规划例子，但通过值函数的定义以及两个算法的描述，可以看到马尔可夫决策过程的范式及算法可以应用到无限时间的马尔可夫系统(见练习题)。下面是一个简单的无限时间的马尔可夫决策过程，如图 8.8 所示。

在这个例子里，有两个状态 s_1 与 s_2。在每个状态下有两个动作 a_1 与 a_2，并且有

$$r(s_1,a_1)=1,\quad r(s_1,a_2)=1.1$$
$$r(s_2,a_1)=0.1,\quad r(s_2,a_2)=0.11$$

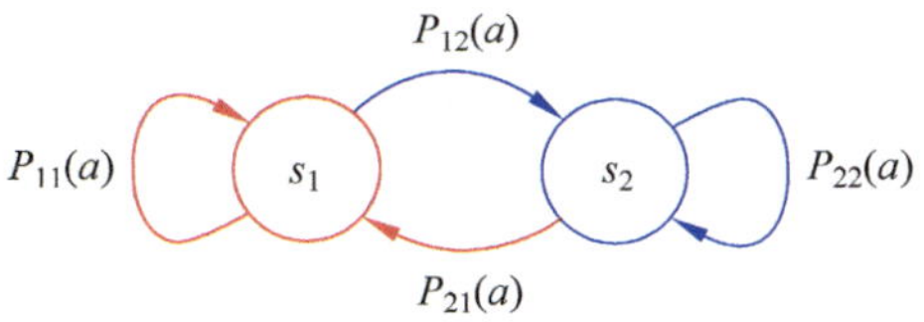

图 8.8 一个无限时间马尔可夫决策过程

$$P_{11}(a_1)=0.9,\quad P_{12}(a_1)=0.1,\quad P_{11}(a_2)=0.1,\quad P_{12}(a_2)=0.9$$

$$P_{21}(a_1)=0.9,\quad P_{22}(a_1)=0.1,\quad P_{21}(a_2)=0.1,\quad P_{22}(a_2)=0.9$$

同时,假设 $\gamma=0.9$。注意到,在两个状态中,动作 a_1 的奖励值均没有 a_2 高,但是它均使得系统以更高的概率回到状态 s_1。直觉告诉我们,在两个状态下应该都选取动作 a_1。尽管这样做短期的奖励稍低,但是系统会更常处在状态 s_1,因而保持一个较高的长期奖励制。我们可以具体列出贝尔曼方程如下:

$$V_1^*=\max\{1+\gamma[0.9V_1^*+0.1V_2^*],1.1+\gamma[0.1V_1^*+0.9V_2^*]\}$$

其中第一项对应采用动作 a_1,第二项对应采用动作 a_2。同理

$$V_2^*=\max\{0.1+\gamma[0.9V_1^*+0.1V_2^*],0.11+\gamma[0.1V_1^*+0.9V_2^*]\}$$

我们可以采用值迭代的方法求解上面的方程。不过,在这个例子中,可以根据上面的直观理解,直接进行求解。具体来说,不妨假设

$$V_1^*=1+\gamma[0.9V_1^*+0.1V_2^*]=1+0.81V_1^*+0.09V_2^*$$

$$V_2^*=0.1+\gamma[0.9V_1^*+0.1V_2^*]=0.1+0.81V_1^*+0.09V_2^*$$

也即在两个状态下我们都认为最优的动作为 a_1。于是,可以计算出 $V_1^*=9.19$,$V_2^*=8.29$。此时,可以验证,贝尔曼方程中选择动作 a_2 对应的值为

$$1.1+\gamma[0.1V_1^*+0.9V_2^*]=8.642<1+\gamma[0.9V_1^*+0.1V_2^*]=9.19$$

$$0.11+\gamma[0.1V_1^*+0.9V_2^*]=7.652<0.1+\gamma[0.9V_1^*+0.1V_2^*]=8.29$$

这说明我们的假设成立。读者们可以通过 Python 编程验证上述的结果。

尽管马尔可夫决策过程可用于描述非常复杂的环境,但在计算最优的控制策略时,仍需为所有可能的状态计算相应的值函数。对于状态空间很大的复杂系统(如围棋和星际争霸等)而言,这意味着巨大的计算负担。这被称为"维度灾难"(curse of dimensionality),是马尔可夫决策过程在应用中经常遇到的困难。如何解决这个问题一直以来都是马尔可夫决策过程研究中的一个热点,科学家们也提出了许多不同的解决方案。在下一节,将会介绍其中一种有效的解决方法——通过结合神经网络解决维度灾难。

8.3 强化学习

在 8.2 节中介绍了马尔可夫决策过程和值函数,以及值迭代与策略迭代两个算法。这让我们对于马尔可夫决策过程的定义与求解有了更好的理解。不过,上一节的模型与算法均默认在不同控制策略下的系统转移概率(所有的 $P_{ij}(a)$ 值)已知。这一假设为算法设计与分析提供了重要的数学基础与便利。然而,现实中往往面临未知的场景,因此转移概率通

常难以提前获得。

本节将针对系统环境(转移概率)未知的场景,介绍马尔可夫决策过程的一个重要的求解方法——强化学习(reinforcement learning)。总的来说,强化学习关注的是一个智能体如何在未知环境下,通过不断地与环境进行交互,学习不同动作对系统状态的影响及相应的奖励值,最终学到最佳的系统控制策略(见图 8.9)。

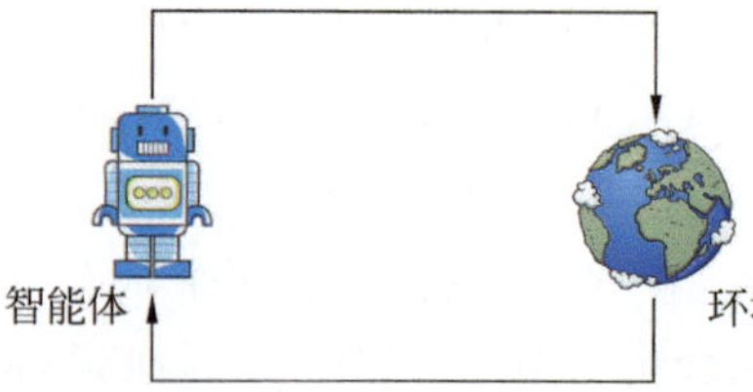

图 8.9 强化学习:智能体通过不断地与环境进行交互学习最优控制策略

8.3.1 *Q*-learning

具体来说,考虑 8.2 节定义的马尔可夫决策过程,并假设其中状态 $s(t)$、动作 $a(t)$以及实时的奖励 $r(s(t),a(t))$均可观察,但转移概率 $\boldsymbol{P}(\pi)$未知;并且需要通过在每个时刻选择一个动作与系统互动,来学习系统的状态跳转与奖励值(见图 8.8)。这一场景比 8.2 节考虑的情况要更为普遍,但也更具挑战性。幸运的是,科学家们对这一问题进行了深入的研究,并提出了许多有效的解决方案。下面介绍一个应用广泛的强化学习算法 Q-learning。

在介绍 Q-learning 的具体算法之前,先了解一下它的原理。首先,回顾一下值函数需要满足的贝尔曼方程:

$$V_i^* = \max_a \left\{ r(i,a) + \gamma \sum_j P_{ij}(a) V_j^* \right\} \tag{8.3}$$

其中 V_i^* 为状态 i 的值函数。此时,引入一个中间变量 $Q(i,a)$,其具体定义如下:

$$Q(i,a) \triangleq r(i,a) + \gamma \sum_j P_{ij}(a) V_j^* \tag{8.4}$$

将 $Q(i,a)$称为 Q 值,它表示在状态 i 下采用控制动作 a,后续能获得的期望总奖励的最大值。注意到 $Q(i,a)$与值函数 V_i^* 的区别在于它指定了选用的动作 a。

现在,通过结合贝尔曼方程(8.3)和 Q 值的定义(8.4),得到

$$V_i^* = \max_a \{Q(i,a)\} = \max_a \left\{ r(i,a) + \gamma \sum_j P_{ij}(a) V_j^* \right\} \tag{8.5}$$

以及

$$Q(i,a) = r(i,a) + \gamma \sum_j P_{ij}(a) \max_{a'} \{Q(j,a')\} \tag{8.6}$$

从上面式子可知,值函数与 Q 值的作用是一样的:只要得到所有的 $Q(i,a)$,就能相应地确定所有值函数 V_i^*。

这里可以简单回顾图 8.8 中的例子。根据前面的计算,在该例子中,有

$$Q(s_1,a_1)=9.19,\quad Q(s_1,a_2)=8.642,\quad Q(s_2,a_1)=8.29,\quad Q(s_2,a_2)=7.652$$

不难看到,Q 值与值函数发挥着同样的作用。

这里大家可能会问，既然它们的作用相同，为什么还要引入 Q 值这个概念呢？主要的原因是通过 V_i^* 寻找最优策略的做法，需要转移概率矩阵 $\boldsymbol{P}(\pi)$ 的信息（即贝尔曼方程中的 $\sum_j P_{ij}(a)V_j^*$ 项）；而通过计算 Q 值，可以直接获得每个状态下的最优动作（即取得 $Q(i,a)$ 最大值的动作）！因此也称 Q 值为状态-动作值函数。

下面介绍 Q-learning 的具体算法：

算法 16：Q-learning

1. 初始化：随机初始化不同的 Q 值 $Q(i,a)$、算法的学习率 $\eta(t)$ 以及初始状态 $s(0)$。
2. 步骤：进行如下迭代直到收敛：

在时刻 t，选择动作 $a^* \in \underset{a}{\operatorname{argmax}}\, Q(s(t),a)$，获得奖励 $r(s(t),a^*)$，并跳转至 $s(t+1)$；

更新

$$Q(s(t),a(t)) \leftarrow Q(s(t),a(t)) + \eta(t)\{r(t) + \gamma \max_a Q(s(t+1),a) - Q(s(t),a(t))\}$$

在迭代中，学习率 $\eta(t)$ 决定了在学习 Q 值时赋予当前的 $Q(s(t),a(t))$ 值多少权重，在计算中它的值通常比较小；$r(t)=r(s(t),a^*)$。相比值迭代与策略迭代，Q-learning 的一个优势在于它完全不需要转移概率矩阵 $\boldsymbol{P}(\pi)$ 的信息。这一点在复杂环境中非常有用。

Q 值的更新公式其实很直观。事实上，通过在式(8.6)中将 $r(i,a)$ 也写到求和里，可以得到

$$\begin{aligned} Q(i,a) &= r(i,a) + \gamma \sum_j P_{ij}(a) \max_{a'}\{Q(j,a')\} \\ &= \sum_j P_{ij}(a)\{r(i,a) + \gamma \max_{a'}\{Q(j,a')\}\} \end{aligned}$$

这里利用了 $\sum_j P_{ij}(a)=1$ 且 $r(i,a)$ 与 j 无关两个性质。如此一来，Q-learning 更新公式中的 $r(t)+\gamma \max_a Q(s(t+1),a)$ 这一项可以视为对 Q 值的随机采样（因为 $s(t+1)$ 是依据转移概率跳转到的下一个状态）。同时，注意到更新公式也可以表示为

$$Q(s(t),a(t)) \leftarrow (1-\eta(t))Q(s(t),a(t)) + \eta(t)\{r(t) + \gamma \max_a Q(s(t+1),a)\}$$

因此，可以直观地将 Q-learning 理解为对当前估计值 $Q(s(t),a(t))$ 与随机采样值 $r(t)+\gamma \max_a Q(s(t+1),a)$ 做一个加权平均。

从数学上可以严格证明，只要选取合适的学习率 $\eta(t)$，Q-learning 能收敛到最优的 Q 值。由于在学习中并不依赖 $\boldsymbol{P}(\pi)$ 的信息，Q-learning 也被称为无模型化(model-free)的方法。不过，尽管 Q-learning 是无模型化的算法，当系统规模很大的时候，它与值迭代和策略迭代一样面临着维度灾难的问题。在下一节，将会介绍一种在实际中用于近似值函数和 Q 值的方法——采用深度神经网络进行近似。

8.3.2 深度强化学习

尽管值迭代、策略迭代与 Q-learning 都能最终解出最优的值函数与 Q 值，并得到最佳的控制策略，但由于实际应用中的许多问题的状态-动作空间都非常巨大，直接采用上述算

法仍然会面临计算量过大的问题，导致效果往往不如人意。因此，近年来人们开始探索深度强化学习的方法：将深度神经网络(第 5 章)引入强化学习，以学习或近似值函数与 Q 值。

深度强化学习的核心是通过深度神经网络将值函数与 Q 值的学习转化为对神经网络参数的计算，并利用神经网络的表达能力与泛化能力高效地提取出系统状态的隐藏特征，让同一个网络能够同时完成对所有状态控制策略的学习(见图 8.10)。这个方法可极大地降低计算复杂度。当然，这是一种近似的做法，不过它为计算复杂度过高的问题提供了一个高效的解决方案，因此在实际中有着重要的实用价值。事实上 AlphaGo Zero 与 AlphaZero 系统便采用了深度强化学习。

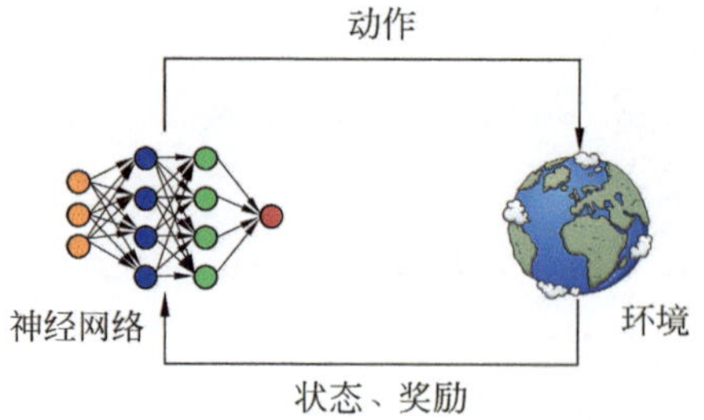

图 8.10　深度强化学习通过深度神经网络近似系统的值函数或 Q 值降低计算复杂度

如同引言中提到的，尽管从原理上说，深度强化学习基于马尔可夫决策过程的框架，但其性能在很大程度上也取决于神经网络的架构及具体系统实现。因此，在不同问题上，我们会看到深度强化学习的解决方案往往千差万别。一个好的深度强化学习算法需要对场景有深入的理解与把握、有完备的数据、高效算法及系统实现，缺一不可。

本章总结

本章介绍了马尔可夫决策过程与强化学习。首先介绍了马尔可夫链的定义，理解它的关键在于掌握马尔可夫性质。接下来，学习了马尔可夫决策过程及两个重要算法——值迭代与策略迭代，掌握它们的关键在于理解贝尔曼方程。最后，介绍了强化学习算法 Q-learning 并简单介绍了深度强化学习的原理，学习它们的关键在于理解 Q 值与值函数之间的关联、迭代的含义，以及深度神经网络的表达和泛化能力。

历史回顾

马尔可夫链有非常悠久的历史，它因俄国数学家安德烈·马尔可夫(1856—1922)得名。它在信息科学的各个领域，如计算、网络和通信等，都被广泛用于系统建模与性能分析。关于马尔可夫链的详细学习可以参考文献[1]与文献[2]，它们给出了马尔可夫链的详细定义与数学推导和应用。

马尔可夫决策过程是一个非常普适的数学范式，对其严格定义与普适理论感兴趣的读者可以阅读文献[3]。最早的工作可以追溯到 20 世纪 50 年代，Bellman 在 1957 年提出了马尔可夫决策过程[4]，Howard 在 1960 年提出了策略迭代算法[5]。这些结果后来成为了强化学习的核心基础。但早期的马尔可夫决策过程工作主要的目标是随机最优控制，更多关注动态规划的范式，而智能体与环境互动与学习的部分并没有得到特别的关注。可以说，直到 1989 年 Watkins 在马尔可夫决策过程框架上考虑强化学习[6]之后，人们才开始广泛关注最优控制与在线环境学习的结合。此后，许多科学家也在此方向上做了大量努力。

强化学习不仅在系统控制与优化的范畴得到了持续的关注，由于其与环境的交互和选择与人类行为的相似性，在人工智能领域也得到了大量的关注。Sutton 与 Barto 在文献[7]中给出了一个详细的历史回顾，并提供了对近年来强化学习发展的详尽总结，及关于心理学、脑科学的延伸讨论，非常值得一读。Bertsekas 与 Tsitsiklis 在 1996 年便提出神经动态规划的概念[8]。不过深度强化学习的兴起可以说是基于近年来神经网络的巨大发展。其中广为人知的深度强化学习系统包括 AlphaGo Zero 与 AlphaZero，它们让大家意识到了强化学习与神经网络这一组合的强大威力。

参考文献

[1] Ross S. Introduction to Probability Models[M]. 12th ed. Elsevier，2019.

[2] Durrett R. Probability：Theory and Examples[M]. 4th ed. Cambridge University Press，2010.

[3] Bertsekas D P. Dynamic Programming and Optimal Control[M]. Vol Ⅰ & Ⅱ. Athena Scientific，2012.

[4] Bellman R. A Markov decision process[J]. Journal of Mathematical Mechanics，1957，6：679-684.

[5] Howard R. Dynamic Programming and Markov Processes[M]. Cambridge，MA：MIT Press，1960.

[6] Watkins C. Learning from delayed rewards[D]. University of Cambridge，1989.

[7] Sutton R S，Barto A G. Reinforcement Learning：An Introduction[M]. Cambridge，MA：MIT Press，2018.

[8] Bertsekas D，Tsitsiklis J. Neuro-Dynamic Programming[M]. Belmont，MA：Athena Scientific，1996.

练习题

1. 假设投掷一个公平的骰子，即{1，2，3，4，5，6}以同等概率出现。假设每次出现的数字均为独立。请判断下面的过程是否为马尔可夫过程。如果是，请说明具体状态及转移概率。

(1) 每次出现的数字组成的序列；

(2) 两次投出数字 3 之间的投掷次数；

(3) 两次投出 1，2，3 这个序列之间的投掷次数。

2. 马尔可夫性质允许我们计算许多关于马尔可夫链的有趣指标。考虑下图所示的马尔可夫链。假设从每一个状态出发，都是以均等的概率往外跳转。比如在 A 状态的时候，分别以 1/3 的概率走到 B，C 和 D；而在状态 D 时，则以 1/4 的概率分别走到 A，B，C 和 E。

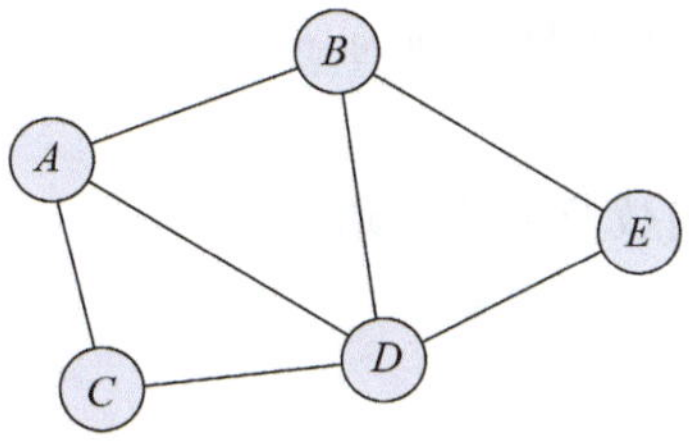

(1) 计算从 A 状态开始,首次跳到状态 E 所需跳数的期望值。[提示:定义 T_i 为从状态 i 出发首次跳到 E 的期望次数。由马尔科夫性质,可以知道如果系统从 i 跳到了 j,则之后需要的时间的期望值为 T_j。根据这一性质列出相应的方程。]

(2) 写一段 Python 代码仿真该马尔可夫链的跳转,并绘出马尔可夫链在 A 状态上停留的时间,以及比例如何随时间增大而变化。

3. 抛掷一枚出现正反面概率相等的硬币,假设每次抛掷的结果都相互独立。计算①从开始抛掷到第一次连续出现两次正面的期望时间,②从开始抛掷到第一次连续出现三次正面的期望时间。[提示:定义一个马尔可夫链,其状态为连续两次或三次抛掷的结果。]

4. 考虑下图所示的蛇梯棋。假设每次的步数均通过投掷一枚公平的骰子决定,描述如何计算平均需要走多少次才能从起点 1 走到终点 25。

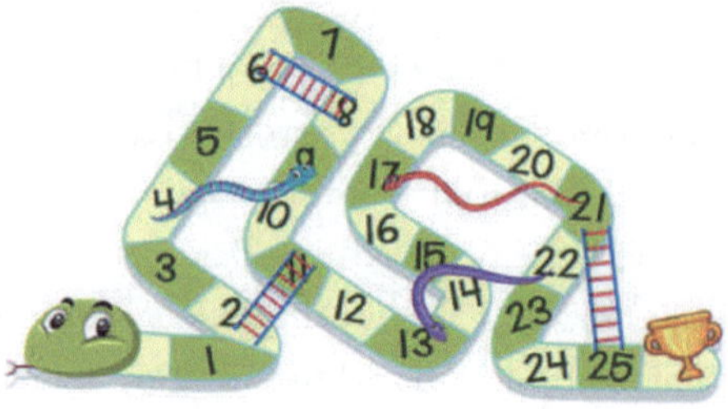

5. 考虑下图中的两状态马尔可夫链。

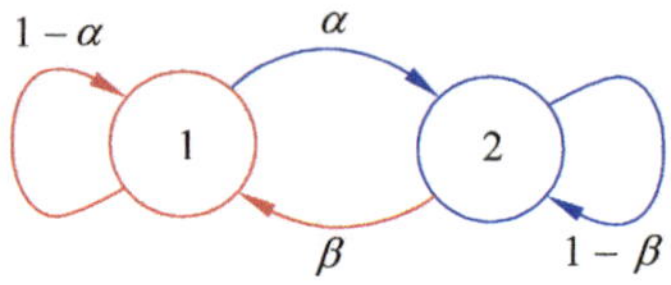

假设初始分布为$\pi_1(0)$和$\pi_2(0)$。用归纳法证明

$$P(s(t)=1)=\frac{\beta}{\alpha+\beta}+(1-\alpha-\beta)^t\left[\pi_1(0)-\frac{\beta}{\alpha+\beta}\right]$$

6. 简述值迭代算法与策略迭代算法的区别。

7. 考虑下面一个猜牌游戏。首先将 52 张扑克牌均匀洗好。然后,每次翻开一张牌之前,你可以选择喊停。如果你喊停且打开这张牌为 A,那么你得到 1 块钱;如果你喊停但是打开的牌不是 A,则你输掉 1 块钱。请用马尔可夫决策过程描述该问题并用贝尔曼方程进行求解,你是否能算出最优的喊停策略?

8. 在 8.2.2 节中的例子里,选取 $\gamma=0.9$,分别用值迭代与策略迭代计算值函数。

9. 考虑下图所示的马尔可夫决策过程。智能体所在的初始状态为 s_0;可行的动作有 a_0 和 a_1;采取不同动作的状态转移及奖励为 p/r,其中 p 表示状态转移概率,r 表示即时奖励;状态 s_1 为终止状态。

(1) 用值迭代算法求解值函数及最优策略。

(2) 用 Q-learning 算法求解最优策略。

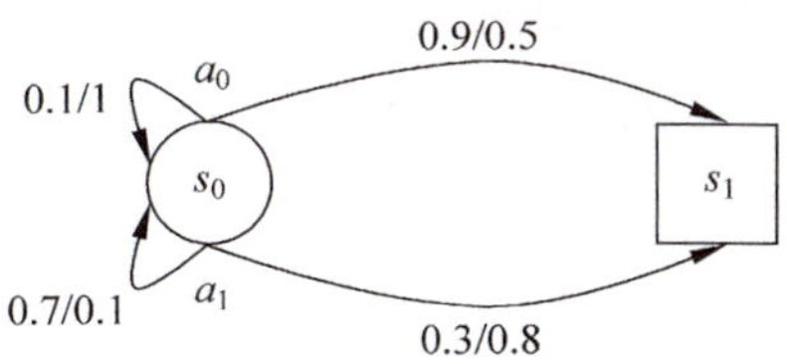

10. 考虑下图所示的路线规划问题。在这个问题中，给定一个 3×3 的方形区域，划分成 9 个格子。假设我们希望最快地走到旗杆的格子，但中间的灰色格子无法通行。通过值迭代算法计算值函数，并以 Python 实现。[说明你选择的奖励设定与 γ 的取值。]

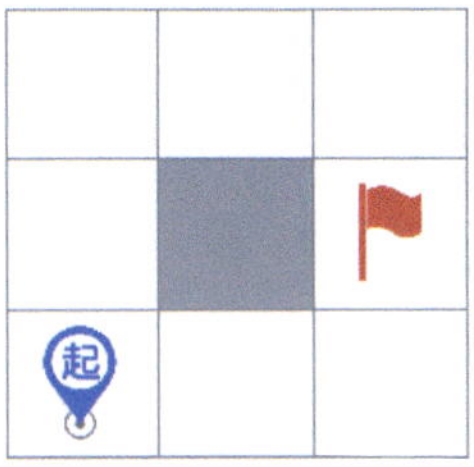

11. 考虑习题 10 中的问题。描述如何用 Q-learning 计算所有状态的 Q 值，并用 Python 编程实现。

附录A 数学基础

A.1 导数

离散导数与差分

本书第0章中讨论的函数 $y=f(x)$ 均默认为连续函数,但实际数据处理中经常遇到离散变量。例如,我们希望知道一杯水的散热情况,但显然无法连续地测量它的温度变化,而只能在不同的时间点对其进行采样测温。在这种情况下,我们无法对数据进行直接求导,只能用数值的方法进行间接求导。这里简单介绍一种重要的数值微分方法——有限差分法。

回顾0.1.1.2节中的泰勒展开

$$f(x_0+\Delta x)=f(x_0)+f'(x_0)\Delta x+\frac{f''(x_0)}{2}\Delta x^2+\frac{f'''(x_0)}{6}\Delta x^3+\cdots$$

此时可以得到 $f(x)$ 在 x_0 处的(一阶)近似导数为

$$f'(x_0)\approx\frac{f(x_0+\Delta x)-f(x_0)}{\Delta x}$$

该数值微分的误差与 Δx^2 是一个数量级的,记为 $O(\Delta x^2)$。若希望得到更高的精度,则可以引入

$$f(x_0-\Delta x)=f(x_0)-f'(x_0)\Delta x+\frac{f''(x_0)}{2}\Delta x^2-\frac{f'''(x_0)}{6}\Delta x^3+\cdots$$

将 $f(x_0+\Delta x)$ 与 $f(x_0-\Delta x)$ 两式相减,可以得到

$$f'(x_0)\approx\frac{f(x_0+\Delta x)-f(x_0-\Delta x)}{2\Delta x}$$

可以看到,用有限差分法得到的(二阶)近似导数 $f'(x_0)$ 误差与 Δx^3 是一个数量级的,记为 $O(\Delta x^3)$。

A.2 概率

连续型随机变量

连续型分布函数的严格定义依赖于函数可积性与极限语言。粗略地讲，如果分布函数 $F_X(x)$ 是绝对连续的，并且非负可积，那么 X 为连续的随机变量。此时概率分布可以写成上限为变元的积分

$$P(X \leqslant x) = P(-\infty < X \leqslant x) = F_X(x) = \int_{-\infty}^{x} f(y)\mathrm{d}y$$

其中 $f(y)$ 称为随机变量的概率密度函数，也记为 $f_X(y)$。分布和密度函数均为非负，并且具有归一化的特性。我们可以自然地将随机变量和分布函数的概念扩展到高维情形，即随机变量 $X := (X_1, X_2, \cdots, X_n)$ 和相应的联合分布函数 $F_X(x_1, x_2, \cdots, x_n)$。同样地，对于离散型和连续型随机变量，可以定义联合分布和联合概率密度函数。

连续随机变量的数学期望定义为

$$E(X) = \int_{-\infty}^{+\infty} x f_X(x)\mathrm{d}x = \int_{-\infty}^{+\infty} x\,\mathrm{d}F_X(x)$$

方差定义为

$$D(X) = \mathrm{Var}(X) = E(X - E(X))^2 = \int_{-\infty}^{+\infty} (x - E(X))^2 \mathrm{d}F_X(x)$$

边缘概率

给定一组变量的联合概率分布，若我们只关心其中一个子集的概率分布，可以定义在该子集上的边缘概率分布。具体来说，假设有离散型随机变量 X 和 Y，且已知 $P(X,Y)$，则可以根据如下求和法则来计算 $P(X)$：对于 $\forall x \in X$，有

$$P(x) = \sum_{y \in Y} P(x, y)$$

同样的，对于连续性的随机变量 x, y 与给定的联合分布函数 $F_{X,Y}(x, y)$，对其中的某一个或多个变量取正极限值，可以得到相应的边缘分布函数，即

$$F_{X,Y}(x, \infty) := P(X \leqslant x, Y < \infty) = \lim_{y \to \infty} P(X \leqslant x, Y < y)$$

重要分布律

下面给出一些常见的随机变量分布。对于离散型随机变量，常见的分布有：二项分布、几何分布和泊松分布。对于连续型随机变量，常见分布有：指数分布、均匀分布和正态分布。

二项分布 $X \sim B(n, p)$ 是 n 个独立的是/非试验中成功的次数的离散概率分布，其中每次试验的成功概率为 p。这样的单次成功/失败试验又称为伯努利试验。n 次试验中正好得到 k 次成功的概率为

$$p_k := P(X = k) = C_n^k p^k (1 - p)^{n-k}$$

几何分布 $X \sim Ge(p)$ 描述实现一次成功实验需要的次数的分布，有

$$p_k := P(X = k) = (1 - p)^{k-1} p$$

如果事件在一段时间内以一个固定的平均概率发生,那么这段时间内事件发生的次数遵循的分布被称为泊松分布。生活中常见的泊松分布情况有:商场等候排队的人数分布,潜在乘坐公交车总人数,等等。

$$p_k := P(X=k) = \frac{\lambda^k}{k!} e^{-\lambda}$$

指数分布 $X \sim Ex(\lambda)$ 描述在给定时间点以后,第一个质点到达的时刻。生活中常用指数分布来描述“无记忆”情况下仪器失效的时间分布。指数分布的概率密度函数如下

$$f_X(x) = \begin{cases} \lambda e^{-\lambda t}, & x \geqslant 0 \\ 0, & x < 0 \end{cases}$$

基于实验中的误差估计,可以得到如下的分布类型:均匀分布 $X \sim U[a,b]$ 描述一些在给定区间内误差等概率情况的分布。其概率密度函数为

$$f_X(x) = \begin{cases} \dfrac{1}{b-a}, & x \in [a,n] \\ 0, & \text{其他} \end{cases}$$

正态分布 $X \sim N(\mu, \sigma^2)$ 描述在大量随机因素作用下非均匀的误差分布。生活中常见的正态分布有:男女身高、寿命、血压,等等。其分布函数为

$$f_X(x) = \frac{1}{\sqrt{2\pi}\sigma} e^{-\frac{(x-\mu)^2}{2\sigma^2}}$$

A.3 矩阵

矩阵的数学特征

在很多问题中,我们往往只关心矩阵的一些数学特征,而非矩阵本身。本节将介绍矩阵对应的行列式以及特征值的概念。

这里首先给出数组置换(permutation)的概念。对于元素取值为 $1 \sim n$ 且两两不等的一个数组 $(a_1, a_2, \cdots, a_n)$,我们希望通过一定的操作将其变成 $(1, 2, \cdots, n)$,所允许进行的操作为邻换,即可以将数组中相邻的两个元素调换位置。一般地,有许多方法可以将原数组变成 $(1, 2, \cdots, n)$,但对于一个数组 $(a_1, a_2, \cdots, a_n)$ 可以证明,完成上述目标所需的邻换个数的奇偶性是确定的。需要奇数个邻换的数组为奇置换 (odd permutation),而需要偶数个邻换的数组为偶置换 (even permutation)。

更一般地,可以对由自然数作为元素的数组定义置换的符号。对于数组 $\sigma = (\sigma_1, \sigma_2, \cdots, \sigma_n)$,如果其中存在相同的元素,其符号为 $\operatorname{sgn}(\sigma) = 0$。对于元素两两不等的数组,考虑将其变为由其元素构成的标准排列

$$\mu = (\mu_1, \mu_2, \cdots, \mu_n), \quad \mu_1 < \mu_2 < \cdots < \mu_n$$

所需的邻换个数的奇偶性。如果需要奇数个邻换,则 $\operatorname{sgn}(\sigma) = -1$,如果需要偶数个邻换,则 $\operatorname{sgn}(\sigma) = 1$。

例 A.1：考虑由数字 1，2，3 组成的数组(2,3,1)和(2,1,3)，对于第一个数组，可以通过邻换 3↔1，1↔2，或者 2↔3，2↔1 将其置换为数组(1,2,3)，但两种置换所需邻换数均为 2，因此数组符号为 1，或者称之为偶置换。类似的，可以由多种置换将第二个数组置换为(1,2,3)，但所需置换数均为奇数，因此数组符号为−1。

对于方阵，可以定义其对应的行列式（determinant）。对于一个 n 维方阵 $\boldsymbol{A}$，其行列式为下面的算式：

$$\det(\boldsymbol{A}) = \begin{vmatrix} a_{11} & a_{12} & \cdots & a_{1n} \\ a_{21} & a_{22} & \cdots & a_{2n} \\ \vdots & \vdots & \ddots & \vdots \\ a_{n1} & a_{n2} & \cdots & a_{nn} \end{vmatrix} = \sum_{\sigma \in S_n} \left(\operatorname{sgn}(\sigma) \prod_{i=1}^{n} a_{i,\sigma_i} \right)$$

其中，S_n 为由$\{1,2,\cdots,n\}$构成的所有置换的集合①。即行列式是由所有不同行、不同列的元素乘积线性组合而成，对于每一项乘积，当将构成其的元素按行标由小到大排列时，按照其列标构成的数组的置换符号确定该项的系数。

对于方阵是否存在逆矩阵，不加证明地给出下述充要条件：方阵 $\boldsymbol{A}$ 存在逆矩阵的条件是 $\det(\boldsymbol{A}) \neq 0$。

对于二阶、三阶行列式，可以将其对应到平行四边形和平行六面体。对于如图 A.1(a)的平行四边形，其四个顶点的坐标由 a,b,c,d 给出。容易求出，其面积为二阶行列式

$$\begin{vmatrix} a & b \\ c & d \end{vmatrix} = ad - bc$$

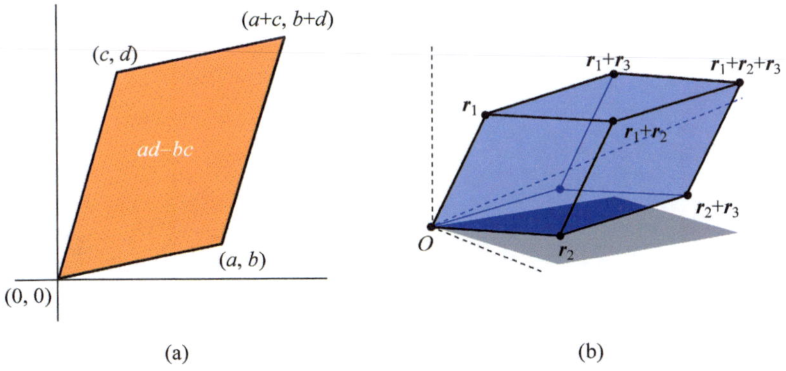

图 A.1

对于图 A.1(b)的平行六面体，其八个顶点由三维向量 $\boldsymbol{r}_1,\boldsymbol{r}_2,\boldsymbol{r}_3$ 确定。容易求出，平行六面体的体积为三阶行列式

$$\begin{vmatrix} \boldsymbol{r}_1 \\ \boldsymbol{r}_2 \\ \boldsymbol{r}_3 \end{vmatrix} = \begin{vmatrix} r_{11} & r_{12} & r_{13} \\ r_{21} & r_{22} & r_{23} \\ r_{31} & r_{32} & r_{33} \end{vmatrix}$$

① 这里使用了置换群（permutation group）中的记号。

如果将行列式的一行/一列乘以一个常数λ，行列式的值将变为原来的λ倍。利用二阶行列式的几何含义可以很容易地看出这一点，例如，若向量(a,b)扩大为原来的两倍，变为$(2a,2b)$，平行四边形的面积变为原来的两倍。对应于行列式中则为

$$\begin{vmatrix} a & b \\ c & d \end{vmatrix} \rightarrow \begin{vmatrix} 2a & 2b \\ c & d \end{vmatrix} = 2\begin{vmatrix} a & b \\ c & d \end{vmatrix}$$

对于三阶行列式倍数的几何含义解释，这里不做具体分析，留给读者完成。

特征值与特征向量

对于方阵而言，我们可以研究其特征/本征值（eigenvalue）和特征/本征向量（eigenvector）。对于一个n维方阵$\boldsymbol{A}$，考虑下面的方程

$$\boldsymbol{A}\boldsymbol{x} = \lambda \boldsymbol{x}$$

其中，$\boldsymbol{x}$为一个n维列向量，λ为一个纯数[①]。如果方程有解，则称解$\boldsymbol{x}$为$\boldsymbol{A}$的特征向量，λ为$\boldsymbol{A}$的对应于$\boldsymbol{x}$的特征值。

一些情况下，我们只关心方阵$\boldsymbol{A}$的特征值。这可以通过$\boldsymbol{A}$的特征多项式（characteristic polynomial）求解：

$$\det(\boldsymbol{A} - \lambda \boldsymbol{I}) = 0$$

当我们在复数域上考虑问题时，由代数基本定理，上述方程有n个复数根。

① 严格地讲，对于特征值的研究需要指定数域（field），这里我们不做进一步的讨论。

附录B 编程基础

B.1 整数类型的运算

例 B.1：整数加减乘除和取模

```
>>> -13+5
-8
>>> -13-5
-18
>>> -13*5
-65
>>> -13/5
-3
>>> -13%5
2
>>> 13%(-5)
-2
```

例 B.1 中计算了−13 与 5 的加减乘除和取模。注意除法，如果整数间不能整除那么'/'的结果是小于等于商的最大整数(此处需考虑正负数相除)。取模运算中结果模的值永远介于 0 和除数之间。

例 B.2：乘方和开方

```
>>> 5**2
25
>>> 5**0.5
2.23606797749979
>>>
```

例 B.2 中计算了 5 的 2 次方和 5 的开方。其中，把开平方表示为求 0.5 次方。

B.2 变量命名规则

Python 中变量的命名规则如下：

- 名字由数字、字母和下划线组成；
- 名字不能以数字开头；
- 名字中的字母区分大小写，例如 A 和 a 表示两个不同的变量；
- 不能使用 Python 中的关键词作为名字，例如，if，while 等用于描述程序结构和逻辑的词，如果和变量名混用，会引起歧义。

B.3 关系表达式和逻辑表达式

关系表达式是用关系运算符连接的两个表达式，用于描述两个表达式之间的关系。例如，余数变量 remainder 为 0 用关系表达式描述为 remainder==0，其中==为关系运算符。常见的关系运算包括数值比较（大于>、小于<、等于==、大于等于>=、小于等于<=、不等于！=[①]）、集合比较（in）[②]等。关系表达式的值为真（True）或者假（False）。True 和 False 的类型被称为布尔型，可以赋值给变量，一个代表真假值的变量也称为布尔变量。

例 B.3：关系表达式

```
>>> 1 > 2
False
>>> a = 3
>>> a > 2
True
>>> a >= 3
True
>>> 123 == 1.2
False
>>> 91 % 14 == 0
False
>>> 91 % 7 == 0
True

>>> 1 >'abc'
False
```

其中，Python 能够判断数值之间的大小关系，能够判断两个表达式之间的关系。注意，

① 等于和不等于还可用于其他非数值类型，例如对比两个字符串是否相等。

② 详细介绍见 B.5 节。

例 B.3 中，虽然比较了 1 和'abc'并获得一个结果，这种比较在程序中并不被推荐，因为语义上两者比较大小没有意义(Python 的内部表示中，两者都是 0 和 1 的串，所以有一个大小关系，但是这个关系并不符合人类考虑两者关系的逻辑)。

布尔表达式由逻辑运算符连接关系表达式、布尔值或者布尔变量来构成，用于描述与、或、非等关系；这三个逻辑关系在程序中用 and，or，not 来描述。例如，我们有时会描述如下逻辑"当人数大于 10 且人数小于 100 时，在教室一上课"，这里"人数大于 10"和"人数小于 100"是要同时成立(True)，它们的关系是逻辑与。

与、或是二元运算符，它们连接两个布尔值的计算结果，如表 B.1 所示；非是一元运算符，它对其后的布尔值取反。这一计算规则也符合日常生活中三者的语义。一个复杂的布尔表达式可以由上述三个逻辑运算符和小括号组合嵌套来描述，其运算的优先级按照从高到低是小括号、非、与、或。

表 B.1　三个真值表

与	**and**	True	False
	True	True	False
	False	False	False
或	**or**	True	False
	True	True	True
	False	True	False
非	**p**	True	False
	not p	False	True

布尔表达式的值计算方法如下：先将关系表达式和布尔变量替换为它们对应的布尔值，再根据逻辑运算符的计算规则进行计算。其中，与、或、非的计算优先级是非>与>或，但是小括号优先于这三者。

例 B.4：与、或、非逻辑运算、优先级和复杂布尔表达式

```
>>> True and False
False
>>> True or False
True
>>> not True
False
>>> not True or False
False
>>> not (True or False)
False
```

B.4 函数调用中的传值和传引用

函数调用按照实参的传递类型分两种：传值调用和传引用调用。

在传值调用中，调用者的实参变量会被制作一份全新的复制，并将新的复制赋予函数进行计算，所有函数内部的修改动作，都不会影响被调用者的实参变量的值。常见的基本类型都是传值调用，包括整数变量、浮点数变量、字符串变量。

传引用调用对实参变量的处理方式不同。在传引用调用中，一个新的变量(相当于标签)被创建，但是新变量指向实参变量对应的相同的值。在函数体执行时，如果是赋值命令，那么相当于把新变量指向一个新的值，不会改变实参变量；如果是其他修改命令，那么就会对值进行修改，形参变量也会有相同的修改(因为它也指向相同的值)。常见的复杂类型(容器类)都是传引用调用，包括列表、元组、字典、集合。

例 B.5：int，float，string

```
def ModifyInt(n):
    print("Callee, before modification:", n)
    n = n + 1
    print("Callee, after modification", n)
n1 = 10
print("Caller, before the function call:",  n1)
ModifyInt(n1)
print("Caller, after the function call", n1)
C:\Users\username\Desktop > python example.py
Caller, before the function call: 10
Callee, before modification: 10
Callee, after modification 11
Caller, after the function call 10
```

0.2.4 节中介绍了列表 list，并用 for 循环来遍历一个列表。在 B.5 节中，将会介绍关于列表、元组、字典、集合等复杂类型的使用方法(如何使用和修改它们)，它们在函数调用中均为传引用调用。这里，以 list 为代表，展示传引用调用。关于本书中其他未描述的类型的函数调用方法，读者可以参考设计文档，或仿照本文中的例子做简单的练习。

例 B.6：修改列表变量

```
def ModifyList(l):
    print("Callee, before modification:", l)
    l.append(100)
    print("Callee, after modification:", l)

l = [1,2,3]
print("Caller: before the function call:", l)
ModifyList(l)
```

```
print("Caller: after the function call:", l)

C:\Users\username\Desktop> python example.py
Caller: before the function call: [1, 2, 3]
Callee, before modification: [1, 2, 3]
Callee, after modification: [1, 2, 3, 100]
Caller: after the function call: [1, 2, 3, 100]
```

B.5 复杂类型

在 0.2.6 节中使用了 fd.open(),fd.write()和 fd.close()来调用函数,这与 0.2.5 节中定义和使用函数的方法并不相同。这种类型的函数是复杂类型变量的成员函数①。成员函数可以接受参数进行计算,但同时,它也可以操作它隶属的变量(可以将它隶属的变量理解为一个默认的参数)。定义和使用成员函数的好处是,不同类型的变量可能会有语义相似的操作函数(例如,"打开"文件、"打开"网页链接),这些函数的实现方式是不同的,此时,将函数隶属于变量(而不是在函数中判断变量类型再做不同实现),可以自然地将函数实现隔离开;即避免了实现的复杂性,也不影响使用时的调用。Python 标准库中有若干内置的复杂类型,本节将介绍它们的使用方式。

前文中字符串已经被多次用来提示信息和输出结果。但字符串本身也有若干操作,其成员函数处理字符串时,一般不会改变字符串的值,但会返回一个新的字符串来代表处理结果。

字符串中的每一个字符在计算机内部有特定的描述方式,通常英文常见的字符采用 ASCII 编码。字符和它的 ASCII 编码值可以相互转化。另外,在字符串中,部分字符无法用键盘直接输入,通常用它们的转义字符来描述。例如,例 0.30 中,在文件结尾追加一个回车符号重起一行,再追加字符串"hello, world!"。我们无法通过键盘上的回车按键在字符串中添加回车字符,只能使用其转义字符'\n'。类似的转义字符有制表符'\t'、反斜线'\\'等。常见转义字符及其含义见表 B.2。

表 B.2 转义字符及其含义

转义字符	描 述
\\(在行尾时)	续行符
\\\\	反斜杠符号
\\'	单引号
\\"	双引号
\\a	响铃
\\b	退格(backspace)
\\e	转义

① 感兴趣的读者可以继续学习面向对象编程,并了解类的概念。

续表

转义字符	描　　述
\000	空
\n	换行
\v	纵向制表符
\t	横向制表符
\r	回车
\f	换页
\oyy	八进制数,yy 代表的字符,例如:\o12 代表换行
\xyy	十六进制数,yy 代表的字符,例如:\x0a 代表换行
\other	其他的字符以普通格式输出

例 B.7:字符串操作

```
s = "   Hello, World!   "
print("s is", "'" + s + "'.", "s.upper() is", "'" + s.upper() + "'.")
print("s is", "'" + s + "'.", "s.lower() is", "'" + s.lower() + "'.")
print("s is", "'" + s + "'.", "s.strip() is", "'" + s.strip() + "'.")

C:\Users\username\Desktop > python example.py
s is '   Hello, World!   '. s.upper() is '   HELLO, WORLD!   '.
s is '   Hello, World!   '. s.lower() is '   hello, world!   '.
s is '   Hello, World!   '. s.strip() is 'Hello, World!'.
```

字符串可以用双引号或者单引号来表示。如果用双引号表示,那么字符串内可以直接使用单引号字符,但是双引号内的双引号字符需要用双引号的转义字符表示'\"';单引号字符串规则相同。

上例中,用"'"+s+"'."来表达三个字符串("'",s,"'.")连接组成一个新的字符串,这种表达方式可行,但是并不直观。我们引入字符串格式化来更简洁地表达相同的逻辑。参考下例,字符串格式化需要描述一个字符串模板,然后调用字符串的成员函数 format()并描述其参数。字符串模板由普通字符和格式化占位符组成,格式化占位符用大括号和数字描述,数字从 0 开始按 1 递增,{X}表示 format 函数的第 X 个参数。format 的参数为对应的表达式,参数个数需大于等于格式化占位符的个数。实际运行时 format 的参数替换掉格式化占位符的位置,形成新的字符串。Python 中字符串格式化有另外的方法(C 语言风格),在此不加以介绍。

例 B.8:字符串格式化方法

```
print("The string is '{0}'".format("Hello, World!"))
print("The {0} century is the century for {1}".format(21, "AI"))
```

表 B.2 在前文中已经被引入。可以使用中括号括起若干元素,表示一个序列的值。程序中,这个序列按照顺序置于中括号中。List 的大小是它内部元素的数量。List 中的每个元素通过索引来读取或者修改,注意,索引从 0 开始计数,一个大小为 N 的 list 的元素索引

为 $0\sim N-1$。获取 list 中一个元素的方式是通过索引运算符[],例如,l[1]表示取列表 l 中的第二个元素(第一个为 0)。每一个元素被获取后,可以参与运算(组成表达式)和赋值。

List 允许扩充和删减。向 list 尾部添加元素用 append(),例如,l. append(1)表示向列表 l 尾部添加一个元素 1;向 list 位置 i 添加元素用 insert(),此时位置 i 和之后的元素会顺次向后移动一个位置,例如,l. insert(2, 1)表示向列表 l 的位置 2 插入一个元素 1;删除 list 位置 i 的元素用 del,修改前在位置 $i+1$ 和之后的元素会依次向前移动一个位置,例如 del l[2]表示删除列表 l 中位置为 2 的元素。

列表中的若干成员函数是修改列表本身的。列表的遍历是按照索引顺序执行的。

例 B. 9:列表:插入、打印、排序、添加

```
l = [1, 3, 2, 5, 4]
l.insert(0, -1), print(l)
l.sort(), print(l)
l.append(100), print(l)
C:\Users\username\Desktop > python example.py
[-1, 1, 3, 2, 5, 4]
[-1, 1, 2, 3, 4, 5]
[-1, 1, 2, 3, 4, 5, 100]
```

元组与列表类似,使用小括号括起若干元素(当元素个数为 1 时,需要在元素后面加一个逗号,来区分算术运算表示高优先级的小括号)。元组是不可被修改的,元组中的函数往往会返回一个新的元组,而不是修改原本的元组。元组的遍历是按照索引顺序执行的。

例 B. 10:元组:排序

```
t = (1, 3, 2, 5, 4)
print("t is", t)
t1 = sorted(t)
print("t1 = sorted(t), t is ", t, "t1 is", t1)
C:\Users\username\Desktop > python example.py
t is (1, 3, 2, 5, 4)
t1 = sorted(t), t is  (1, 3, 2, 5, 4) t1 is [1, 2, 3, 4, 5]
```

字典是一个"键-值"对的集合,其中一个字典中的键是唯一的。字典可以通过大括号来声明,字典存取是通过键来进行的,在下例中,d 是一个字典,d[key]则表示字典中键为 key 的变量,该变量可以被赋值(由于键的唯一性,多次赋值会使后面的赋值覆盖前面的赋值),也可以被读取用于运算。字典没有索引(即内部的对没有顺序),但是字典可以被遍历,遍历按照内部某个顺序进行,且每个对被访问一遍。

例 B. 11:字典:添加、打印

```
d = {}
d[1] = '1'
```

```
print(d[1])
d[1] = '2'
print(d[1])
d = {1:2, 2:4, 3:6}
for k, v in d.items():
print("key is", k, "value is ", v)

C:\Users\username\Desktop > python example.py
1
2
key is 1 value is  2
key is 2 value is  4
key is 3 value is  6
```

Python 中的集合与数学中的集合含义相同。集合可以存储若干元素，但是元素不能重复。集合通过内置函数 set 或者{}来声明，通过 add 来添加元素。当多次添加同一元素时，集合内部仅保留一份。集合的其他操作如下表所示。集合没有索引，但是可以被遍历。

例 B.12：集合：添加、打印、交集

```
s = set()
s.add(1)
s.add(2)
s.add(1)
print(s)
s1 = {2, 3}
s2 = s1.intersection(s)
print("s is", s, "\ns1 is", s1, "\ns2 is ", s2)
```

上述的五个复杂类型都可以被遍历，函数 len 可以获取它们内部元素的个数，示例如下。

例 B.13：可遍历变量的长度：字符串、列表、元组、字典、集合。

```
str1 = "1234"
l = [1,2,3,4,5]
t = (1,2,3,4,5,6)
d = {1:"A", 2:"B"}
s = {1,2,3}
print(len(str1), len(l), len(t), len(d), len(s))
C:\Users\username\Desktop > python example.py
4 5 6 2 3
```

B.6 一些技巧

本书描述部分可以简化编程的方式，以提高编程效率。首先类似 var=var+expression 的赋值表达式可以简写为 var+=expression，两者语义相同。类似的运算有-=，*=，/=，//=，%=。

条件表达式 expr1 if cond else expr2 会判断条件 cond 是否为真，如果 cond 为真，返回 expr1，否则，返回 expr2。

例 B.14：条件表达式示例

```
v1 = 'A' if 1 == 2 else 'B'
v2 = 'A' if 1 == 1 else 'B'
print(v1, v2)
C:\Users\username\Desktop > python example.py
B A
```

在循环中生成一个列表可以用另外一种写法，减少程序阅读的难度：[expr1 for var in container]。将 for 循环嵌套在中括号内，其语义是执行 for 循环，将 expr1 表达式生成的值逐个添加到列表中。

例 B.15：

```
l = range(1, 5)
l1 = [i * 2 for i in l]
l2 = []
for i in l:
    l2.append(i * 2)
print(l, l1, l2)
C:\Users\username\Desktop > python example.py
range(1, 5) [2, 4, 6, 8] [2, 4, 6, 8]
```

B.7 编程风格

建议读者按照如下风格进行编程：

(1) 适当的抽象和定义函数，让每一个函数语义明确而简洁；

(2) 整个程序按照统一的风格缩进，每层缩进长度相同，全局缩进方式统一(都使用空格或者 tab 符号)；

(3) 变量和函数命名要含有语义，便于(自己或者他人)阅读，命名风格要统一(例如，变量名小写开头，函数名大写开头，名字如果含有多个单词，则从第二个单词开始每个单词首字母大写)。